中学语文有效教学研究

郭华伟　李会杰　著

吉林文史出版社
JILIN WENSHI CHUBANSHE

图书在版编目（CIP）数据

中学语文有效教学研究 / 郭华伟 , 李会杰著 .
长春 : 吉林文史出版社 , 2024. 8. -- ISBN 978-7-5752-
0613-6

Ⅰ . G633.302

中国国家版本馆 CIP 数据核字第 2024M0W170 号

中学语文有效教学研究

ZHONG XUE YU WEN YOU XIAO JIAO XUE YAN JIU

出 版 人　张　强
著　　者　郭华伟　李会杰
责任编辑　李岩冰
出版发行　吉林文史出版社有限责任公司
地　　址　长春市福祉大路5788号
邮　　编　130117
电　　话　0431-81629364
印　　刷　三河市兴国印务有限公司
开　　本　787mm×1092mm　　1/16
印　　张　17
字　　数　255千
版　　次　2024年8月第1版
印　　次　2024年8月第1次印刷
书　　号　ISBN 978-7-5752-0613-6
定　　价　78.00元

目 录

第一部分　初中中语文教育研究

第二部分　高中语文教育教学与统编教材研究

第一部分
中学语文教育研究

第一章　中学语文教育概述

中学语文教育，作为教育体系中的重要组成部分，肩负着传承和弘扬中华民族优秀文化、培养学生综合素质与人文素养的重要使命。本章将首先阐述中学语文教育的核心目标与任务，随后回顾其发展历程，并深入分析当前中学语文教育所面临的现状与挑战。通过这一概述，我们旨在全面理解中学语文教育的价值所在，为其未来的改革与发展提供理论支撑和实践指导。

第一节　中学语文教育的目标与任务

中学语文教育的核心在于明确教育的目标与任务。本节将深入探讨中学语文教育的总体目标，为我们指明教育的方向，并详细分析具体的教育任务，以期更加清晰地理解和实施中学语文教育。通过明确目标和细化任务，能够更好地培养学生的语文素养，促进其全面发展。

一、中学语文教育的总体目标

（一）全面提高学生的语文素养和综合能力

全面提高学生的语文素养和综合能力是中学语文教育的首要目标。为实现这一目标，我们需要通过系统而富有深度的语文教学，使学生能够熟练掌握语言文字的运用。这不仅仅包括基本的语法、句法知识，更重要的是培养学生准确、流畅地运用语言文字进行表达和交流的能力。

1. 语言文字的运用能力

阅读理解培养学生独立阅读的能力，使其能够准确理解各类文本的主旨、结构和写作技巧。通过阅读，学生不仅能够获取信息，还能对文本进行深层次的分析和评价。写作技能训练学生书面表达能力，包括记叙文、议论文等各类文体的写作。学生应学会如何构思文章框架，运用丰富的词汇和多样的句式来清晰、准确地表达思想。口语表达提升学生的口头表达能力，使其能够自信、流畅地进行公众演讲、辩论等语言活动。这要求学生不仅具备良好的语言组织能力，还需要有一定的应变能力和思辨性思维。

2. 文学鉴赏与文化理解

文学鉴赏能力培养学生对文学作品的感受力、理解力和评价能力。通过学习经典文学作品，学生应能够领略文学的美，分析作品的主题、人物和写作技巧，形成独立的文学观点和审美情趣。文化深入理解通过语文教学，引导学生深入了解中华文化的博大精深，包括传统文化、历史典故、民俗风情等。这不仅有助于提升学生的文化素养，还能增强其民族自豪感和文化自信心。

（二）塑造学生的精神世界与价值观

中学语文教育不仅是知识的传授，更是对学生精神世界与价值观的精心雕琢。通过富有深度和广度的语文教学，我们能够在学生的心灵深处播下真善美的种子，引导他们走向更加美好的未来。

1. 塑造学生的思想道德

思想道德是学生精神世界的基石。语文教育通过让学生接触和解读经典文本，向他们传递那些普遍被认可的、积极向上的道德观念。例如，通过《岳阳楼记》中范仲淹的"先天下之忧而忧，后天下之乐而乐"，学生可以领悟到一种高尚的社会责任感和爱国情怀。这些文本中的人物形象和故事情节，具有极强的感染力和启发性，往往能在学生心中留下深刻印象，成为他们道德成长的重要参照。为了进一步巩固和提升学生的思想道德，教师还可以组织丰富多样的道德议题讨论和写作活动。在这些活动中，学生需要深入思考、明确立场，并学会用语言去表达和捍卫自己的观点。这一过程不仅锻炼了学生的思维能力，也让他们在实践中不断磨砺和坚定自己的道德信念。

2. 提升科学文化素质

语文教学的内容丰富多样，不仅包含纯文学作品，还广泛涉及历史、哲学、艺术等多个学科领域。这种跨学科的学习有助于学生打破思维局限，从多个角度和层面去理解和把握世界。例如，通过学习科普类文章，学生可以了解到科学发展的历史和现状，培养对科学的兴趣和好奇心；通过阅读和解析哲学类文本，学生可以接触到不同的思想体系和价值观念，提升自己的思辨能力和文化素养。为了实现这一目标，教师需要精心选择和组织教学内容，确保学生在语文学习过程中能够全面、均衡地吸收各种知识营养。教师还应鼓励学生积极参与课外阅读和实践活动，让他们在更广阔的天地中自由探索、不断成长。

3. 弘扬和培育民族精神

民族精神是一个民族的灵魂和支柱。语文教学是传承和弘扬民族文化的重要途径，肩负着培育学生民族精神的重任。通过学习古典诗词、历史故事和民族英雄事迹等优质教学资源，学生可以深刻感受到中华民族的悠久历史、灿烂文化和坚韧不拔的民族精神。这些学习内容不仅能够增强学生的民族自豪感和归属感，还能激发他们的爱国热情和社会责任感。除了课堂教学外，教师还可以通过各种主题活动来进一步弘扬和培育学生的民族精神。例如，组织传统节日的庆祝活动、民族文化的展示和演出等，让学生在亲身参与中感受民族文化的独特魅力和精神内涵。这些活动不仅能够丰富学生的课余生活，还能有效促进他们的全面发展。

4. 引导树立正确的世界观、人生观和价值观

中学语文教育的最终目标是引导学生树立正确的世界观、人生观和价值观。语文教学中的文学作品和历史文化知识为学生提供了宝贵的思考资源。通过深入解读文本和广泛涉猎知识，学生可以逐渐明确自己的人生追求和价值取向。教师也应结合当前社会热点和道德困境等现实问题，引导学生进行深入的思考和讨论。在这些过程中，学生可以学会独立思考、明辨是非，并逐渐形成自己的判断和选择能力。为了实现这一目标，教师需要不断更新教育观念和方法，确保语文

教学能够紧跟时代步伐、贴近学生实际。教师还应注重与学生的沟通和交流，了解他们的思想动态和需求变化，以便更好地进行引导和帮助。只有这样，我们才能真正培养出具有高尚品德、健全人格和远大理想的新一代青少年。

（三）培育学生的思维能力与创造力

在中学语文教育中，对学生的思维能力和创造力的培育，无疑是教育的核心目标之一。语文教学不应仅仅停留在文字表面，而应深入探索文本背后的深层意义，以此训练和提升学生的各种思维能力，并激发他们的创新精神。

1. 逻辑思维能力的培养

逻辑思维是思维能力的基石。通过深入解析文学作品，特别是那些具有复杂结构和严谨逻辑的作品，教师可以指导学生理解并学习作品中的逻辑推理过程。在阅读和解析文本时，教师应着重引导学生关注作品中的因果关系、条件关系等逻辑结构，从而培养他们的逻辑思维能力。在写作训练中，教师也可以要求学生按照逻辑顺序组织文章，清晰地表达自己的观点，进一步锻炼他们的逻辑思维能力。

2. 思辨性思维的塑造

思辨性思维是学生对信息进行独立分析、评价的重要能力。在语文教学中，教师应鼓励学生对文本进行思辨性阅读，不仅要理解作者的观点，更要学会对作者的观点进行评价和质疑。通过组织课堂讨论、辩论等活动，教师可以提供一个开放的平台，让学生在交流和辩论中锻炼思辨性思维，学会从不同角度审视问题，提出自己的见解。

3. 创造性思维的发展

创造性思维是推动社会进步的重要力量，也是语文教育需要重点培养的能力。在教学中，教师应创设一个宽松、自由的创作环境，鼓励学生大胆尝试，勇于创新。通过写作练习，如创作短篇小说、诗歌等，教师可以让学生尝试用新的方式表达思想和情感，从而培养他们的创造性思维。教师也可以通过组织文学创作比赛等活动，进一步激发学生的创作热情和创新能力。

4. 想象力的激发

想象力是创造力的源泉，也是语文教育需要重点培养的能力之一。文学作品中的丰富想象力和奇幻元素为学生提供了广阔的想象空间。在教学中，教师可以通过引导学生阅读具有丰富想象力的文学作品，进入作者构建的虚拟世界，从而拓展自己的想象空间。教师也可以通过组织角色扮演、戏剧表演等活动，让学生在亲身体验中感受文学作品的魅力，进一步激发他们的想象力。

5. 独立思考与问题解决能力的培养

独立思考和问题解决能力是现代社会对人才的基本要求。在语文教学中，教师应鼓励学生独立思考，不盲从他人观点，形成自己的独立见解和判断。通过引导学生对复杂文本进行深入分析和解读，以及探讨现实问题等教学活动，教师可以训练学生分析问题、提出解决方案的能力。这种能力不仅对学生的学术发展有重要意义，更将对他们未来的职业和生活产生深远影响。

（四）奠定终身学习的基础与培养自主学习能力

中学阶段是学生形成良好学习习惯和自主学习能力的关键时期。语文教学在这一过程中扮演着举足轻重的角色，不仅为学生终身学习打下坚实的基础，还致力于培养学生的自主学习能力，以确保他们在未来的学习和生活中能够持续进步。

1. 奠定终身学习的基础

强化基础知识与技能。语文教学确保学生掌握扎实的语言基础知识，如字词句的理解与运用、语法规则等。这些基础知识是学生未来学习各类文本和进行语言表达的根基。培养阅读兴趣和习惯通过阅读丰富多样的文学作品，激发学生的阅读兴趣，培养他们定期阅读的习惯。良好的阅读习惯是学生终身学习不可或缺的一部分。跨学科知识的融合语文教学结合历史、文化、科学等多学科知识，帮助学生建立宽泛的知识体系，为他们未来探索不同领域提供坚实的知识储备。

2. 注重指导学生学习方法

教授学习策略。教师在语文教学中明确教授学生如何有效地记忆、理解和分析文本，以及如何进行高效地阅读和写作。个性化学习建议根据学生的学习特点和问题，提供个性化的学习建议，帮助他们找到适合自己的学习方法。学习工具的使用引导学生利用现代科技工具，如在线词典、学习平台等，提升学习效率。

3. 培养学生的自主学习能力

设定学习目标。鼓励学生根据自己的学习情况和兴趣设定明确的学习目标，培养他们的目标意识和规划能力。自我监控与反思。教导学生如何监控自己的学习进度，及时反思和调整学习策略，以提高学习效果。探索与发现式学习。鼓励学生通过自主学习，主动探索语文知识的深度和广度，培养他们的好奇心和求知欲。合作学习与分享。通过小组讨论、项目合作等形式，培养学生的团队协作精神，让他们在分享中提升表达和沟通能力。

二、中学语文教育的具体任务

中学语文教育承载着多重任务，旨在全面提升学生的语文素养和综合能力。

（一）传授语文知识

中学语文教育的核心任务之一就是向学生全面、系统地传授语文知识。这一过程涉及多个层面，旨在构建学生坚实的语言基础，并培养他们的语言理解和应用能力。字词的准确认读和书写是语文教育的基础。学生需要掌握汉字的书写规范，能够准确认读并书写常用汉字，理解字词的基本含义和用法。这不仅包括简单的识字教育，还涉及对字词深层含义和文化背景的讲解，从而使学生能够更加准确地运用词汇，丰富他们的语言表达。句子的结构和语法知识是构建语言表达能力的关键。通过学习不同类型的句子结构和语法规则，学生可以更加清晰地组织语言，准确地表达思想。教师在这一环节中，通常会通过大量的例句和练习，帮助学生掌握句子成分的分析方法，理解各种句式的运用场景，从而提升他们的语言表达能力。对篇章的理解和鉴赏是语文教育中的高级阶段。这不仅要求学生能够理解文章的字面意思，还需要他们能够深入挖掘文章的深层含义，理解作者的写作意图和情感表达。通过这一环节的学习，学生可以提升对文学作品的鉴赏能力，培养对美的感知和追求。

（二）训练语文技能

中学语文教育在传授知识的同时，更加注重对学生听说读写等语文技能的训练。这些技能不仅是语文学习的基础，更是学生未来全面发展的关键。通过大量的阅读练习，学生可以显著提升阅读速度和理解能力。阅读是获取知识、拓宽视野的重要途径，而高效的阅读能力则能帮助学生更快地吸收和理解信息。在阅读练习中，教师会引导学生掌握略读、精读等不同的阅读方法，并培养他们从文本中提取关键信息、理解作者观点和情感的能力。此外，良好的阅读习惯也在这一过程中逐渐养成，如定时阅读、做读书笔记等，这些习惯将使学生受益终身。写作训练是锤炼学生语言、提高表达能力的重要手段。在写作过程中，学生需要组织语言、构思文章结构，并准确表达自己的思想和情感。通过不断的写作练习，学生可以更加熟练地运用语言，增强文章的逻辑性和条理性。教师也会针对学生的写作进行点评和指导，帮助他们发现并改正语言运用上的问题，进一步提升写作水平。口语交际和听力理解的练习同样不可忽视。在现实生活中，与他人进行有效的沟通交流是必不可少的。口语交际训练能够帮助学生增强口头表达能力，学会在不同的场合使用恰当的语言和表达方式。而听力理解则是培养学生倾听能力的重要环节，通过听取录音、讲座等材料，学生可以锻炼自己捕捉关键信息、理解他人观点的能力。

这些语文技能在学生未来发展中具有不可替代的实用价值。在学习上，高效的阅读和写作能力能帮助学生更好地吸收知识和表达思想；在工作中，良好的口语交际和听力理解能力则有助于与同事、客户进行有效的沟通和协作；在生活中，这些技能也能帮助学生更好地处理人际关系、解决实际问题。因此，中学语文教育对听说读写等语文技能的训练至关重要，它们是学生全面发展不可或缺的基石。

（三）培养思维能力

中学语文教育的重要目标之一是培养学生的思维能力。思维能力是个体智力的核心，它决定了学生如何理解、分析和解决问题。通过阅读和分析文学作品，中学语文教育为学生提供了一个锻炼和提升思维能力的平台。

在阅读文学作品的过程中，学生不仅接触到丰富的故事情节和人物形象，还学会了如何从不同角度审视问题。这种多角度的思考方式有助于拓宽学生的思维视野，使他们能够更全面地理解事物。例如，在分析小说中的人物性格时，学生需要从多个角度审视人物行为，从而更准确地把握人物的内心世界和性格特点。这种训练使学生在面对现实生活中的问题时，也能够从不同角度进行思考，寻找最佳解决方案。此外，中学语文教育还注重逻辑推理和思辨性思维的训练。逻辑推理能力使学生能够根据已知信息推断出未知信息，从而更深入地理解文本内容。而思辨性思维则帮助学生学会独立思考，不盲目接受他人观点，而是能够理性地分析和评价各种信息。这两种思维能力的结合，使学生在面对复杂问题时能够迅速找到问题的关键所在，并提出创新性的解决方案。除了上述的思维能力外，中学语文教育还致力于提升学生的观察力、想象力和逻辑思维能力。观察力使学生能够敏锐地捕捉到文本中的细节信息，为深入理解文本奠定基础。想象力则帮助学生在脑海中构建出丰富的文学场景和人物形象，增强对文学作品的感受力。逻辑思维能力则使学生在分析和解决问题时能够保持清晰的思路，确保问题得到妥善解决。这些思维能力的培养对于学生未来的学术研究和职业发展都具有重要意义。在学术研究方面，良好的思维能力使学生能够更深入地挖掘研究对象的内涵和价值，提出独到的见解和观点。在职业发展方面，具备优秀思维能力的员工往往能够迅速适应新环境、解决新问题，从而在职场中脱颖而出。

（四）进行思想品质教育

语文教育承载着深远的思想品质教育功能，它不仅仅是知识和技能的传授，更是一种心灵的触动和品格的塑造。在阅读优秀的文学作品过程中，学生有机会深入接触到人性的各种面貌，感受到人性的光辉和道德的力量。这些作品往往描绘了各种人物在面临困境时的选择和行为，从而引发学生对善恶、美丑、正义与邪恶等道德议题的思考。

通过阅读，学生可以了解到那些为了理想、信仰或正义而奋斗的人物故事，这些故事会激发学生的道德情感，培养他们的高尚情操。例如，在阅读关于爱国英雄、社会楷模等题材的作品时，学生会受到这些人物无私奉献、忠诚报国的精神感染，从而在自己的心灵深处也埋下追求真善美的种子。此外，语文教育中的情感体验也是一个重要的教育环节。文学作品往往富含深厚的情感色彩，能够引起学生的共鸣，使他们在阅读过程中体验到喜怒哀乐等复杂情感。这种情感体验有助于学生更好地理解人性，培养他们的同理心和关爱他人的品质。语文教育还注重引导学生的人生感悟。通过阅读文学作品，学生可以从中汲取人生智慧，领悟到生活的真谛。这些人生感悟能够帮助学生形成健全的人格，树立积极向上的生活态度。在面对挫折和困难时，学生能够以更加成熟和乐观的心态去面对，勇敢地追求自己的梦想。

（五）引导学生树立正确的人生观和价值观

中学阶段是学生形成稳固的人生观和价值观的关键时期，而语文教育正是这一过程中的重要一环。通过解读文学作品中的深刻主题和思想，教师可以帮助学生建立远大的理想，明确自己的人生目标。文学作品往往蕴含着作者对人生、社会和世界的深刻洞察，这些都能为学生提供宝贵的人生启示。在阅读这些作品的过程中，学生会不自觉地受到感染，开始思考自己的人生方向和追求。教师则可以通过课堂讨论、写作练习等方式，引导学生深入思考这些问题，帮助他们逐渐明确自己的人生理想和目标。语文教育中的道德教育和人文关怀也是塑造学生正确价值观和道德观的重要途径。在语文教材中，不乏体现高尚道德情操和人文关怀的经典篇章。通过学习这些篇章，学生可以深刻理解到诚信、友善、勤劳、爱国等价值观的重要性。教师还可以通过组织各种实践活动，如社区服务、环保行动等，让学生在实践中亲身体验和践行这些价值观，从而使其真正内化为学生自己的道德准则。语文教育还能通过培养学生的审美情趣和艺术修养，进一步影响其人生观和价值观的形成。优秀的文学作品往往具有深刻的思想内涵和独特的艺术魅力，能够激发学生对美的追求和对生活的热爱。这种审美情趣和艺术修养的提升，不仅有助于学生的全面发展，还能使他们在面对生活中的挫折和困难时，保持积极向上的态度，以更加开阔的视野和包容的心态去看待世界。

第二节　中学语文教育的发展历程

中学语文教育是塑造学生精神世界与传递文化价值的重要途径，其发展历程充满了变革与进步。从历史的纵深视角去审视，可以发现中学语文教育在不断适应社会变迁与文化发展的过程中，逐渐形成了今天各自独特的教育体系。在这一节里，将回顾中学语文教育的历史演变，探讨那些关键的历史节点与重要的教育改革，并分析影响中学语文教育发展的主要因素。通过深入了解这些内容，能够更全面地理解中学语文教育的现状，并为未来的教育改革与发展提供有益的参考。

一、中学语文教育的历史演变及发展历程

（一）历史演变

1. 古代语文教育与文化教育的融合

在古代社会，特别是在汉代以前，语文教育并没有作为一个独立的学科体系存在。它更多的是与经学、史学、礼俗学、政治学等其他文化教育领域相互交织、相互影响。这一时期的语文教育，其实质是一种综合性的文化教育，它强调的是对古代文化、历史和传统的整体理解和传承。没有明确的学科边界，语文教育的内容和方法都深深地植根于当时的文化土壤之中。

2. 儒家经典成为语文教育主导内容

进入汉代，特别是自董仲舒提出"罢黜百家，独尊儒术"之后，儒家思想逐渐成为社会的主导思想。儒家经典，如《诗经》《尚书》《礼记》等，开始成为语文教育的主要内容。这一时期，语文教育不仅承担着传授知识的任务，更重要的

是培养学生儒家道德观念和行为规范，体现了当时社会对儒家思想的极度推崇。

3. 隋唐科举制度影响下的语文教育

隋唐时期，科举制度逐渐发展成为选拔官员的主要途径。语文教育在这一背景下，逐渐沦为科举考试的工具。教学内容和方式都受到了科举考试的深刻影响，语文教育开始偏重应试技巧和策略的传授。虽然这种变化在一定程度上促进了语文教育的普及和发展，但也使得语文教育逐渐偏离了其本质和初衷。

4. 近代语文学科的诞生

1903 年，随着癸卯学制的诞生，语文学科正式从传统的文化教育中独立出来，成为一门专门的学科。这一变化标志着语文教育开始走向专业化、系统化的发展道路。近代语文学科的诞生，不仅为语文教育的发展注入了新的活力，也为后来的教育改革和创新奠定了坚实的基础。

5. 民国时期语文教育的转变

民国时期，随着社会的变革和进步，语文教育也迎来了重要的转折点。1912 年南京临时政府教育部颁布的《中学校令施行规则》明确提出了语文教育的新目标。这一时期，语文教育开始强调其工具性属性，既培养学生的阅读和写作能力，也注重培养学生的文学兴趣和启发智力。这一转变使得语文教育更加全面和现代化，为后来的发展奠定了坚实的基础。

6. 中华人民共和国成立后的语文教育变化

新中国成立以后，语文教育又经历了新的变化。在考试主义和学历主义的影响下，语文教育逐渐与科学主义语文教育观紧密相连。这一时期的教育改革和创新主要围绕着提高教学质量和效率展开，但也引发了一系列关于语文教育本质和目的的深入讨论和反思。

7.20 世纪末的语文教育大讨论

20 世纪末，语文教育中科学主义思潮的盛行引发了一场关于语文教育问题的社会性大讨论。这一时期语文教育表现出了极端的唯科学化倾向，人们开始重新审视语文教育的本质和目标。这场大讨论为后来的教育改革提供了重要的思想资源和方向指引，也促进了语文教育领域的持续创新和发展。

（二）现代与当代发展

1. 初期的基础教育阶段（20 世纪初）

在 20 世纪初的基础教育阶段，语文教育主要侧重于文言文的学习。这一阶段的教学非常重视学生对古代文化和古代文学的理解和阅读能力。学生的学习活动主要围绕着文法的学习、课文的背诵以及对古代文学作品的鉴赏。这样的教学方式为学生奠定了坚实的语文基础知识，也培养了他们对古代文化的尊重和理解，使得古代文化的精髓得以传承。

2. 现代语文教育的发展阶段（从 20 世纪 50 年代开始）

自 20 世纪 50 年代起，语文教育进入了一个全新的发展阶段。这一时期，语文教育开始走向语言和文化的综合教学模式。教师们不仅教授传统的语文知识，还将语文教学与现代文学、新闻报道等日常语言运用紧密结合起来。这种教学模式更加注重培养学生的语言表达能力和思维能力，鼓励学生通过写作、演讲等多种形式来锻炼自己的表达能力，并学习掌握实用的写作技巧。这一变革是由社会的发展和教育理念的转变共同推动的，它使得语文教育更加贴近现实生活，更加符合社会发展的需要。

3. 当代语文教育的综合发展阶段（进入 21 世纪后）

随着 21 世纪的到来，中学语文教育进入了一个更加综合和实用的发展方向。在这一阶段，语文教育不仅继续注重传统文化的学习，还开始强调对学生综合能力的培养。这包括交流能力、合作能力、信息获取和处理能力等。语文教育开始适应信息时代的需求，注重学生信息素养和思辨性思维的培养。为了实现这些目标，教师们采用了多种教育方式，如通过小组讨论、辩论赛等形式来培养学生的合作精神和团队意识；也鼓励学生利用互联网和其他信息资源进行搜索和分析，以提升他们的信息素养和独立解决问题的能力。

4. 当前语文教育改革的趋势

当前，针对初中语文教学中存在的问题，如教学模式流于形式、教学手段运用未扣要点等，教育改革正在不断深化。改革的重点旨在务求实效，努力提升教学成效。为了实现这一目标，教育者们更加注重学生身心发展特点和现代特色教学模式的结合。他们致力于寻找更加科学高效的教学方法，合理布置作业，并开展丰富多样的教学拓展活动。这些举措旨在激发学生的学习兴趣和积极性，提高他们的学习效果和综合素质。教育者们也在不断探索和创新，以适应时代发展的需要和满足社会对人才的多元化需求。

二、影响中学语文教育发展的主要因素

（一）教育政策与制度改革

教育政策与制度改革在中学语文教育发展中的影响深远且具有决定性。从历史的角度来看，清政府颁布的《钦定学堂章程》和《奏定学堂章程》等关键性政策文件，不仅标志着中学语文课程的正式设立，更奠定了语文学科教育的基础。这些政策的出台，为后续的语文学科发展提供了明确的指导和方向。随着时代的进步和教育理念的更新，语文课程改革也逐步深入。语文课程标准作为教学的重要参考，其不断更新和完善直接引领着语文教学的实践方向。这些标准不仅涵盖了知识技能的要求，还强调了情感态度与价值观的培养，以及学习过程的体验和方法的掌握。它们为语文教师提供了清晰的教学目标，也为学生的学习提供了明确的方向。教育政策与制度改革是推动中学语文教育发展的关键力量。它们通过制定和实施相关政策，引导并规范语文学科的教学实践，从而确保语文教育的质量和效果。这些政策和改革反映了社会对语文教育的期望和要求，为语文学科的发展注入了新的活力和动力。

（二）社会文化与经济发展

社会文化环境作为语文教育不可或缺的背景，其变迁对语文教育产生着深远的影响。随着社会的不断进步和文化的日益繁荣，人们的价值观念、审美取向以

及生活方式都在发生着变化。这些变化自然而然地反映在语文教育的内容和方法上。为了适应新的社会文化需求，语文教育必须不断调整其教学材料，引入更多反映当代社会、文化和科技发展的内容。教学方法也需要与时俱进，更加注重培养学生的思辨性思维、创新能力和跨文化交流能力。经济发展对语文教育的影响虽然间接，但同样重要。经济发展水平高的地区，往往能够投入更多的资源用于教育事业，包括语文教育。这些资源不仅用于改善教学设施、提升师资力量，还用于教学材料的更新和教学方法的研发。例如，在经济发达的地区，学校可能拥有更先进的多媒体教学设备，能够为学生提供更丰富、更直观的学习体验。这些地区也更有可能吸引和留住优秀的语文教师，从而提升整体的教学质量。社会文化与经济发展共同推动着语文教育的进步。文化的演进和变迁为语文教育提供了源源不断的创新动力，而经济的发展则为这些创新提供了必要的物质基础和资源保障。两者相辅相成，共同促进着语文教育的不断发展和完善。

（三）教师素质与教学水平

教师的专业素养和语文知识水平是确保高质量语文教学的基石。一个具备深厚专业素养的教师，不仅能够准确传授语文知识，还能够深入挖掘文本背后的文化内涵，引导学生领略语言文字的魅力。这样的教师，通常对语文学科有着深厚的热爱和独到的见解，他们的教学往往能够激发学生的学习兴趣，培养学生的文学素养和审美能力。专业素养高的教师，还能根据学生的实际情况，灵活调整教学策略，确保每位学生都能在课堂中有所收获。教学方法和评价方式的选择也至关重要。一个优秀的教师，会不断探索和尝试新的教学方法，以激发学生的学习兴趣和积极性。例如，通过小组讨论、角色扮演、情景模拟等多样化的教学方式，让学生在轻松愉快的氛围中学习知识，提升能力。此外，科学的评价方式也是推动语文教育发展的关键。教师不应仅仅依赖传统的笔试成绩来评价学生，而应结合学生的课堂表现、作业完成情况、参与度等多方面因素，进行全面、客观的评价。这样不仅能够更准确地反映学生的学习情况，还能够激励学生不断进步，促进学生的全面发展。教师的专业素养和教学水平对语文教育的发展具有举足轻重的影响。一个优秀的语文教师，不仅能够确保语文知识的准确传授，还能够通过科学的教学方法和评价方式，激发学生的学习兴趣和潜力，为学生的全面发展奠定坚实的基础。

（四）学生学习态度与能力

学生的学习态度和兴趣对于语文教育来说至关重要。一个积极的学习态度意味着学生愿意主动投入到学习中，乐于探索、理解和掌握语文知识。这种态度不仅能够促使学生更加专注地听课，积极参与课堂讨论，还能够激发他们在课外进行自主学习和拓展阅读的兴趣。当学生对学习充满热情时，他们会更加珍惜在课堂上的每一分钟，努力吸收和内化所学知识，从而提升学习效果。除了学习态度，学生的个人学习能力和学习习惯也对语文教育效果产生着显著影响。语言表达能力、阅读理解能力和思维能力是学生学习语文的基础能力。良好的语言表达能力可以帮助学生更准确地传达自己的思想和观点；出色的阅读理解能力有助于学生深入理解文本，挖掘作者的写作意图和文章内涵；而强大的思维能力则能够让学生在分析和解决问题时更加灵活和深入。这些能力的提升，不仅有助于学生在语文学习中取得更好的成绩，还能为他们的全面发展奠定坚实基础。此外，良好的学习习惯也是提高语文教育效果的关键因素之一。定期复习、积极思考、勤于笔记、善于总结等学习习惯，都能帮助学生更好地掌握和巩固所学知识。这些习惯的形成，需要学生在日常学习中不断实践和积累，也需要教师的引导和督促。当学生养成了这些良好的学习习惯时，他们的学习效率和学习质量都会得到显著提升，从而推动语文教育的不断发展。

（五）科技进步与教育技术

科技的快速发展为语文教育注入了新的活力。如今，随着教育技术的不断更新换代，语文教学手段和资源日益丰富。互联网和其他信息资源的广泛利用，极大地拓展了语文教育的内容和形式。例如，通过网络平台，学生可以轻松地获取海量的中外文学作品、语法资料和写作范文，为自主学习提供了更多选择。多媒体教学软件的广泛应用，使得教师可以通过图像、音频、视频等多种形式呈现教学内容，从而激发学生的学习兴趣，提高他们的学习参与度。教育技术的不断发展也推动了语文教育模式的创新和变革。传统的以教师为中心的灌输式教学逐渐让位于更加灵活多样的教学方式。例如，游戏化学习、互动式教学软件等新型教学模式的出现，使得语文教学更加生动有趣。这些模式通常包含丰富的故事情节和角色扮演等元素，能够增强学习的乐趣，培养学生的主动学习能力和问题解决能力。此外，在线教育平台的兴起也为学生提供了更加便捷的学习渠道，使得优质教育资源得以广泛传播和共享。

（六）家长与社会的期望

家长与社会的期望对语文教育的发展方向和目标具有深远的影响。在当今社会，家长和社会各界对中学生的全面发展抱有极高的期望。他们普遍认为，语文教育不仅仅是传授知识，更重要的是通过这一学科培养学生的综合素质和能力。

家长希望孩子通过语文教育能够培养出色的语言表达能力。这不仅包括口语表达，还涉及书面表达。他们期望孩子能够清晰、准确地传达自己的观点和思想，无论是在日常生活中还是在未来的职业生涯中，都能以优雅、得体的语言与人交流。阅读理解能力也是家长和社会非常看重的一个方面。他们希望孩子通过阅读，能够深入理解文本的内涵和外延，提取关键信息，分析作者的观点和态度。这种能力在孩子未来的学习和工作中都将是不可或缺的。此外，思辨性思维能力的培养也受到了越来越多的关注。家长和社会期望孩子能够通过语文教育学会独立思考，对接收到的信息保持审慎的态度，不盲目接受，而是能够运用逻辑推理和思辨性思维进行辨别和分析。为了满足家长和社会的这些期望，语文教育需要不断调整和完善。教师需要不断更新教学方法和手段，注重培养学生的语言表达能力、阅读理解能力和思辨性思维能力。教育部门也需要根据社会的需求和期望，制定更加符合时代发展要求的语文教育政策和课程标准。

第三节　中学语文教育的现状与挑战

随着社会的不断进步和教育的深化改革，中学语文教育作为培养学生文化素养和语言表达能力的重要基石，正面临着前所未有的机遇与挑战。本节将深入探讨当前中学语文教育的现状，剖析其所面临的挑战，并在此基础上展望未来中学语文教育的发展趋势，提出相应的建议，以期为推动中学语文教育的持续健康发展贡献力量。

一、当前中学语文教育的现状

（一）教育目标与课程设置

当前中学语文教育的教育目标，首先体现在对学生文学素养的精心培养上。文学是人类精神文化的重要载体，蕴含着丰富的情感和智慧。通过学习各类文学作品，学生不仅能够接触到优美的语言和生动的形象，还能深入理解作品背后的文化内涵和社会背景，从而提升对人生和社会的认知。这一教育目标旨在让学生领略到语言的魅力，形成深厚的文学底蕴，为其未来的学习和生活奠定坚实的基础。此外，课程结构也得到了一定程度的优化，除了传统的文学知识传授外，还增加了写作、阅读、口语表达等实践环节，让学生能够在实践中学习和运用语文知识，提高他们的语文能力。课程设置还注重学生的参与和实践。教师会组织学生进行小组讨论、角色扮演、辩论等活动，让学生在互动中学习和交流，提高他们的思维能力和表达能力。这些实践活动不仅能够激发学生的学习兴趣和积极性，还能够培养他们的团队合作精神和创新能力，为他们未来的学习和生活提供更多的可能性。

当前中学语文教育的教育目标和课程设置都体现了对学生全面发展的关注，旨在通过文学作品的学习和实践活动的参与，提高学生的文学素养和语文能力，为他们未来的学习和生活奠定坚实的基础。

（二）教学方法与手段

在当前中学语文教育中，教学方法与手段的多样化与创新性成为教育改革的重要方向。教师们不再局限于传统的讲授法，而是积极探索和实践多种教学方法，以更好地适应学生的学习需求和提高教学效果。讲授法是最基础的教学方法，在中学语文课堂上依然占据重要地位。教师在讲授过程中会设置问题、引导学生思考，并鼓励学生提出自己的观点和疑问。这样的讲授方式不仅能够激发学生的学习兴趣，还能够培养他们的思维能力和思辨性思维。讨论法是一种非常有效的合作学习方法。在中学语文课堂上，教师可以通过组织小组讨论、班级辩论等活动，让学生在交流中碰撞思想、互相学习。这种教学方法能够培养学生的合作精神、沟通能力和解决问题的能力。学生在讨论中也能够更深入地理解文本内容，提高阅读理解能力。项目式学习是一种以学生为中心的教学方法。在这种方法中，教师会设定一个与课程内容相关的项目任务，让学生自主探究、合作学习。除了教学方法的创新外，教学手段的现代化也为中学语文教育提供了更多的可能性。多媒体教学是其中最为普遍的一种。通过图像、音频、视频等多种媒介的呈现，多媒体教学能够为学生提供更加直观、生动的学习体验。在线学习资源则为学生提供了更加灵活、便捷的学习方式。学生可以根据自己的学习进度和兴趣选择相应的在线课程或资源进行学习，实现个性化学习。

当前中学语文教育在教学方法与手段上呈现出多样化、创新性和现代化的特点。这些教学方法与手段的应用不仅能够激发学生的学习兴趣和主动性，还能够提高他们的学习效果和综合素质。

（三）师资队伍建设

在当前的中学语文教育中，师资队伍建设扮演着至关重要的角色。随着教育改革的深入和学科知识的不断更新，对教师队伍的素质和能力要求也越来越高。

从学历结构上看，中学语文教师队伍的学历水平逐渐提升，越来越多的教师具备硕士、博士学位。这些高学历的教师不仅具备深厚的学科知识，还拥有更加广阔的学术视野和更丰富的教育经验，能够为学生提供更高质量的教学服务。其次，教师队伍的专业背景也日趋多样化。除了传统的汉语言文学专业外，还有来自教育学、心理学、社会学等相关专业的教师加入。这种多学科背景的融合使得教师能够在教学过程中融入更多的教育理念和教学方法，为学生提供更加全面和深入的教学体验。此外，教师在教育教学中的专业发展和成长情况也得到了广泛关注。学校和教育部门积极组织各种培训和研修活动，为教师提供持续学习和提升的机会。这些培训活动不仅涵盖学科知识、教学方法等方面，还包括教育心理、教育技术等新兴领域，帮助教师不断更新教育观念、提高教学技能。学校还鼓励教师参与学术研究、撰写论文和出版著作等学术活动。这些活动不仅能够提升教师的学术水平，还能够增强他们的教学自信心和成就感，进一步激发他们的教学热情和创造力。

当前中学语文教师队伍的学历结构、专业背景以及专业发展和成长情况都呈现出积极向上的态势。这为提升中学语文教学质量、促进学生全面发展提供了有力的师资保障。

（四）学生学习状况

大部分中学生对语文学习持有正面态度和一定兴趣，他们认识到语文作为母语学科的重要性，并享受在阅读文学作品过程中获得的愉悦与启发。这些学生喜欢通过文字探索不同的世界，感受作者的情感和思想，愿意在课堂上分享自己的见解，积极参与课堂讨论。他们的学习动机明确，愿意投入时间和精力来提升自己的语文能力。也有部分学生对语文学习缺乏兴趣或动力不足，这可能与多种因素有关。在学习成效方面，虽然学生的语文能力整体有所提升，但仍存在一些问题和挑战。教师需要鼓励学生多读书、读好书，并引导他们掌握有效的阅读方法和技巧，提高阅读理解能力。学生的学习习惯和方法也是影响语文学习成效的重要因素。良好的学习习惯和方法能够帮助学生更加高效地学习，提高学习效果。因此，教师需要关注学生的学习习惯和方法，引导他们养成良好的学习习惯和掌握有效的学习方法。

当前中学生的学习状况在整体上呈现出积极向好的趋势，但仍存在部分学生对语文学习缺乏兴趣或动力不足、基础薄弱、阅读理解能力有待提高等问题。针对这些问题，教师需要从教学方法、教材内容、学习习惯和方法等方面入手，积极寻求解决方案，以提高学生的学习效果和兴趣。

（五）教育评估与反馈

中学语文教育的评估体系在教育教学中起着至关重要的作用，它既是检验学生学习成果的重要手段，也是促进教师教学方法改进和教学质量提升的关键环节。然而，现行的评估体系在其实施过程中也暴露出了一些问题，需要我们进行深入的探讨和反思。考试制度作为中学语文教育评估体系的重要组成部分，其公正性和客观性在一定程度上得到了认可。通过考试，我们可以较为准确地了解学生对语文知识的掌握程度，以及他们的语言表达和思维能力。学生在备考过程中可能会过度关注考试技巧和应试策略，而忽视了对语文知识的深入理解和应用。这不仅影响了学生的学习兴趣和学习动力，也制约了他们的全面发展。其次，学业水平监测作为另一种评估方式，能够更全面地反映学生的学习状况。它涵盖了学生的学习过程、学习态度和学习能力等多个方面，为我们提供了更为丰富的评价信息。除了考试分数外，还应该关注学生的学习过程、学习态度、创新能力和实践能力等方面。我们还应该建立更加科学、公正、公平的评估体系。这需要我们加强对评估标准和评估方法的研究和制定，确保评估结果的准确性和公正性。同时，我们也需要加强对评估过程的监督和管理，防止评估过程中出现的不公平和不公正现象。

中学语文教育的评估体系是教育教学中不可或缺的一部分。我们需要进一步完善评估体系，注重对学生综合素质的评价，加强对学生学习过程的评估，建立更加科学、公正、公平的评估体系，以促进学生的全面发展和教育教学的质量提升。

二、中学语文教育面临的挑战

（一）教育目标的多元化与个性化

随着社会的快速发展，对中学语文教育目标的需求也日益多元化。除了传统的文学素养和语言表达能力培养外，现代社会还要求学生具备思辨性思维、跨文化交流等能力。这就要求语文教育在目标设定上更加全面和灵活，以满足不同领域和层次的需求。学生个性化发展的需求也日益凸显。每个学生都有自己独特的兴趣、特长和潜能，语文教育应尊重并鼓励学生发展自己的个性。这要求教师在教学过程中关注学生的个体差异，采用个性化的教学策略，让每个学生都能在语文学习中找到自己的价值和乐趣。

（二）教学方法与手段的创新

传统的教学方法和手段在应对新时代挑战时显露出其局限性。讲授法虽然能够系统地传授知识，但往往忽视了学生的主动性和创造性。讨论法和项目式学习虽然能够激发学生的学习兴趣，但在实施过程中也存在一定的难度和挑战。为了提高教学效果，我们需要不断创新教学方法和手段。例如，引入更多互动性和实践性的教学活动，如角色扮演、模拟辩论等，让学生在参与中学习和成长。利用现代科技手段，如虚拟现实、人工智能等，为语文教学提供更加丰富和生动的资源，提高学生的学习兴趣和积极性。

（三）师资队伍的建设与发展

当前中学语文教师队伍面临的挑战主要包括知识更新和技能提升。随着时代的进步和学科的发展，新的教育理念和教学方法不断涌现，这对教师的专业素养提出了更高的要求。随着学生个性化需求的增加，教师也需要具备更加灵活和多样化的教学策略。为了加强师资队伍建设，提高教师素质，我们需要采取多种措施。加强教师的专业培训和研修活动，帮助他们更新知识和提升技能。鼓励教师参与学术交流和研究活动，拓宽他们的学术视野和思路。建立激励机制和评价体系，激发教师的积极性和创造力。

（四）学生学习动力与兴趣的培养

当前中学生学习语文的动力不足、兴趣不浓的原因是多方面的。一方面，应试教育的压力让学生感到焦虑和压抑，难以产生对语文学习的热爱和兴趣。另一方面，传统的教学方法和手段缺乏趣味性和互动性，难以激发学生的学习兴趣和积极性。为了培养学生的学习动力和兴趣，我们需要采取多种措施。改革应试教育制度，减轻学生的学业压力，让他们有更多的时间和精力去发现和探索语文学习的乐趣。创新教学方法和手段，引入更多趣味性和互动性的教学活动，让学生在参与中感受到语文学习的魅力和价值。关注学生的个体差异和兴趣点，为他们提供个性化的学习资源和指导，帮助他们建立对语文学习的自信和兴趣。

（五）教育评估与反馈的完善

当前中学语文教育评估体系存在的问题主要包括应试倾向和缺乏综合性评价。应试倾向使得评估结果过于注重分数和排名，忽视了学生综合素质和能力的评价。缺乏综合性评价则使得评估结果难以全面反映学生的学习情况和教学效果。为了完善评估体系，促进教育教学质量的提高，我们需要采取多种措施。改革考试制度，减少应试压力，注重对学生综合素质和能力的评价。引入多元化的评估方式和方法，如作品展示、口头表达等，以全面反映学生的学习情况。建立有效的反馈机制，及时将评估结果反馈给教师和学生，帮助他们了解教学和学习中存在的问题和不足，以便及时改进和提高。

（六）中学语文教学中的创新教育

语文教学在培养学生创新意识和创造能力方面有着独特作用，教学中多一些培育创造力的意识和办法，学生走向社会就会多一些创新精神和能力，因此，在中学语文教学中要实施创新教育，落实语文教学目标和任务，使学生不断获得新知。创新是一个民族进步的灵魂，是国家兴旺发达的不竭动力。教育在培养民族创新精神和培养创造型人才方面，肩负着特殊的使命。因此，创新教育是素质教育的核心内容。语文学科是一门基础性学科，是学习和工作的基础，语文学科在对学生进行素质教育中起着至关重要的作用。

1.创新理解教材

创造性地使用教材，是广大教师提出的要求。创造性地使用教材要求教师在充分了解和把握课程标准、学科特点、教学目标、教材编写意图的基础上，以教材为载体，灵活有效地组织教学，拓展课堂教学空间。创造性地使用教材，是课程标准、教材内容与学生实际相联系的捷径，是教师智慧与学生创造力的有效结合。教材是主要的教学资源，是教与学的重要凭借。要创造性地使用教材，必须准确理解教材。要准确理解教材，不但要从宏观上把握教材的编写意图、编写体系，还要从微观上正确把握教学要求，深入钻研每篇课文。教师钻研教材必须做到深入浅出，让学生听得明白，理解得透彻。教学目标是一切教学过程的出发点，也是教学过程的归宿，创造性地使用教材必须以教学目标为方向，一切围绕目标教学，杜绝任何浮华的形式。如为活动而活动，为表演而表演，为改变教材而改变教材等都必须杜绝。离开教学目标奢谈创造性使用教材，不仅浪费时间，还会给学生带来负面影响。

2. 创新语文教学

教师对学生的"异想天开"不能泼冷水，必须千方百计地保护他们的好奇心，不断激发他们的探究兴趣，肯定和鼓励他们点滴的表现，引导他们敢于想他们之未想，做他们之未做，这样他们的创造欲望才会被激发。营造学习氛围，诱发学生创新意识。在课堂教学中，教师要给学生创建宽松、民主的环境，让他们在这样的环境里充分发展、张扬个性。要营造宽松、和谐、民主的课堂氛围，教师必须做好以下几点首先，充分尊重学生，贯彻赏识教育。教师要尊重学生的人格，尊重学生的独特感受，允许学生发言不准确，允许学生给老师指出错误，允许学生在某些方面做得比老师好，不能讽刺、挖苦学生。传统教学方式就是传道、授业、解惑，是绝对正统的课本教育，知识传授仅限于课本，所有习题答案都以教师为准，课堂上教师是主宰，提问成了教师的专职，回答成了学生应尽的义务。在语文考核中，采用学生自己出题互相考评的方式，这种方式一方面调动了学生学习语文的积极性，开拓了学生思维，另一方面调动了他们主动复习课文内容的积极性，有效培养了学生的创新精神。开展课外活动，激发学生创新学习兴趣。语文课外活动不仅形式多样而且内容丰富多彩，其群众性、实践性和趣味性等特点决定了它对青少年学生具有极强的吸引力。学生在艺术创造中掌握了许多再现美与创造美的方法，充分发挥了潜在的创造才能。再如社会热点问题的讨论、学生辩论会等。在这样的活动中，学生、教师及其他外请人员地位平等，大家随意交流、热烈辩论，这种自由宽松的思想交流氛围，常使学生超越教师，对某些问题提出新观点和想法，即使有些观点和想法还显得幼稚，但对他们自己来说已属难能可贵。学生参加这样的活动，既拓宽了思路，又增长了知识，开阔了眼界，一举多得，从而养成了创新学习的好习惯。总之，语文教师培养学生的创新精神和创新能力不是一朝一夕就可以取得明显成效的，它是一个系统过程，需要教师循序渐进、长期坚持，不断总结经验教训，不断取长补短。只有把创新教育融入语文教学，用创新理念指导语文教学，才能推进语文教学整体改革，提高学生素质。

第二章 初中语文教学实践与探索

在当今的教育领域中，初中语文教学承载着培养学生语言运用能力、文化传承与理解能力等多重使命。随着教育理念的不断更新与教学方法的多样化，初中语文教学也在不断地进行实践与探索，以寻求更为科学、高效的教学模式。本章将围绕初中语文教学的基本理念、方法、策略以及具体案例分析展开，以期为广大教育工作者提供有益的参考与启示。

第一节 初中语文教学的基本理念

在探索初中语文教学的道路上，我们首先需要明确并坚守其核心理念。这些理念不仅是我们教学行为的指南针，也是确保语文教学质量、实现教学目标的关键所在。初中语文教学作为培养学生语言文字素养、传承中华优秀文化的重要阶段，其核心理念应当紧密围绕学生的全面发展，注重提升学生的综合素质。在这一节中，我们将详细阐述初中语文教学的核心理念，并探讨与其相关的教学原则，以期为广大教育工作者提供明晰的教学方向和有力的理论支持。

一、初中语文教学的核心理念

（一）全面育人，以文育人

语文教学，我们能够深入学生的内心世界，引导他们通过阅读文学作品、分析文本、理解作者意图等过程，形成积极的道德观念、高雅的审美情趣、独特的思维方式和卓越的创新能力。语文教学在培养道德品质方面发挥着重要作用。文学作品往往蕴含着丰富的道德元素，如爱国情怀、友情、亲情、责任感等。文学作品以其优美的语言、生动的形象和深刻的内涵，为学生提供了丰富的审美体验。在教学过程中，教师可以通过引导学生欣赏文学作品的语言美、形象美和意境美，培养他们的审美能力和审美情趣。在教学过程中，教师可以通过引导学生分析文本、理解作者意图等方式，培养他们的逻辑思维能力和思辨性思维能力。教师还可以鼓励学生进行创作实践，如写作、演讲等，让他们在实践中锻炼自己的创新能力和表达能力。这样的教学过程能够让学生逐渐形成独特的思维方式和创新能力，为他们的未来发展奠定坚实的基础。

（二）注重语言实践，强化应用能力

在语文教学中，注重语言实践、强化学生的应用能力是至关重要的。这不仅有助于学生更好地理解和掌握语言知识，还能使他们在实际生活中自如地运用所学知识，进一步提升其综合语言素养。组织多样化的语言实践活动是提升学生语言应用能力的有效途径。引导学生观察生活、记录生活，用语言文字表达自己的情感和思想，是提升语言应用能力的关键。语文学习的目的在于让学生能够更好地理解和表达生活，在创作实践中，教师可以鼓励学生发挥想象力，尝试新的表达方式，培养他们的创新能力。这样不仅能让学生更加深入地理解文本和作品，还能激发他们的创造力和创新精神，使他们在语言应用方面更具竞争力和创造力。注重语言实践、强化应用能力是语文教学的重要目标。

（三）培养审美情趣，提高鉴赏能力

在语文教学中，培养学生的审美情趣和鉴赏能力是一项至关重要的任务。这不仅有助于提升学生的审美素养，还能使他们在欣赏文学作品时更加深入地理解和感受其中的美。教师需要引导学生对文学作品进行深入的解读和欣赏。文学作品是美的载体，其中蕴含着丰富的语言美、意境美、情感美等。通过这样的解读和欣赏过程，学生可以逐渐培养起对文学作品的热爱和兴趣，为提升鉴赏能力奠定基础。教师可以通过引导学生对不同类型的文学作品进行鉴赏，如诗歌、散文、小说等，让他们逐渐掌握不同文学作品的鉴赏方法和技巧。可以鼓励学生发表自己的见解和感受，尊重他们的审美选择和判断，帮助他们形成独特的审美观念和鉴赏能力。在语文教学中注重培养学生的审美情趣和鉴赏能力是一项长期而艰巨的任务。教师需要通过引导学生深入解读和欣赏文学作品、帮助他们形成独特的审美观念和鉴赏能力、组织各种文学活动以及培养观察力和想象力等多种方式来提升学生的审美情趣和鉴赏能力，为他们的全面发展奠定坚实的基础。

（四）倡导合作学习，促进互动交流

在语文教学中，我们特别倡导合作学习的方式，以小组讨论、角色扮演、项目研究等多样化活动为载体，积极促进学生之间的互动交流。这种学习方式不仅能够有效提升学生的学习效率，还能培养他们的团队合作精神、创新思维和解决问题的能力。合作学习还能培养学生的团队合作精神。在小组中，学生需要相互协作、共同解决问题，这种合作的经历让他们学会尊重他人、倾听他人的声音，并学会在团队中发挥自己的优势。这种团队合作精神不仅对他们的语文学习有益，也对他们未来的生活和职业发展具有积极的影响。为了有效地实施合作学习，教师需要精心设计学习任务，确保每个学生都有机会参与到讨论和互动中来。教师还需要及时给予学生反馈和指导，帮助他们解决在合作过程中遇到的问题，并鼓励他们积极参与、勇于尝试。倡导合作学习、促进互动交流是语文教学中一种非常有效的教学方式。它不仅能够提升学生的学习效率和语文素养，还能培养他们的团队合作精神、创新思维和解决问题的能力。在未来的语文教学中，我们应该更加注重合作学习的应用，为学生的全面发展创造更好的条件。

（五）关注个体差异，实现个性化教育

了解每个学生的兴趣、特长和学习风格都有所不同，发现他们的兴趣点和潜在优势。在教学过程中，根据学生的这些特点，灵活调整教学方法和手段，设计具有针对性的教学任务和活动。这样，每个学生都能在语文学习中找到与自己兴趣相关的内容，从而激发学习动力，提高学习效果。关注学生的学习状态和心理变化。在教学过程中，我们时刻留意学生的情绪变化和反馈，及时发现他们在学习中遇到的困难和问题。对于那些在学业上遇到挑战的学生，我们会给予更多的关注和支持，通过个别辅导、心理疏导等方式，帮助他们克服困难，树立信心。我们也会鼓励学生之间的互帮互助，形成积极向上的学习氛围。通过关注个体差异、实施个性化教育，我们努力让每个学生都能在语文学习中找到自己的定位和价值，实现个性化全面发展。这样的教育方式不仅能够提高学生的学习成绩，还能够培养他们的综合素质和创新能力，为他们的未来发展奠定坚实的基础。

（六）融入时代元素，创新教学模式

科技的飞速发展和时代的变迁，语文教学不再局限于传统的教学方式，而是需要与时俱进，不断融入时代元素，创新教学模式。多媒体技术的广泛应用为语文教学带来了前所未有的变革。教师可以通过多媒体设备展示丰富多样的图片、视频、音频等教学资源，将抽象的文字内容具象化、生动化，使学生更容易理解和接受。此外，教师还可以制作多媒体课件，将教学内容以图文并茂、声情并茂的形式呈现出来，激发学生的学习兴趣，提高课堂参与度。随着虚拟现实（VR）、增强现实（AR）等先进技术的不断发展，语文教学也迎来了新的发展机遇。这些技术能够为学生创造更加真实、沉浸式的学习体验，使学生仿佛置身于文本所描述的情境中，更好地理解和感受文本内容。例如，在学习古代诗词时，学生可以通过 VR 技术穿越时空，亲身体验古代文人墨客的生活场景和情感世界；在学习自然景观时，学生可以通过 AR 技术将课本上的图片转化为三维立体模型，更加直观地了解地理地貌和生态环境。融入时代元素、创新教学模式是语文教学发展的重要方向。教师需要积极拥抱新技术、新手段，不断探索和实践新的教学方法和模式，以激发学生的学习兴趣和创造力，提高语文教学质量和效果

（七）强化文化自觉，传承中华文化

语文作为中华文化的重要载体，应强化学生的文化自觉意识。通过对中华优秀传统文化的深入学习和研究，让学生认识到中华文化的博大精深和独特魅力。教师可以引导学生学习古代诗词、经典名著等作品，了解中华文化的历史渊源和发展脉络；可以组织学生参观历史文化遗址、博物馆等场所，感受中华文化的厚重底蕴和时代价值；还可以鼓励学生参与文化传承活动，如书法、绘画、戏曲等表演和创作活动，让他们在实践中亲身体验中华文化的魅力和传承的意义。通过这些方式，培养学生的文化自信和自豪感，为中华民族伟大复兴贡献力量。

二、初中语文教学的基本原则

（一）学生中心原则

学生中心原则是指在初中语文教学过程中，教师应将学生置于教学活动的核心位置，一切教学活动都应围绕学生的需求、兴趣和能力展开。这意味着教师需要深入了解学生的个体差异，包括他们的学习习惯、兴趣爱好、学习基础等，然后根据学生的特点设计教学内容和教学方法。教师应鼓励学生积极参与教学活动，尊重他们的主体地位，激发他们的学习主动性和积极性。此外，教师还应关注学生的自主学习能力的培养，帮助他们构建自己的知识体系，形成自我学习的能力。

（二）因材施教原则

因材施教原则是指在初中语文教学过程中，教师应根据学生的个体差异，为不同层次的学生设计不同难度的教学任务和教学内容。这要求教师在教学过程中，要充分了解每个学生的知识水平和学习能力，然后根据他们的实际情况制定个性化的教学计划。例如，对于基础较差的学生，教师可以从基础知识入手，逐步引导他们掌握语文学习的基本方法；对于基础较好的学生，教师可以设计一些具有挑战性的学习任务，激发他们的求知欲和创造力。通过因材施教，教师可以使每个学生都能在原有的基础上得到提高和发展。

（三）直观立体原则

直观立体原则是指在初中语文教学过程中，教师应运用多媒体技术等现代教学手段，将语文知识生动形象地呈现出来。这有助于学生更好地理解教学内容，提高教学效果。例如，教师可以通过图片、视频等多媒体资源展示文学作品中的场景和人物形象，让学生更直观地感受作品的艺术魅力；教师还可以利用虚拟现实技术模拟古代文化场景，让学生身临其境地体验古代文化的魅力。直观立体的教学方式不仅可以激发学生的学习兴趣和好奇心，还可以培养他们的探索精神和创新能力。

（四）启发式教学原则

启发式教学原则是指在初中语文教学过程中，教师应注重启发学生的思维，引导他们主动思考、积极探究。这要求教师在教学过程中，要创设问题情境、组织讨论等方式，激发学生的求知欲和创造力。例如，教师可以通过提问的方式引导学生思考文学作品的深层含义和作者的创作意图；教师还可以组织学生进行小组讨论或辩论活动，让他们在交流中碰撞思想、激发灵感。启发式教学不仅可以培养学生的创新精神和解决问题的能力，还可以提高他们的思维能力和语言表达能力。

（五）系统性原则

系统性原则是指在初中语文教学过程中，教师应注重教学内容的连贯性和完整性。这要求教师在教学过程中，要关注知识点之间的内在联系和逻辑关系，将知识点有机地串联起来，形成完整的知识体系。例如，教师可以按照文学史的发展脉络来组织教学内容，让学生系统地了解各个时期的文学特点和发展趋势；教师还可以将文学作品与作者生平、时代背景等联系起来进行讲解，帮助学生形成全面的认识。系统性教学不仅可以帮助学生构建完整的知识网络，还可以培养他们的系统化思维和综合分析能力。

（六）实践性原则

实践性原则是指在初中语文教学过程中，教师应注重实践教学环节的设计和实施。这要求教师在教学过程中，要为学生提供足够的实践机会和空间，让他们在实践中学习、在实践中提高。例如，教师可以组织学生进行朗读、演讲、写作等实践活动，培养他们的语言运用能力和实践能力；教师还可以引导学生参与社会调查、文化考察等实践活动，让他们在实践中了解社会、了解文化。实践性教学不仅可以提高学生的综合素质和能力水平，还可以培养他们的创新精神和实践能力。

三、初中语文教学中的重要难点

（一）引导学生融情于学习

在初中语文教学中，引导学生融情于学习是一个至关重要的难点。语文学科的核心不仅在于知识的传授，更在于培养学生对语言文字的感悟能力、审美能力和情感体验能力。然而，现实中很多教师在实际教学中往往面临一些挑战，使得学生在情感投入方面存在困难。许多教师过于注重知识点的讲解和应试技巧的传授，而忽略了对学生情感引导的重视。他们可能没有意识到，语文学习不仅是记忆和理解的过程，更是情感共鸣和体验的过程。因此，在教学中缺乏有效的情感引导策略，导致学生难以深入感受文章的情感和意境。初中生正处于情感发展的重要阶段，他们的情感体验还不够丰富和深刻。在面对一些情感表达较为含蓄或复杂的文章时，他们可能难以理解和感受其中的情感。由于现代社会的快节奏和功利心态，学生可能缺乏足够的耐心和时间去深入体验文章的情感。有时，教学内容与学生的实际生活经验和情感体验存在较大的差距。这使得学生在理解文章时难以产生共鸣，从而难以投入情感。此外，一些教师可能过于注重文本的解读和分析，而忽略了对学生情感体验的关注和引导。

教师通过设计情感导入、情感分享、情感讨论等环节，引导学生深入体验文章的情感和意境。也可以结合学生的生活实际和情感体验，选择与学生情感产生共鸣的教学内容。通过多媒体手段、角色扮演、朗读等方式，创设与教学内容相关的情感体验情境，让学生身临其境地感受文章的情感和意境。在教学中应关注学生的情感体验，及时给予反馈和指导，鼓励学生表达自己的情感体验和感受，促进师生之间的情感交流和互动。通过课堂观察、作业分析、考试反馈等方式，了解学生的情感体验情况，并据此调整教学策略和方法。教师可以将学生的情感体验纳入评价体系之中，以激励学生更加积极地投入情感学习。

（二）对难点知识的重视程度不够

教师可能因为课时紧张、教学计划安排等原因，对难点知识的讲解不够深入。他们可能只是简单地提及某个难点，而没有深入剖析其背后的逻辑、内涵和实际应用，导致学生无法真正理解和掌握。对于难点知识，仅仅靠课堂上的讲解是远远不够的。教师需要通过设计有针对性的练习来帮助学生巩固和理解。然而，在实际教学中，教师可能缺乏这样的练习设计，导致学生无法有效巩固所学内容。在教学中可能忽视了学生的反馈，没有及时了解学生对难点知识的理解和掌握情况。这会导致教师无法及时调整教学策略，进一步影响学生的学习效果。面对难点知识，许多学生可能会出现逃避心理。他们可能觉得这些知识点太难，自己无法理解，因此选择放弃。这种心理会严重阻碍学生的学习进步。对于难点知识，学生需要主动地去思考、去探索。然而，在实际学习中，许多学生可能缺乏这样的主动性，他们只是被动地接受教师的讲解，而没有自己的思考和探索。学生需要通过不断的复习和巩固来加深理解。然而，许多学生可能只是在课堂上听一遍就认为已经掌握了，没有及时进行复习和巩固，导致知识点逐渐遗忘。

为了提升对难点知识的重视程度，教师和学生都需要付出努力。教师可以通过精心设计教学计划和练习，以及及时了解学生的反馈来调整教学策略；学生则需要克服逃避心理，主动思考和探索难点知识，并通过复习和巩固来加深理解。只有这样，才能真正提升初中语文的教学效果和学生的学习能力。

（三）教学内容过于繁杂或单一

在初中语文教学中，教学内容的选择与安排直接影响到学生的学习效果和教师的教学质量。然而，在实际教学中，我们常常会遇到教学内容过于繁杂或单一的问题，这些问题都会对教学产生不利影响。当教学内容过于繁杂时，教师需要花费大量时间去备课，以确保能够全面覆盖所有知识点。这无疑增加了教师的工作压力，可能导致他们在教学中出现疲劳、焦虑等情绪，进而影响教学质量。繁杂的教学内容意味着学生需要记忆大量的知识点。在有限的时间内，学生可能难以消化和吸收如此多的信息，导致他们的记忆负担加重。这不仅会影响学生的学习效果，还可能引发他们的厌学情绪。学生可能难以把握学习的重点，导致学习效果不佳。这也使得教师在教学时难以把握教学进度和深度，影响教学质量。当教学内容过于单一时，学生可能会感到枯燥无味，缺乏学习兴趣。他们可能会在课堂上分心、走神，甚至产生厌学情绪。这不仅会影响学生的学习效果，还会降低教师的教学积极性。单一的教学内容往往导致学生的知识面狭窄。他们可能只掌握了某个领域的知识，而缺乏对其他领域的了解。这不利于培养学生的综合素质和创新能力。在现代教育中，考试是衡量学生学习效果的重要手段之一。如果教学内容过于单一，学生可能难以适应考试的要求。他们可能在考试中遇到不熟悉的题目时感到困惑和无助，从而影响考试成绩。

教师应根据教学目标和学生的学习特点，精减教学内容，突出教学重点。这样可以减轻学生的记忆负担，提高他们的学习效果。通过引入不同的文学作品、文化背景和社会现象来丰富教学内容。这不仅可以激发学生的学习兴趣，还可以拓宽他们的知识面。在设计教学内容时应该注重知识的连贯性和系统性。这样可以帮助学生更好地理解知识点之间的联系和区别，提高他们的学习效果。还可以通过课堂观察、作业分析等方式了解学生的学习反馈，及时调整教学内容和方法。这可以确保教学内容更加贴近学生的实际需求和学习水平。

（四）学生阅读能力和写作能力的提高

在信息爆炸的当下，阅读能力和写作能力对于初中生的全面发展具有举足轻重的地位。然而，当前初中语文教学中，学生的阅读能力和写作能力普遍呈现出薄弱的态势，这成为语文教学中的一大难点。尽管初中生在日常学习和生活中会接触到大量的阅读材料，但他们的阅读理解能力普遍不足。这主要表现在对文章主旨、作者意图、深层含义等方面的把握不够准确，对复杂句子的理解和分析能力也较弱。此外，学生的阅读速度、阅读量和阅读习惯等方面也亟待提高。在写作方面，初中生同样面临诸多挑战。他们的作文往往内容空洞、缺乏深度，结构混乱、逻辑不清。学生的语言表达能力、写作技巧以及创新思维能力等方面也存在不足。这些问题的存在，严重制约了学生写作水平的提升。

提高学生的阅读能力，首先要从加强阅读训练入手。教师可以通过设置每周固定的阅读任务，引导学生选择适合自己的阅读材料，如经典文学作品、报纸杂志等。在阅读过程中，教师可以指导学生进行笔记、摘抄、写读后感等活动，帮助他们深入理解文章内容，提高阅读理解能力。提高学生的写作能力，需要优化写作教学。教师可以通过多样化的写作训练方式，如命题作文、自由写作、仿写等，激发学生的写作兴趣。教师还应注重培养学生的观察力和想象力，引导他们从生活中汲取灵感，丰富写作内容。在写作过程中，教师应给予适当的指导和建议，帮助学生完善作品。阅读与写作是相辅相成的技能。教师可以通过整合阅读与写作教学的方式，让学生在阅读中积累素材、学习写作技巧，在写作中运用所学知识、提高阅读理解能力。例如，教师可以让学生在阅读一篇文章后，进行相关的写作训练，如仿写、续写等，以巩固所学知识并提高写作技能。兴趣是最好的老师，教师可以通过开展丰富多彩的语文活动，如朗诵比赛、作文比赛、阅读分享会等，激发学生的学习兴趣和动机。教师还应注重培养学生的意志力，让他们在面对学习困难时能够坚持下去。为了提高学生的阅读能力和写作能力，评价方式也需要多样化。教师可以通过学生自评、互评、教师点评等多种方式进行评价，让学生更全面地了解自己的学习情况并及时调整学习策略。

（五）评价方式单一

在当前的初中语文教学中，评价方式单一的问题日益凸显，主要表现为过度依赖考试成绩作为衡量学生学习成果的唯一标准。这种评价方式不仅无法全面反映学生的学习情况和发展潜力，还可能抑制学生的学习兴趣和积极性，成为教学中的一大难题。单一的评价方式往往只关注学生对知识点的掌握程度，而忽视了对学生综合能力，如阅读理解能力、写作能力、口头表达能力、思辨性思维等的培养。这种评价方式导致学生在学习过程中只注重应试技巧，而忽略了实际能力的培养和提升。考试成绩只是学生学习情况的一个方面，它无法全面反映学生的学习态度、学习方法、学习进步等方面的情况。过度依赖考试成绩作为评价学生的标准，容易导致教师对学生学习情况的误解和偏见。单一的评价方式容易让学生产生应试心态，他们可能会将学习视为一种任务和压力，而非兴趣和探索的过程。这种评价方式不利于激发学生的学习兴趣和积极性，影响学生的学习效果和长期发展。

教师应根据学生的实际情况和学习需求，建立多元化评价体系。该体系应包括多个评价维度，如学习态度、学习方法、课堂表现、作业质量、考试成绩等，以全面反映学生的学习情况和发展潜力。除了结果性评价（如考试成绩）外，教师还应注重过程性评价。通过观察学生在课堂上的表现、参与讨论的情况、完成作业的质量等，了解学生的学习过程和学习状态，并给予及时的反馈和指导。学生自评和互评是评价学生学习情况的有效方式。通过让学生参与评价过程，他们可以更加深入地了解自己的学习情况，发现自己的优点和不足，并主动寻求改进。学生之间的互评也可以促进他们之间的交流和合作，增强学习的互动性。在评价学生的过程中，教师应鼓励学生进行创新和探索。对于学生在学习中展现出的创新思维和独特见解，教师应给予充分的肯定和鼓励，以激发学生的学习兴趣和积极性。教师还应引导学生关注社会热点和现实问题，培养他们的社会责任感和公民意识。

四、课改下初中语文教学模式的思考

（一）应用多元化的教学方法

教师可以应用多样化的教学方式，而不仅仅是讲解教材内容，这需要明确"用教材教"的教学思路。所谓的用教材教，指的是以点带面，举一反三。教师可以重组或者整合教材内容。根据文章主题思想、文体等集中教学语文教材内容，应用自学、略读、精读等方式让学生全面地、透彻地了解作者的观念和情感。比如在讲解鲁迅的文章时，可以把《社戏》《朝花夕拾》等文章集中在一起进行教学。教师还可以整合与教材内容相关的课外文章内容进行教学。通过应用多元化的教学方式，可以获得一加一大于二的实际教学效果。

（二）建立平等、对话的师生关系

初中语文教师在关注自身在课堂中的主导地位的同时，还需要尊重学生的价值和主体性，尽可能地平衡两者在课堂教学中的地位。从而在和学生交流和对话的过程中，让学生获得情感、智慧的启迪。在现代的师生关系中，需要学生和教师互敬互爱并且相互尊重。初中语文教师具有独有的机会和条件，他们可以把教材中积极和正面的能量传导给学生，进而影响学生的学习行为，使其养成对于教师的信任和依赖，并且产生一定的语文学习兴趣。这种相互信赖的师生关系是开展语文教学的良好基础。在实际教学中，学生和教师之间的关系是平等的，双方能够开放地交流，并且沟通效率较高。

（三）应用合理的教学评价方式

教学评价是当前初中语文教学改革的重点和难点内容。在课改的过程中，教师只能被动地接受课改要求，迫于升学考试的压力，教师只能采用原有的教学模式和评价方式。学生、家长以及学校教师领导都对课堂怀有较高的期望，但是到了最后往往看不到效果。当前，需要深性、开放性、多样性、差异性的特征，有没有应用适合学生的"生活""成长""经验"的三维课程理念，是不是结合了技能和知识、价值观和态度、方法和过程。教学评价应避免出现印象式、个人化的问题，教师需要深入了解和观察，用事实作为评判标准，并且应用学术研究以及理想的态度去观察相关的问题，要突出教学评价模式的合理性和科学性。在新课改要求落实的过程中，相应的学习模式以及教学模式都有所改变，初中语文课堂教学效果得到了全面的提升。学生可以在气氛活跃、生动的课堂教学中自由地发表自己的见解，表达自己的情感，并且获得实用的语文知识。在实际教学中，初中语文教师需要加强对教学过程的反思，并且应用有效策略提升初中语文教学模式的实效性。

第二节　初中语文教学的方法与策略

在初中语文教学的过程中，教学方法的选择和策略的运用对于提高学生的学习效果至关重要。在这一节中，我们将首先介绍几种初中语文教学中常用的方法，随后深入分析这些教学策略在实际教学中的有效性，以期为广大教师提供一些有益的参考和启示。

一、初中语文教学的常用方法

（一）讲解法

讲解法，作为最传统也最直接的教学方法之一，主要是通过教师的口头表达，向学生系统地传授知识、解释概念、分析文本，从而帮助学生理解并记忆所学内容。在教授新课文时，教师会先对课文中的生词进行讲解。这包括生词的发音、意义、词性以及在句子中的用法。通过讲解，学生能够快速掌握生词，为后续的课文学习打下基础。语法是语言学习的基础，对于初中生来说，掌握基本的语法知识尤为重要。教师可以通过例句、对比等方式，向学生讲解语法规则，帮助他们理解并应用。文学作品往往有着丰富的历史和文化背景。教师在讲解课文时，会适当地介绍相关的文学背景，帮助学生更好地理解作品的主题、情感和艺术特色。对于课文中的重点段落或句子，教师会进行详细的文本分析讲解。这包括分析句子的结构、修辞手法、表达方式等，以帮助学生深入理解文本的含义和艺术效果。教师在使用讲解法时，应根据学生的实际情况和需要，有针对性地进行讲解。避免过度讲解或遗漏重要内容。为了激发学生的学习兴趣，教师在讲解时应尽量生动有趣。可以通过故事、例子、图片等方式，使讲解内容更加直观、易懂。讲解法并不是单纯的教师讲解、学生听讲的过程。教师应鼓励学生提问、发表意见，形成师生互动、生生互动的良好氛围。在讲解过程中，教师应关注学生的反馈情况。对于学生不理解或有疑问的地方，应及时进行解答和补充。

讲解法作为初中语文教学中的一种常用方法，具有直观、系统、易于理解等特点。通过教师的有效运用和学生的积极参与，可以帮助学生更好地掌握语文知识、提高语言能力。教师也应不断探索和创新教学方法，以适应不断变化的教学需求和学生需求。

（二）提问法

提问法是一种重要的教学方法，它强调通过教师的提问来激发学生的思维活动，引导学生主动思考和探索，进而深入理解和掌握知识。提问法能够激发学生的学习兴趣和求知欲，培养学生的思维能力和自主学习能力。在阅读教学中，提问法被广泛应用。教师可以围绕课文主题设计一系列问题，这些问题可以是针对课文内容的理解性问题，也可以是针对课文深层含义的思考性问题。通过提问，教师可以引导学生逐步深入理解课文，掌握其中的知识点，也能够锻炼学生的阅读能力和思维能力。在正式阅读课文之前，教师可以提出一些引导性的问题，让学生带着问题去阅读，激发他们的阅读兴趣和期待。在阅读过程中，教师可以根据课文内容提出一些理解性问题，检查学生对课文的理解程度，也可以帮助他们巩固所学知识。在学生对课文有了基本理解之后，教师可以提出一些思考性问题，引导学生深入思考课文的主题、人物、情节等，培养他们的思辨性思维和创新能力。教师可以组织学生进行小组讨论，提出一些讨论性问题，让学生在交流中互相启发、互相学习，提高他们的合作能力和沟通能力。在阅读结束后，教师可以提出一些总结性问题，让学生回顾课文内容，梳理所学知识点，形成完整的知识体系。教师应关注学生的反馈情况，及时解答学生的疑问和困惑，也要根据学生的反馈调整教学策略和方法。

提问法是一种非常有效的教学方法，它能够激发学生的思维活力和学习兴趣，培养学生的自主学习能力和思维能力。在阅读教学中，教师应灵活运用提问法，设计有层次、有启发性的问题，引导学生深入思考、积极探究，从而提高阅读教学效果。

（三）讨论法

讨论法是一种教学方法，它侧重于通过小组或全班讨论的形式，让学生积极参与、交流观点、共同解决问题。这种方法旨在培养学生的合作精神、沟通能力、思辨性思维和解决问题的能力。在讨论中，每个学生都有机会表达自己的观点，也能倾听他人的意见，从而拓宽视野，深化理解。讨论法在阅读教学中具有广泛的应用价值。教师可根据课文内容或当前社会热点话题，组织学生进行讨论。选择的话题应具有启发性和争议性，能够激发学生的兴趣和思考。话题可以围绕课文的主题、人物形象、情节发展等方面展开，也可以与现实生活紧密相关，如社会现象、热门事件等。根据学生的性格、能力、兴趣等因素，合理分组。确保每个小组内的学生具有不同的观点和背景，从而丰富讨论的内容。小组规模不宜过大，以保证每个学生都有发言的机会。在讨论过程中，教师应充当引导者和调控者的角色。一方面，教师要引导学生围绕主题展开讨论，避免偏离话题；另一方面，教师要关注学生的讨论情况，及时给予指导和建议，确保讨论顺利进行。讨论结束后，教师应组织学生进行总结和评价。总结可以帮助学生梳理讨论中的观点和思路，形成完整的认识。评价则是对学生讨论表现的反馈，可以帮助学生了解自己的优点和不足，为今后的学习提供参考。

讨论法是一种有效的教学方法，能够培养学生的合作精神、沟通能力、思辨性思维和解决问题的能力。在阅读教学中，教师应灵活运用讨论法，选择适当的话题、分组策略、引导与调控方式以及总结与评价方法，让学生在交流中提高语言表达能力和综合素质。

（四）多元化教学方法

语文教学中，多元化的教学方法不仅能促进学生综合素质的稳步提升，也能更好地彰显课堂教学的价值。加大培养学生学习兴趣的力度从学生的学习角度分析，兴趣具有十分重要的现实价值，教师应以培养学生的学习兴趣为语文教学的前提，加大兴趣培养力度，在持续不断的实践过程中积极将多元化教学方法落到实处，有效提升学生的语文学习兴趣。直接讲述是多数教师惯于采用的方式，目的在于辅助学生更好地吸收课文的相关知识内容，教师有效把控课堂教学时间。初中学生的社会阅历有限，其形象思维以及感性思维较为发达，情境教学法是常用的一种教学手段，教师可充分结合学生思维特征以及语文教学内容，合理为学生创设教学情境，有效提升课堂教学的吸引力，使学生主动投入课堂学习，进而对课本内容有更加深入的理解及体会。这样的教学方式不仅能切实保障学生掌握知识，对提升学生语文学习的成效也有十分积极的现实意义，有助于语文教学工作的顺利开展。以《观沧海》的诗词教学为例，教师可结合多媒体设备营造氛围感，增加教学的生动性和真实性。教师还可以播放视频诵读内容，让学生聆听慷慨激昂的朗诵，观看雄浑壮阔的场景，进而产生和诗人一样的情感，加深对诗歌的理解。在这一情境的帮助下，学习不仅仅是一个机械背诵的过程，而是借助良好的画面感和真实的情境感，使学生能有效掌握整体诗词的基调及含义。充分突出问题导学的积极作用以往，落实课堂教学活动的过程中，大多数教师会直接安排学生对相关教学内容进行分析及探讨。但是，实际使用此种教学方法的过程中，教师会过多融入自己的理解，在一定程度上阻碍了学生的思维进步。为有效解决上述问题，充分发挥多元化教学方法的作用，教师可采用问题导学法展开教学。课堂上，教师充分考虑本节课教学内容的特点，合理运用问题导学法进行教学，引导学生对教学内容做更加细化的分析及探索，这一过程可促进学生语文知识学习水平的有效提升。并且，运用问题导学法教学，在问题的推动下，学生的思维能力能够得到提升，进而其分析问题、思考问题的能力也得到了进步，促使他们在语文课堂上不仅能实现知识方面的进步，也有效锻炼了其他方面的能力。教师要充分考虑学生语文知识的掌握情况，有的放矢地引导学生从不同角度探究问题的答案。这样的教学方式不仅能突出语文课堂中学生的学习主体地位，对提升学生语文学习的效率也有十分积极的现实作用，能为构建高效的语文课堂打下良好的基础。初中语文课堂教学中融入多元化的教学方法，打破以往单一的课堂教学模式，可有效提升课堂教学的活跃度。教学活动前，教师要充分挖掘每位学生的内在潜能，确保学生之间的组内合作的有效性，进而为语文教学打下良好基础。小组合作学习活动的开展过程中，如果某小组成员提出的问题和想法没有引起其他成员的注意，那么，教师要为这部分学生提供帮助，使这部分学生有机会表达自己真实的想法。这一教学方式能增强学生参与语文学习的主动性，强化学生的合作意识，提升学生的合作能力。在合作学习过程中，学习群体成员之间相互支持配合，相互信任，以积极的态度共同参与，明确合作目的，承担个人责任，是合作学习达成良好学习效果的关键。在学生的合作学习过程中，教师的组织与监控是合作学习顺利进行的有效保证。

　　初中语文课堂教学活动的开展过程中，教师要重视多元化教学方法的运用，贴合新课程改革的相关需求，保障初中语文教学的质量，促进学生语文学习水平的整体提高，有效推动学生的持续发展。

二、初中语文教学的有效策略分析

（一）以学生为中心的教学策略

以学生为中心的教学策略，在现代教育中扮演着至关重要的角色。它不仅仅是一种教学方法的变革，更是教育理念的更新，旨在打破传统教学中以教师为中心、学生被动接受知识的模式，强调学生的主体地位，关注学生的个体差异和学习需求。每个学生都是独一无二的，他们拥有不同的兴趣、能力和学习风格。以学生为中心的教学策略要求教师关注并尊重这些差异，为每个学生提供个性化的学习路径和支持。通过差异化的教学资源和活动设计，教师可以确保每个学生都能在自己擅长的领域得到发展，也在不擅长的领域得到适当的挑战。兴趣是最好的老师。当学生对所学内容感兴趣时，他们会更加投入地学习，学习效率和成绩也会相应提高。以学生为中心的教学策略注重通过生动有趣的案例、实践活动等方式，激发学生的学习兴趣和好奇心，使他们能够主动探索知识、解决问题。

问题解决能力是现代社会对人才的重要要求之一。以学生为中心的教学策略通过项目式学习、探究式学习等方式，让学生在实践中面对和解决问题。这种过程不仅有助于提高学生的问题解决能力，还可以培养他们的创新思维和思辨性思维能力。以学生为中心的教学策略强调师生之间的平等对话和互动。在这种教学模式下，教师不再是单纯的知识传授者，而是学生学习的引导者和合作伙伴。通过建立良好的师生关系，教师可以更好地了解学生的学习需求和困惑，为他们提供更加有针对性的帮助和支持。

（二）注重实践的教学策略

注重实践的教学策略在现代教育中日益受到重视，它鼓励学生通过亲身参与和实际操作来学习和成长。这种教学策略不仅帮助学生巩固和应用理论知识，还能培养他们的实践能力和创新能力，进而提升他们的综合素质。通过实践活动，学生能够将所学的理论知识与实际操作相结合，从而更好地理解和掌握知识。实践活动能够锻炼学生的动手能力、观察能力和解决问题的能力。在解决问题的过程中，学生需要运用所学知识进行分析、判断和决策，这样的经历能够让他们更加熟练地掌握技能，提高实践能力。实践活动中往往存在多种不确定性和变化性，需要学生运用创新思维来应对。例如，在项目开发中，学生可能面临各种预料之外的问题和挑战，需要他们灵活运用所学知识，提出新的解决方案。这样的经历能够激发学生的创新思维，培养他们的创新精神和创造力。注重实践的教学策略还能够提升学生的综合素质，包括沟通能力、团队协作能力、思辨性思维等。在实践活动中，学生需要与同伴、教师、行业专家等进行沟通和交流，这样的经历能够锻炼他们的沟通能力；实践活动往往需要团队合作来完成，能够培养学生的团队协作能力；此外，通过实践活动，学生还能够学会如何分析问题、质疑、进行思辨性思考。以写作教学为例，教师可以组织学生进行实地采访、观察等活动。这样的实践活动能够让学生亲身体验生活、感受社会，从而积累丰富的素材和灵感。在采访和观察的过程中，学生需要运用沟通技巧来获取信息，需要运用观察和分析能力来提炼素材，这样的经历能够锻炼他们的实践能力和综合素质。通过实践活动获取的素材更加真实、生动，能够让学生在写作中更加得心应手、表达自如。这样的写作教学方式不仅提高了学生的写作水平，还培养了他们的实践能力和创新思维。

（三）及时反馈的教学策略

及时反馈的教学策略是现代教育理念中非常重要的一环，它要求教师在教学过程中不仅要传授知识，还要时刻关注学生的学习进度和理解程度，并据此给予及时的反馈和指导。这种教学策略的核心理念在于帮助学生及时发现自己的不足，纠正错误，巩固知识，从而更有效地提升学习效果。当学生知道自己的学习情况得到关注，且每一点进步都能得到认可时，他们会更有动力去学习。及时的反馈可以激发学生的学习热情，帮助他们建立自信。在学习的过程中，学生难免会犯错。通过及时的反馈，教师可以指出学生的错误，帮助他们分析原因，并引导他们找到正确的解决方法。这样可以避免学生形成错误的思维习惯，提高学习效率。及时的反馈可以促使学生对自己的学习过程进行反思。他们会思考为什么会出现这样的错误，怎样可以避免类似的问题再次发生。这种自我反思的过程有助于学生形成独立的学习能力和思辨性思维。教师通过给予学生及时的反馈，也可以了解到自己的教学效果如何。如果大部分学生都能很好地掌握知识点，那么教师可以继续沿用当前的教学策略；如果学生在某个知识点上存在普遍的困惑，那么教师就需要调整教学策略，以便更好地帮助学生理解。教师可以通过设计短小精悍的测验，在课堂上即时检验学生的学习情况。这种测验可以是口头的，也可以是书面的，重点在于迅速了解学生的学习效果。及时反馈的教学策略是一种有效的教学方法，它可以帮助教师更好地了解学生的学习情况，也可以帮助学生更好地掌握知识和技能。在实际教学中，教师应灵活运用各种方法，确保反馈的及时性和有效性。

三、增强初中语文教学效果的策略探讨

（一）教师转变教学理念

教师转变自己的教学理念是促进教学有效性不断提高的关键之一。教师只有不断转变自己的教学理念才能采取更多措施发挥学生在课堂上的主动性，也才能更好地突破传统教学模式。教师转变自己的教学理念，意识到自己是课堂教学的引导者，要引导学生不断地对语文知识进行探究，促使学生在这个过程中能看到语文学习的奥秘从而提高他们的积极性，让他们的语文能力不断提高。教师不断转变自己的教学理念，也有利于更好地突破传统语文教学模式，使其更符合新课改的要求，培养出新时代所需要的社会主义人才。

当前，教学理念是需要随着时代发展不断更新的，教师需要为学生提供更专业的教育，让学生在每个阶段都能学有所获，教师及时转变教学理念，可以为课堂教学带来不一样的改变。学生在学习过程中受到教师的影响，他们的发展也会更加顺利，教育者需要认识到这一点，从而根据实际情况，作出决定并转变自身，将教育价值最大化发挥出来。

（二）教师采用新的教学方法

在以往的语文教学中，教师更多采用的是讲授法。可以说，学生从小学到中学接触最多的教学方法就是讲授法，这难免会让学生在日常学习过程中对这种教学方法产生厌烦的心理。但是如果教师能充分运用新的教学理念，创设一些新的教学方法，能更好地激发学生的语文学习兴趣，让他们充分调动自己的主动性。小组讨论法、情境创设法等，这些都以学生为主体让学生充分地参与到其中，既提高了学生的主动性又让他们对语文学习产生了更加浓厚的兴趣。可以说各种新教学方法对提高语文教师教学的有效性能产生积极作用。此外，还可以凸显学生的自主性，让他们经过自己阅读思考后，用语言或者肢体动作，去表达出自己的想法。教师可以在一旁做辅助，让学生可以身临其境，感受到四季之美，甚至教师可以播放音乐，让学生可以印象更加深刻。

（三）教师充分运用多媒体

在现如今的社会中信息技术无处不在，同样教学也离不开信息技术。信息技术具有传播速度快、信息容量大的优点，这对教学来说具有积极的促进作用。除此之外，信息技术也使得课堂教学内容能以更加生动的形式展现出来，从而更好地吸引学生的注意力。因此，教师应该将信息技术融入教学的各个环节中来。在课堂导入中引入信息技术能使其变得更加生动形象、富有吸引力，教师在讲课过程中充分地运用多媒体也可以提高教学质量和教学效率，可以避免过度板书书写造成的时间浪费。在课后总结过程中，也可以利用多媒体收集更多的相关资料，丰富学生对这一节课的认识。当然，教师也可以让学生充分利用信息技术去进行课前预习和课后复习，从而不断提高学生学习兴趣。教师一定要学会接受新鲜事物，对多媒体的使用一定要熟练，这样才能有效激发学生的学习兴趣，他们的学习激情也是如此，这对教育来说是一件好事。例如，教师在进行《观潮》这一课的教学时，可以用多媒体去播放一段与钱塘江大潮有关的视频来进行课堂导入，这种形式让学生有更加直观的感受，促使学生在视频中感受到钱塘江大潮的澎湃汹涌。这有利于学生对课文内容有一个更加深刻的理解，促使整个教学变得更加生动、有效。因此，教师在教学过程中要想提高教学的有效性，就应该充分地运用多媒体技术，让学生可以感受到知识学习的灵动性，而不再是干巴巴地阅读书中的文字，经过视觉变化，再加上音效推动，大家注意力被集中，学习的动力也会加强。

（四）教师与学生多进行沟通

良好的师生关系能有效提高教学质量和教学效率，这是因为师生之间良好的沟通有利于教师去更好地了解学生，从而使自己的教学设计更加符合学生的学习基础和特点，使整个课堂教学变得更加有效。对学生来说，不断与教师沟通也有利于他们发现自己的问题，认识到自己的优点和缺点，从而扬长避短。因此，教师与学生应该多进行沟通，从而建立一种良好的师生关系。良好的师生关系除了对学生学习有着良好的作用以外，对学生的生活来说也具有积极的作用，它能帮助学生养成良好的心理状态，促使其更加健康快乐地进行学习和生活。平时在学生学习过程中，教师应多多关注学生的状态，当学生遇到问题的时候教师可以主动与学生进行沟通，学生在学习的过程中本来会有一些恐惧心理，教师需要和学生建立好关系，让学生形成对教师的信赖，这样学生在平时遇到问题时便会主动跟教师进行沟通，学生的学习也会更加顺利。

（五）教师提高自身专业素质

教师提高自身专业素养是教师这一职业的要求。教师教学应该紧随时代发展，不断吸收各种新的教学观念和教学方法，也应针对学生的发展不断地调整自己的教学策略，使得自己的教学能对学生发挥积极作用。除了学习各种新的教学方法以外，教师也要不断提高自己的教学能力，将语文知识与其他学科知识进行结合帮助学生进行宏观上的学习，教师教学能力的不断提高，也有助于学生更好地理解语文知识，使他们的理解能力不断提高。教师要不断地努力提升自己的教育教学专业素质，调动学生的学习兴趣，了解他们的学习状况，更好地解决他们的学习问题，进一步提升学生在学校的学习体验。学生学习体验越高，他们对待学习也会更加积极，教师的职责才能被完美体现出来。教师自身专业素养得到提升之后，所提供的教学方法也会更加丰富，课堂的教学质量也能得到提升。

四、初中语文教学中的跨学科融合

随着教育改革的深入发展，跨学科融合已成为当前教育领域的热门话题。初中语文教学也应积极探索跨学科融合的途径和方法，以丰富教学内容、拓宽学生视野、提升教学效果。

（一）与历史学科的融合

在初中语文教学中，与历史学科的融合可以极大地丰富教学内容，使学生更深入地理解文学作品。教师可以通过讲述文学作品背后的历史故事、分析历史人物的性格特点和他们在历史事件中的角色，来帮助学生理解文学作品的深层含义。例如，在学习古代诗词时，教师可以结合历史事件和人物，让学生感受到诗词中所蕴含的爱国情怀、壮志豪情或人生哲理。这样的融合不仅能帮助学生更好地理解文学作品，还能培养他们的历史意识和文化素养，使他们在学习文学的同时，也能学习到历史知识。

（二）与科学学科的融合

在初中语文教学中，与科学学科的融合可以帮助学生更好地理解科学知识的语言表述方式和思维方法。教师可以通过介绍科学家的事迹、科学发现的过程以及科学知识的应用等方面，将语文与科学相结合。例如，在学习说明文时，教师可以选取与科学相关的题材，如介绍一种科学现象或科技产品，让学生通过阅读和写作来了解科学知识的表述方式。这样的融合不仅可以提高学生的科学素养，还能培养他们的科学精神和创新能力，使他们更加关注科学技术的发展和应用。

（三）与艺术学科的融合

在初中语文教学中，与艺术学科的融合可以帮助学生感受艺术作品中的语言美、意境美和情感美。教师可以通过欣赏绘画、音乐、舞蹈等艺术作品，引导学生分析艺术作品的风格和特点，了解艺术家在创作中的思想和情感。教师还可以鼓励学生将自己的感受和理解通过写作的方式表达出来，培养他们的审美情感和审美能力。例如，在学习诗歌时，教师可以让学生欣赏与诗歌意境相符的绘画作品或音乐作品，让他们通过多感官的体验来感受诗歌的美妙之处。

（四）与社会学科的融合

在初中语文教学中，与社会学科的融合可以帮助学生了解社会现实、关注社会发展、培养他们的社会责任感和公民意识。教师可以通过引导学生关注社会问题、分析社会现象等方式，将语文与社会学科相结合。例如，在学习议论文时，教师可以选取与社会热点相关的话题，让学生围绕这个话题进行思考和讨论。通过讨论和写作，学生可以更加深入地了解社会问题的本质和原因，并思考如何提出有效的解决方案。这样的融合不仅可以提高学生的思辨能力和表达能力，还能培养他们的社会责任感和公民意识，使他们成为具有社会责任感和公民素养的人。

第三节　初中语文教学案例分析

在初中阶段，语文教学不仅是传授语言文字知识，更是培养学生文学素养、思维能力和审美情趣的重要途径。本节将通过选取典型的初中语文教学案例进行深入分析，旨在揭示教学实践中的成功经验，指出存在的不足之处，以期为提高初中语文教学质量提供有益的借鉴和启示。在展开案例分析之前，我们必须明确，每一个教学案例都是独特的，它们所体现的教学理念、方法以及效果都受到多种因素的影响，如学生特点、教材内容、教学环境等。因此，我们在分析案例时，既要关注其共性特征，也要注重个性差异，以便更准确地把握教学规律，提升教学效果。

一、典型的教学案例分析

（一）提高文学鉴赏能力——以《岳阳楼记》为例

《岳阳楼记》是北宋文学家范仲淹的名篇，以其深邃的思想、优美的语言和独特的艺术魅力被誉为中国古代散文的瑰宝。该课的教学目标是让学生了解作者范仲淹的生平背景，理解文章的主旨和写作技巧，并能够背诵和赏析部分精彩段落。

教师首先展示岳阳楼的精美图片，并简短介绍其历史地位和文化内涵，以此激发学生对文章《岳阳楼记》的好奇心和阅读兴趣。紧接着，教师介绍岳阳楼所处的地理位置、历史变迁，以及它与范仲淹的深厚渊源，为接下来的学习打下坚实的历史文化基础。详细介绍范仲淹的生平事迹，包括他的政治理想、文学成就以及对中国古代文学的贡献，帮助学生更好地理解作品背后的思想和情感。阐述《岳阳楼记》在中国古代文学史上的重要地位，以及它如何成为后人传诵的经典之作。首先进行全文的示范朗读，注意字音、节奏和语气的把握，让学生初步感受文章的音乐美。接着，教师指导学生跟读，注意模仿教师的发音和语调，逐渐培养自己的朗读能力。逐句解释文章中的难点词句，如生僻字、古今异义词等，确保学生能够准确理解文义。在解析词句的基础上，教师帮助学生梳理文章的整体结构，理解作者通过描绘岳阳楼的景色所表达的思想和情感。教师引导学生深入探讨文章的主旨，即作者如何通过对岳阳楼景色的描绘，表达了对国家兴亡的关切和对人生哲理的思考。学生分组讨论，分享各自对文章主旨的理解，并在交流中深化对文章思想内涵的认识。教师详细分析文章中的写作技巧，如对比、象征、寓情于景等，并举例说明这些技巧在文章中的运用。学生根据所学技巧，尝试进行仿写练习，将所学知识运用到实际写作中，提高写作能力。指导学生选择部分精彩段落进行背诵，帮助学生记忆文章的精华部分。在背诵的基础上，教师引导学生赏析文章中的语言美和意境美，感受作者独特的艺术魅力。通过以上环节的教学展开，教师能够全面、深入地讲解《岳阳楼记》这篇经典之作，帮助学生更好地理解文章的思想内涵和艺术魅力，提高文学鉴赏能力。

（二）尊重个体差异，有针对地进行阅读教学——以《钢铁是怎样炼成的》为例

全书有四百多页，共计四十多万字，万事开头难，看着这样一本厚厚的名著，学生们发了愁，这些孩子中有相当一部分是人生中首次翻阅这么厚的一本书。许多学生在合上书本的同时，脸上露出的是收获的微笑。反思这次的阅读

教学活动，教师觉得作为施教者，也是收获颇丰，给学生制订的阅读任务有三个：第一，认真阅读，并圈点勾画出你认为有意思的地方，可以是情节精彩的片段，也可以是描写生动的地方；第二，组织语言，准备第二天上台发言，介绍自己前一天的阅读片段，有重点人物出现的需要将人名板书在黑板上，演讲时间必须在5分钟以上；第三，演讲结束后，由演讲者根据自己演讲的内容随机向听众提问，不能回答出来的听众将成为下一名演讲者。刚开始的时候，学生十分拘谨。这是缺乏语言锻炼的表现。这一幕也引起了教师的反思，看来还是老师"抢了学生的话筒"，没有给学生展示自我的空间。在布置演讲任务时，教师有针对性地根据学生能力的不同，布置不同难度的章节任务，尽量让每名学生都能有话可说，提高学生参与的积极性，让学生有成就感。随着时间的推移，学生们有了更多的锻炼机会，准备更充分，演讲的质量也相应提升，设计的问题也越来越好。随着阅读的深入，教师分阶段地进行了四次阅读指导课，分别从"如何进行摘抄""怎样学写读书笔记""巧画情节树""人物形象分析"四个方面指导学生阅读。让学生在粗放式的阅读体验之后，能够得到一些精细化的阅读指导，学习了对比式阅读法、浏览式阅读法、精读式阅读法等阅读方法，在阅读时添加批注，提升了阅读体验和阅读质量。在首轮演讲结束后，结合八年级下册演讲单元的要求，教师让每名同学根据自己的收获写一篇演讲稿。在一轮演讲竞赛结束后，教师适时地从名著解读和演讲技巧两个方面对演讲比赛进行了总结，也增长了演讲方面的知识，可谓收获颇丰。最后，让学生投票选出最佳演讲者，颁发奖品，学生在乐学的同时，收获了成长的喜悦，很好地完成了依据学生差异性的特点，有针对性地进行阅读教学的任务。

（三）面面俱到，忽略知识的深入——以《台阶》为例

《台阶》是人教部编版七年级下册第三单元自读篇目，纵观整个单元主题教学，所讲述的皆是普通人的情感生活，让学生在学习叙述和描写的表达方式的基础上，体会叙事中细节描写的应用。本文以自然的生活口语化语言，展示了"我"的农民父亲形象，通过讲述一个农民家庭经济状况及奋斗历程，展示了一

代人的农民父亲的缩影。积累部分词语；能抓住关键语句结合当时的时代背景理解故事内容和父亲形象特点，把握人物的思想感情。了解课文内容前提下品味细节描写的作用，学习作者围绕"台阶"组织材料、详略得当的方法，在学生自读过程中教会学生批注式阅读技巧。创设情境教学，多媒体辅助教学，批注式阅读，合作探究教学。

在把握文章叙述角度的前提下引导学生理解"父亲"形象，体会文章中兼有的崇敬与怜悯等双重感情色彩，在研读课文的过程中感受父亲性格中艰苦创业的精神和坚韧不拔的毅力，培养学生积极健康的人生观。创设生活化情境，从谈父亲引入新课学习，在自读中整体感知文章脉络，梳理情节。在预习课文时相信很多学生都已经扫清了字词障碍，对整篇课文的大意有了初步感知，接下来，我们不妨先快速浏览课文，用笔将打动自己和不理解的地方圈点出来，与小组的同伴交流下阅读感受，并将本篇文章依照小说情节，围绕"台阶"主题分为开端、发展、高潮和结局划分出层次。

作为一篇自读课文，教师留给《台阶》的课时并不多，本课教学中通过创设情境激发学生兴趣，整节课都借助多媒体技术辅助充实教学内容，这在无形中提高语文课堂的教学效率，在课堂中通过抛出问题让学生自主探究，体现出学生的主体性，整节课较为完整。但本篇文章篇幅较长，教学点比较多，在这次教学中试图将所有教学点融入课堂中，导致面面俱到中忽略了知识的深入探讨。

二、总结案例中的成功经验和不足之处

（一）成功经验

在《岳阳楼记》的教学中，教师巧妙地运用导入策略，成功地将学生带入文章的世界，并激发了他们的学习兴趣。教师选择了图片作为导入的媒介，这种直观的方式能够迅速吸引学生的注意力。通过展示岳阳楼的壮丽景色，学生能够在视觉上感受到文章所描述的景象，从而更容易产生共鸣和兴趣。不仅仅展示了图片，还结合历史背景进行了介绍。这种富含信息的导入方式增加了学生的知识储备，也为他们后续理解文章提供了必要的背景知识。学生能够通过这些信息更好

地理解作者的情感和写作意图，为深入学习文章打下基础。通过生动的导入，教师成功地营造了一个与文章相契合的情境。学生仿佛置身于岳阳楼之上，能够感受到作者所描绘的湖光山色和内心的情感波动。这种情境营造使学生更容易进入学习状态，也更容易理解文章的内容和情感。生动的导入不仅吸引了学生的注意力，还激发了他们进一步探索的兴趣。学生对文章产生了浓厚的兴趣，就会更加主动地参与学习，积极思考和讨论。这种积极的学习态度有助于他们深入理解文章，提高学习效果。教师选择以图片和历史背景作为《岳阳楼记》的导入方式，成功地营造了一个生动、直观且富含信息的情境，激发了学生的学习兴趣和探究欲望。这种导入方式为学生后续深入理解文章打下了坚实的基础，是教学中的一个成功经验。朗读是文言文教学中不可或缺的一环。在这篇课文的教学中，教师不仅亲自示范朗读，还指导学生进行朗读。通过反复朗读，学生不仅能够更好地掌握字音、节奏和语气，还能够更深入地感受文章的音乐美和语言美。这种教学方式有助于学生形成对文言文的语感，提高阅读和理解能力。针对文章中的难点词句，教师进行了深入的解析。这种细致的讲解不仅帮助学生克服了阅读障碍，还使他们更加深入地理解了文章的内容和思想。通过教师的引导，学生逐渐掌握了文言文的阅读方法，提高了自主学习能力。在教学过程中，教师不仅注重知识的传授，还注重培养学生的思考能力和鉴赏能力。通过引导学生探讨文章的主旨和写作技巧，教师激发了学生的思维火花，使他们能够更加深入地理解文章的思想内涵和艺术价值。这种教学方式不仅提高了学生的文学素养，还培养了他们的思辨性思维和创造性思维。

《钢铁是怎样炼成的》阅读教学活动旨在引导学生深入阅读这部经典名著，通过精心设计的阅读任务和多元化的教学方法，有效提升了学生的阅读能力和阅读兴趣。教师为学生制定的三个阅读任务不仅鼓励学生深入阅读文本，还鼓励他们积极思考和表达。学生们通过圈点勾画、准备演讲和随机提问等环节，逐渐从被动阅读转变为主动学习，充分展示了他们的阅读成果和个人见解。教师在阅读过程中分阶段地进行了四次阅读指导课，从摘抄、读书笔记、情节梳理到人物形象分析，每个阶段都给予了学生具体的指导和建议。这不仅帮助学生更好地理解和把握文本，还教会了他们不同的阅读方法和技巧，提升了他们的阅读体验和质量。教师在布置演讲任务时，充分考虑了学生的个体差异和能力水平，布置了不同难度的章节任务，让每名学生都能有话可说，提高了学生的参与度和自信心。这种有针对性的教学方法有效激发了学生的学习动力，促进了他们的全面发展。演讲竞赛环节为学生提供了一个展示自我的平台，激发了他们的学习兴趣和竞争意识。学生们在准备演讲的过程中，不仅深入理解了文本内容，还锻炼了自己的语言表达能力和思维能力。教师也从名著解读和演讲技巧两个方面进行了总结，为学生提供了宝贵的经验和知识。《钢铁是怎样炼成的》阅读教学活动取得了显著成效。通过合理的阅读任务设计、细致的阅读指导、注重学生个体差异和演讲竞赛的引入，教师有效提升了学生的阅读能力和阅读兴趣，也为学生提供了宝贵的学习经验和成长机会。

《台阶》作为人教部编版七年级下册第三单元的自读篇目，其教学目标明确且多元，旨在让学生通过自读和讨论，理解农民父亲的形象，体会文章中的情感色彩，同时学习作者的叙述技巧和细节描写方法。在实际教学中，我采用了多种教学方法，如情境教学、多媒体辅助教学、批注式阅读和合作探究等，以期达到最佳的教学效果。通过创设生活化情境，引入学生熟悉的"父亲"角色，迅速拉近了文本与学生的距离，激发了学生的学习兴趣。多媒体技术的运用也丰富了教学内容，使课堂更加生动有趣。在自读过程中，我引导学生使用批注式阅读技巧，标记出打动自己和不理解的地方，并通过与小组成员的交流分享阅读感受。这种方式不仅提高了学生的阅读能力，还培养了学生的合作精神和自主学习能力。我通过抛出问题的方式引导学生自主探究，如让学生围绕"台阶"主题划分文章层次，使学生在解决问题的过程中深入理解文章内容，把握人物形象。

（三）不足之处

1.学生参与度不够

在教学过程中，学生参与度不够是一个普遍存在的问题。这通常表现为教师讲解过多，而学生则处于被动接受的状态，缺乏足够的思考和讨论时间。这种教学方式不仅限制了学生的自主学习能力，也抑制了他们的思辨性思维发展。学生在课堂上往往只是被动地接受知识，而不是积极地参与到学习过程中，从而导致学习效果不佳。传统的以教师为中心的教学模式使学生习惯了被动接受知识，缺乏主动思考和参与的动力。教师往往花费大量时间进行讲解，而留给学生的思考和讨论时间却很少。教师没有充分利用激励机制来激发学生的参与热情，如小组竞赛、奖励制度等。

2. 互动形式单一

目前，教师与学生的互动主要局限于传统的问答形式，这种单一的互动方式容易使学生感到枯燥无味，缺乏参与的热情。为了丰富互动形式，教师可以引入更多元化的教学方式。例如，可以组织学生进行角色扮演活动，让学生亲身体验并理解文本中的角色和情境；还可以安排辩论赛，让学生就某个问题进行辩论，锻炼他们的逻辑思维和表达能力。此外，利用现代教育技术，如多媒体教学和在线互动平台，也可以为课堂互动提供更多可能性。

3. 背诵任务过重

在文言文教学中，背诵确实是一个有效的学习方式，有助于学生记忆和理解文本内容。然而，如果背诵任务过重，不仅会增加学生的学习压力，还可能影响他们的学习效果和兴趣。为了减轻学生的背诵压力，教师应根据学生的实际情况和学习能力，合理安排背诵任务。教师还可以通过多种方式帮助学生记忆和理解背诵内容，如提供关键词、制作思维导图、进行复述练习等。此外，教师还可以引导学生将背诵内容与实际生活相联系，或者通过创作相关的短文或故事来加深对文本的理解和记忆。这样不仅可以减轻学生的背诵压力，还可以提高他们的学习兴趣和效果。

4. 个性化教学不足

当谈到个性化教学不足时，这个问题在教学领域中尤为突出。在教学过程中，尽管教师努力教授知识，但往往因为采用统一的教学方法和内容，而未能充分考虑到每个学生的个体差异和学习需求。每个学生都有自己的兴趣、天赋、学习风格和节奏。有的学生可能更擅长视觉学习，而有的则更喜欢通过听觉获取信息；有的学生可能对某一主题特别感兴趣，而有的则对另一主题更有热情。如果教师只采用一种教学方法和内容，很可能无法满足所有学生的需求，导致一些学生感到被忽视或无法跟上进度。个性化教学的缺失可能导致学习困难或无聊。对于学习能力较强的学生来说，过于简单或重复的内容可能让他们感到无聊和缺乏挑战；而对于学习困难的学生来说，超出他们理解范围的内容则可能让他们感到沮丧和挫败。这种不匹配的教学方式不仅影响学生的学习效果，还可能降低他们的学习动力和兴趣。教师应该认识到每个学生的独特性，并采用个性化的教学策略来满足他们的需求。这样不仅可以提高学生的学习效果，还可以培养他们的学习兴趣和动力，为他们的未来发展奠定坚实的基础。

5. 忽视情感教育和价值观培养

在当今的教育体系中，尽管知识传授和技能训练被视为教育的核心任务，但忽视情感教育和价值观培养的问题也日益凸显。情感教育和价值观的培养是教育不可或缺的部分，它们对学生的全面发展、个人成长和社会适应能力有着深远的影响。情感教育是培养学生健康情感、积极态度和良好人际关系的重要途径。学生在成长过程中，不仅需要学习知识和技能，还需要学会如何与他人相处、如何管理自己的情绪、如何面对挫折和困难。价值观的培养是塑造学生正确人生观、价值观和世界观的关键。在快速发展的社会中，学生面临着各种复杂的信息和价值观的冲击。如果教师只关注知识的传授，而忽视价值观的培养，学生可能会迷失方向，无法形成正确的价值判断和行为准则。因此，教师应该注重价值观的引导，帮助学生树立正确的价值观，培养他们的道德观念和社会责任感，让他们成为有担当、有责任感的社会公民。

6. 实践能力培养不足

在教学过程中，许多教师过于注重理论知识的传授，而相对忽视了学生实践能力的培养。理论知识虽然重要，但缺乏实践应用的机会，学生往往难以将所学知识与实际生活相联系，导致知识的应用能力和解决问题的能力受限。为了提升学生的综合素质，教师应注重实践环节的设计和实施，例如通过实验、项目、社会实践等方式，让学生在实践中学习、体验和成长。这样的教学方式不仅能够加深学生对知识的理解，还能提高他们的动手能力和解决问题的能力，从而更好地适应未来社会的需求。

7. 缺乏跨学科整合

在当前快速发展的知识经济时代，跨学科整合已成为教育领域的一个重要趋势。然而，在实际教学中，我们不难发现许多教师仍然倾向于固守本学科的知识框架，缺乏与其他学科的交叉融合。这种教学方式在一定程度上限制了学生的全面发展，不利于培养他们的综合素质和创新能力。跨学科整合意味着在教学过程中，不同学科的知识、方法、思维方式等被有机地结合在一起，形成一个综合的、多元的学习体系。这样的教学方式能够帮助学生打破学科壁垒，拓宽知识视野，形成全面的知识结构。跨学科整合还能够培养学生的综合能力，如思辨性思维、问题解决能力、创新能力等，使他们能够更好地适应未来社会的需求。

8. 技术应用不当

虽然现代教育技术为教学提供了更多的可能性，但一些教师在应用技术时存在不当之处。例如，过度依赖多媒体设备，导致学生注意力分散；或者过度追求技术效果，忽视了教学内容和方法的本质。教师应该合理应用技术，将其作为一种辅助手段，以提高教学效果和学生的学习兴趣。技术在教学中的应用具有双刃剑的性质。只有合理应用技术、注重教学内容和方法的本质、加强技术培训和支持等方面的工作，才能充分发挥技术在教育中的优势作用，为学生的学习和发展提供有力支持。

第三章　部编版初中语文教材研究

在当今教育改革的浪潮中，语文教材作为承载语言知识、传承中华文化、培养学生综合素质的重要载体，其质量和适应性备受关注。部编版初中语文教材作为教育部直接组织编写的权威教材，自推出以来，便以其独特的特点和显著的优势在教育界引起了广泛的关注。本章将深入探讨部编版初中语文教材的特点与优势，以期为我国初中语文教学提供有益的参考和借鉴。本章将重点分析部编版初中语文教材相对于其他版本的优势。这些优势可能来自教材的权威性、科学性、实用性等方面，也可能来自教材在培养学生语文能力、提高语文素养等方面的独特作用。通过对比分析，我们可以更加深入地理解部编版初中语文教材在教育实践中的优势所在，为初中语文教学提供有力的支持。

第一节　部编版初中语文教材的特点与优势

随着教育改革的不断深化，语文教材作为学科教学的基石，其质量和内容直接影响着学生的学习效果和语文素养的培养。在众多版本的初中语文教材中，部编版教材凭借其独特的编写理念和严谨的教学体系，逐渐崭露头角，成为众多学校和教育者的首选。本节将深入梳理部编版初中语文教材的主要特点，并探讨其相对于其他版本的优势，以期为初中语文教学提供有益的启示和参考。

一、部编版初中语文教材的主要特点

（一）系统性与深度

教材的内容编排具有严谨的逻辑性和连贯性。每个年级、每个学期的教材内容都经过精心策划，确保了知识结构的完整性和层次性。从初一的基础语文知识，如字词句的学习，到初二、初三对阅读、写作、文学鉴赏等高级技能的训

练，每一个阶段都为学生提供了清晰的学习路径和明确的学习目标。教材在知识点的深度和广度上都进行了充分的拓展。在基础知识方面，教材不仅注重字词句的积累，还通过丰富的例句和语境帮助学生深入理解其用法和含义。在高级技能方面，教材则通过大量优秀的文学作品和丰富的阅读材料，引导学生深入探讨文学作品的内涵和技巧，提高他们的文学鉴赏能力和写作水平。部编版初中语文教材还注重知识的实际应用。教材中的练习和作业设计都紧密围绕学生的学习目标和生活实际，让学生在实践中巩固知识、提升能力。这种注重实际应用的教学方式有助于培养学生的语文应用能力和创新精神。

（二）知识面广泛

在现代教育体系中，语文教材的作用不仅仅是传授知识，更重要的是塑造学生的文化素养和拓宽其视野。当前所使用的语文教材在内容的选择上，充分展现了其知识面广泛的特点。教材在阅读方面涵盖了多个领域，从古典文学到现代文学，从国内文学到国外文学，都有所涉及。学生可以通过阅读古代的经典诗文，领略到古人的智慧和情感；也可以通过现代文学作品，感受到当代社会的多元和复杂。这种跨时代、跨文化的阅读体验，不仅有助于提升学生的阅读能力和理解力，还能加深他们对不同历史时期、不同文化背景下人类共同情感和价值观的理解。在写作方面，教材也进行了全面的指导。从基础的写作技巧到高级的写作策略，从记叙文、议论文到说明文等多种文体，都有所涵盖。学生可以通过学习各种文体的写作方法，掌握不同文体的特点和要求，进而提升自己的写作水平。教材还注重培养学生的创新思维和思辨性思维，鼓励他们在写作中表达自己的独特见解和观点。古诗文作为中华文化的瑰宝，在教材中得到了充分的体现。无论是唐诗宋词，还是元曲明清小说，都有所收录。学生可以通过学习古诗文，了解古人的思想情感和审美追求，进而加深对中华文化的认同和传承。古诗文的学习也有助于提升学生的文化素养和审美能力。现代文作为当代社会的重要表达方式，也在教材中得到了重视。无论是散文、小说还是诗歌等现代文学作品，都有所涉及。这些作品不仅反映了当代社会的风貌和人文精神，还为学生提供了丰富的语言素材和表达技巧。通过学习现代文作品，学生可以更好地理解和表达当代社会的复杂性和多样性。

（三）贴近实际生活

在编写语文教材时，一个关键的考量点是如何将课程内容与学生的实际生活紧密联系起来，以增加学习的趣味性和实用性。这一点在当前的语文教材中得到了充分的体现。教材中的文章选取多来自学生所熟悉的生活场景或经历。这样的文章能够迅速引起学生的共鸣，激发他们的阅读兴趣。例如，文章可能描述的是学生常见的家庭互动、校园生活、社会现象等，这些与学生息息相关的内容让他们更容易产生共鸣，从而更加投入地学习。练习设计也充分考虑了学生的生活实际，教材中不仅有传统的语文知识训练，如字词理解、句子分析、段落总结等，还融入了许多与学生生活紧密相关的实践活动。例如，学生可能需要针对某个生活场景进行写作练习，或者通过角色扮演来模拟某个生活对话。这样的练习设计让学生能够在实践中学习和运用语文知识，提高他们的语文实际应用能力。教材还注重将语文知识与学生的生活实践相结合。通过引导学生观察生活、思考生活，教材鼓励学生将所学的语文知识应用到实际生活中去。例如，学生可以学习如何写一封感谢信来表达对家人的感激之情，或者学习如何撰写一篇游记来记录自己的旅行经历。这些实践活动不仅让学生更加深入地理解语文知识，还能够帮助他们更好地理解和认识生活。

（四）强调人文素养

在当今社会，人文素养的培养已成为教育的重要目标之一。语文教材作为传承文化、启迪智慧的重要载体，自然承载着培养学生人文素养的重要使命。教材通过精选的阅读材料引导学生关注社会、人生、自然等课题。这些材料不仅具有文学价值，更富有深刻的人文内涵。例如，通过古代文学作品，学生可以了解到古代社会的风土人情、价值观念以及作者对人生、自然的深刻思考；通过现代文学作品，学生可以接触到当代社会的热点问题，思考人性的复杂与多样。这些阅读材料不仅能够拓宽学生的视野，更能激发他们的思考，培养他们的社会责任感。教材在阅读和写作教学中强调学生的主体性。阅读不再是简单的文本理解，而是要求学生与文本进行对话，思考文本背后的意义和价值；写作也不再是机械地模仿，而是要求学生表达自己的独特见解和感受。这种教学方式能够培养学生的思辨性思维和创新能力，使他们能够独立思考、自主表达。教材注重培养学生的情感态度和价值观，在教学过程中，教材不仅要求学生掌握语文知识，更要求他们理解文本中蕴含的情感和价值观。例如，在阅读一篇关于亲情、友情或爱情的文章时，教材会引导学生深入思考这些情感的真谛，以及它们对人生的意义和价值。这种教学方式能够帮助学生形成健康的情感态度和价值观，使他们在面对生活时更加积极、乐观。教材还注重培养学生的跨文化意识和全球视野。在全球化日益加剧的今天，跨文化意识和全球视野已成为人才必备的素质。教材通过选取不同国家、不同文化背景的文学作品，引导学生了解不同文化之间的差异和共同点，培养他们的跨文化意识和全球视野。这种教学方式能够帮助学生更好地理解世界、融入世界，为他们的未来发展打下坚实的基础，使他们在掌握语文知识的同时，也具备了良好的人文素质。

（五）服务于立德树人

语文教材在教育体系中扮演着至关重要的角色，它不仅传授语言知识，更承载着立德树人的重任。现代语文教材在选材上充分体现了社会主义核心价值观，将中华优秀传统文化和革命传统教育融入其中，以润物细无声的方式，培养学生的道德品质和家国情怀。教材在选篇上注重传承中华优秀传统文化。通过精选的古诗文、经典名篇以及民间故事等，让学生领略到中华文化的博大精深和独特魅力。这些文章不仅蕴含着古人的智慧和情感，更传递着中华民族的传统美德和道德观念。例如，通过学习《论语》中的经典语句，学生可以深刻体会到仁爱、诚信、礼义等价值观的重要性；通过欣赏古代诗词，学生可以感受到古人对自然、人生和社会的独特感悟和情怀。教材在导语和习题设计上融入革命传统教育。通过讲述革命先烈的英勇事迹、革命战争的历史背景以及社会主义建设的伟大成就等，引导学生认识到革命传统的重要性和历史意义。这些内容不仅让学生了解到祖国的艰辛历程和辉煌成就，更激发他们的爱国情感和民族精神。教材还通过习题设计等方式，引导学生对革命传统进行思考和感悟，培养他们的历史责任感和使命感。更重要的是，教材将价值观化为语文的"血肉"，使其成为语文教学的有机组成部分。通过具体的文章选篇、导语和习题设计等方式，将社会主义核心价值观融入语文教学的各个环节中，让学生在学习语文的过程中潜移默化地受到道德教育和思想引领。这种润物细无声的教育方式，不仅提高了学生的语文素养，更培养了他们的道德品质和家国情怀。通过传承中华优秀传统文化、融入革命传统教育以及将价值观化为语文的"血肉"等方式，教材有效地培养了学生的道德品质和家国情怀，为他们的全面发展奠定了坚实基础。

（六）显隐结合，双线组织

语文教材在设计上采用了"人文主题"与"语文要素"相结合的双线单元结构，这一创新设计使得教材内容在结构上更加清晰、有层次，也为学生的学习提供了更为全面、深入的视角。从"人文主题"这一线索来看，教材通过选取一系列与人文教育紧密相关的文章和素材，引导学生关注社会、人生、自然等广阔领域。这些人文主题贯穿教材始终，为学生提供了一个丰富的人文精神世界。在学习过程中，学生不仅能够掌握语文知识，更能够深刻理解人类社会的多样性、复杂性以及人与自然之间的和谐共生关系。通过人文主题的渗透，学生的情感、态度和价值观得到了潜移默化的影响和塑造。"语文要素"作为另一条线索，为学生的学习提供了系统的语文知识框架。这一线索包括基本的语文知识、技能、方法和策略等，是学生掌握和运用语文能力的基础。在教材中，语文要素被分解成若干个具体的"点"，通过不同单元的教学内容进行有针对性的训练和提升。这些"点"之间既有联系又有区别，形成了一个完整的知识体系。通过学习这些"点"，学生能够逐步建立起扎实的语文基础，提高自己的语文能力。将"人文主题"与"语文要素"两条线索相结合，教材实现了显隐结合的完美呈现。在显性层面上，学生通过学习人文主题，能够深刻感受到语文学科的育人功能和人文价值；在隐性层面上，学生则通过掌握语文要素，建立起系统的语文知识框架，提高自己的语文能力。这种显隐结合的设计使得教材内容在结构上更加清晰、有层次，既注重了语文知识的系统性传授，又强调了人文精神的渗透和培育。这种双线组织的教材结构为教师的教学提供了更为灵活、多样的教学方式和手段。教师可以根据学生的学习特点和需求，灵活选择教学内容和教学方法，以实现知识与情感的双重提升。学生也能够在这种结构化的学习中，更好地掌握语文知识和人文精神，提高自己的综合素质。

（七）创新性与实用性

一本优秀的教材，不仅需要传承经典，更需要与时俱进，不断注入新的活力。在当前的教育环境中，这本教材在继承以往编写优势的基础上，展现出了显著的创新性和实用性，为教学带来了新的变革。教材不再局限于传统的教学模式，而是积极吸收和融合了现代教学理念。例如，它强调了以学生为中心的教学方式，鼓励学生自主学习、合作学习和探究学习，从而激发学生的学习兴趣和主动性。为了适应不同学生的学习需求，教材采用了多样化的教学方法。除了传统的讲授法外，还引入了案例分析、小组讨论、角色扮演等多种互动式教学方法，让学生在实践中学习，提高学习效果。教材内容不再一成不变，而是根据学科发展和实际需求进行更新和拓展。新增加了前沿知识、热点问题和案例研究等内容，使学生能够接触到最新的学术成果和实际应用。教材内容紧密贴合现代实际教学需求，注重培养学生的实践能力和解决问题的能力。通过案例分析、实践操作等方式，让学生将所学知识应用到实际生活中去，增强学习的针对性和实用性。教材配备了丰富的教学资源，如习题集、教学课件、在线课程等。这些资源不仅可以帮助学生巩固所学知识，还可以为教师提供教学上的便利和支持。教材在编写过程中充分考虑了学生的自学需求。章节设置合理、逻辑清晰、语言通俗易懂，使学生能够轻松自学并掌握知识要点。教材中还设置了大量的思考题和练习题，帮助学生检验学习效果并加深对知识的理解。通过多样化的教学方法和丰富的教学资源，本教材有助于提高教学质量和效果，为学生的全面发展提供有力支持。

二、相对于其他版教材的优势

（一）立意高远，注重立德树人

部编版教材在立意上追求高远，将立德树人作为其核心的教育理念之一。这一理念不仅体现了教育的本质，也符合当今社会对人才培养的期待。通过深入挖掘和整合教育资源，部编版教材成功地将德育内容与语文学科知识相结合，使学生在学习语文知识的同时，也能接受到深刻的道德教育。部编版教材在课文选取、主题设置、案例分析等方面都充分考虑了德育因素。通过精心挑选的课文和案例，引导学生理解社会主义核心价值观的内涵，培养学生的爱国主义情感、社会责任感和公民意识。教材中的习题和课后活动也融入了德育元素，让学生在实践中感受道德的力量，形成良好的道德品质。部编版教材在将德育内容融入语文学科知识的过程中，注重内容的有机融合。德育内容不再是生硬地附加在学科知识上，而是与学科知识相互渗透、相互融合。例如，在课文讲解中，教师可以通过分析人物性格、情节发展等要素，引导学生理解人物的道德品质和社会责任感；在写作训练中，教师可以引导学生关注社会热点、反思人生价值，从而培养他们的思辨性思维和道德判断能力。部编版教材不仅注重德育内容的传授，还注重德育实践的开展。通过设计具有实践性的习题和课后活动，鼓励学生将所学知识应用到实际生活中去，从而检验学习效果并加深对道德知识的理解。例如，教师可以组织学生进行社区服务、志愿者活动等实践活动，让学生在实践中体验道德的力量和价值，培养他们的社会责任感和公民意识。通过德育内容的有机渗透和实践活动的开展，成功地实现了语文学科知识与道德教育的有机结合。这不仅有助于提高学生的语文能力和综合素质，还有助于培养他们的道德品质和社会责任感，为他们的未来发展奠定坚实的基础。

（二）内容丰富，知识面广泛

当谈到部编版教材"内容丰富，知识面广泛"的优势时，部编版教材在内容的选取上展现了极高的包容性和深度。它不仅涵盖了古典文学的经典之作，如唐诗、宋词、元曲、明清小说等，让学生领略到古代文学的魅力，感受中华文化的博大精深；也精选了现代文学的经典作品，如鲁迅、巴金、老舍等文学巨匠的代表作，让学生接触到当代文学的前沿和深度。部编版教材在内容的分类上也做到了全面而细致。除了古典文学和现代文学外，它还涵盖了古诗文、现代文、散文、小说、戏剧等多种文学形式。这种多样化的文学形式选择不仅让学生了解到不同文学体裁的特点和魅力，还为他们提供了丰富多样的阅读体验，有助于培养他们的阅读兴趣和审美能力。部编版教材在内容的安排上也非常注重知识的连贯性和系统性。它按照学生的认知规律和学习需求，将各个知识点进行有机整合，形成了从基础到提高、从理论到实践的完整知识体系。这种系统化的内容安排不仅有助于学生更好地理解和掌握语文知识，还为他们提供了更广阔的学习空间和更深入的探索机会。部编版教材在内容的更新上也展现了与时俱进的特点。它不断吸收新的文学成果和研究成果，将最新的文学理念和知识融入教材中，使得教材内容始终保持鲜活和前沿。这种不断更新的内容选择不仅让学生能够接触到最新的文学动态和研究成果，还为他们提供了更广阔的学习视野和更深入的思考空间。这种多样化的内容选择不仅拓宽了学生的知识面，还丰富了他们的情感体验，有助于培养他们的阅读兴趣和审美能力。其内容的系统性、连贯性和更新性也为学生提供了更广阔的学习空间和更深入的思考机会。

（三）贴近学生生活，体现时代性

部编版教材在课文的选取上，注重与当代中学生的生活实际相结合。它选取的课文不仅内容具有教育意义，而且与学生的生活密切相关。例如，教材中的课文可能涉及学生熟悉的校园生活、家庭生活、社会现象等，让学生在学习时能够产生强烈的共鸣和兴趣。这种贴近学生生活的课文选取方式，有助于学生更好地理解课文内容，提高他们的学习主动性和积极性。除了课文选取的贴近性外，部编版教材在习题的设计上也体现了时代性。它不再局限于传统的习题形式，而是融入了更多具有时代特色的元素。例如，教材中可能会设计一些与当下社会热点、科技发展等相关的习题，让学生在解答习题的同时，也能了解到时代的变迁和发展。这种时代性的习题设计方式，有助于拓宽学生的视野，培养他们的创新思维和解决问题的能力。部编版教材在编写过程中，注重培养学生的参与感和互动性。它鼓励学生通过小组讨论、角色扮演、辩论等形式参与到课堂中来，让学生在互动中学习和成长。这种教学方式不仅有助于学生更好地理解和掌握语文知识，还能培养他们的团队合作精神和口头表达能力。通过与学生的互动，教师也能更好地了解学生的学习需求和兴趣点，从而更加有针对性地开展教学活动。部编版教材在编写过程中，不断吸收新的教学理念和方法，以及社会、科技等方面的最新发展成果。它根据时代的变迁和学生的需求，对教材内容进行适时的更新和调整。这种与时俱进的更新方式，使得教材内容始终保持鲜活和前沿，能够更好地满足学生的学习需求和发展需求。

（四）强调人文素养，注重全面发展

部编版教材在内容设计上，注重深度挖掘和展示人文素养的各个方面。它不仅涵盖文学、历史、哲学等经典的人文知识，还鼓励学生通过阅读和写作等教学活动，深入思考人生、社会与自然的关系。这种深度的培养方式有助于学生形成独立思考的能力，培养他们的人文关怀和社会责任感。它注重学生的情感、态度和价值观的培养，鼓励他们在学习过程中形成积极向上、健康乐观的人生态度。教材还关注学生的思维能力和创新精神的培养，通过多样化的教学活动，激发学生的创造力和想象力。为了更好地培养学生的人文素养和全面发展，部编版教材注重跨学科知识的融合。它打破学科壁垒，将文学、历史、哲学、艺术等多个学科的知识有机地融合在一起。这种跨学科的融合不仅有助于学生形成全面的知识体系，还能培养他们的跨学科思维和解决问题的能力。部编版教材强调人文素养的培养要紧密联系现实生活。它选取的课文和案例都与现实生活密切相关，让学生在学习的过程中能够感受到人文知识在现实生活中的应用和价值。这种联系现实的教学方式有助于学生更好地理解人文素养的内涵，激发他们对生活的热爱和对社会的关注。为了让学生更好地体验和感悟人文素养，部编版教材设计了丰富多样的实践活动。例如，学生可以参与社会调查、社区服务、文化体验等活动，通过亲身实践去感受和理解人文知识。这些实践活动不仅有助于提高学生的实践能力，还能培养他们的团队合作精神和社会责任感。

（五）结构清晰，便于教学

人文主题贯穿整个单元，作为统领和指引，使学生在学习过程中能够明确了解单元的中心思想和意图。每个单元还围绕着若干个具体的语文要素进行编排，这些要素包括字词句的积累、阅读策略的培养、写作技能的训练等，它们与人文主题紧密相连，共同构成了单元的核心内容。对于教师而言，这种结构使得教学设计更加便捷和高效。教师可以根据人文主题确定单元的教学目标，然后围绕这些目标选择和组织教学内容。教师还可以根据语文要素的训练要求，设计相应的教学活动，如阅读指导、写作训练、口语表达等，以帮助学生更好地掌握和运用语文知识。对于学生而言，这种结构也有助于他们更好地理解和掌握语文知识。通过人文主题的学习，学生可以了解到文本的深层含义和文化背景，增强对文本的理解和感悟。通过语文要素的训练，学生可以系统地掌握语文知识和技能，提高自己的语文能力。这种结构还鼓励学生将所学的语文知识与现实生活相联系，培养他们的实践能力和创新精神。部编版教材采用"人文主题"与"语文要素"组成的双线单元结构，使得教材内容在结构上更加清晰和有层次。这种结构不仅方便了教师的教学设计，还有助于学生更好地理解和掌握语文知识，提高他们的语文能力。这种结构还鼓励学生将语文知识与现实生活相联系，培养他们的实践能力和创新精神。

（六）注重实践，提高能力

部编版教材在强调实践性和应用性方面，确实为学生提供了一个将所学知识转化为实际能力的优质平台。通过精心设计的习题和课后练习作业，学生不仅能够巩固课堂上学到的语文知识，还能在实际操作中提升他们的语文能力和解决问题的能力。部编版教材在习题设计中融入了情景模拟的元素，让学生在模拟的真实场景中运用所学知识。例如，在教授说明文写作时，教材可以设计一道题目，要求学生为一个实际产品撰写说明书，或者为一个旅游景点撰写导游词。这样的习题设计能够让学生将所学知识与实际生活紧密结合，提高他们的语文应用能力。

除了传统的习题外，部编版教材还引入了项目式的学习任务。这些任务要求学生围绕一个实际主题，进行资料搜集、整理、分析和总结，最后形成一篇完整的报告或作品。例如，在学习古代诗词时，教材可以要求学生以"我眼中的古代诗人"为主题，搜集相关资料，撰写一篇关于某位古代诗人的研究报告。这样的学习任务能够让学生在实践中锻炼自己的研究能力、写作能力和表达能力。部编版教材还鼓励学生通过多元化的实践平台来提高自己的语文能力。例如，教材可以引导学生参与校园文化活动、社区服务项目或在线学习平台等，让学生在实践中感受语文的魅力，提高自己的综合素质。这些实践平台不仅为学生提供了展示自己才华的机会，还能让他们在实践中不断反思和进步。部编版教材注重实践性和应用性，通过设计具有实践性的习题和练习作业，鼓励学生将所学知识应用到实际生活中去。这种实践性的教学方式有助于学生将知识转化为能力，提高他们的综合素质和解决问题的能力。

第二节 部编版初中语文教材的使用建议

在使用部编版初中语文教材时，教师需采取恰当的教学策略和方法，以充分发挥教材在教学中的核心作用。以下将提出一系列具体建议，并探讨如何有效发挥教材在教学中的作用，以期帮助学生更好地理解和掌握语文知识，提升语文素养。

一、使用部编版初中语文教材的具体建议

（一）坚持人本理念

确保学生的课堂参与，设计多样化的教学活动，如小组讨论、角色扮演、情景模拟等，让学生在互动中参与学习，增强学习的趣味性和实效性。通过有针对性的问题，引导学生深入思考，并鼓励他们表达自己的观点和看法，培养学生的思辨能力。教师应深入研究教材，明确教学目标和教学重点，设计合理的教学

流程。每个教学单元或课堂都应设定明确的教学目标，确保教学内容与教学目标紧密相连。根据学生的课堂表现和反馈，及时调整教学方法和内容，以满足学生的个性化需求。关注学生的兴趣点，通过与学生交流、观察学生行为等方式，了解学生的兴趣点，将其融入教学设计中。利用现代科技手段，如多媒体教学、网络教学等，将教材内容与现代元素相结合，提高学生的学习兴趣。在教学过程中，创设与教材内容相关的真实情境，让学生在情境中学习、体验和感悟。渗透社会主义核心价值观，在语文教学中，注重渗透社会主义核心价值观，引导学生树立正确的世界观、人生观和价值观。通过课堂教学和实践活动，培养学生的良好行为习惯，如诚实守信、尊重他人、关爱环境等。鼓励学生提出问题，参与课堂讨论，培养他们的思辨性思维和合作精神。通过小组合作学习的方式，让学生在合作中互相学习、互相帮助，提高学习效果。教师应尊重每一个学生，关心他们的成长和进步，与学生建立亲密的师生关系。通过幽默风趣的教学语言、生动形象的教学手段等方式，营造宽松愉悦的学习环境，让学生在轻松愉快的氛围中学习。

（二）合理设置目标

在部编版初中语文教材中，合理设置教学目标是确保教学活动高效、有针对性地开展的关键。以《雨的四季》这篇课文为例，教师在设置教学目标时，需要充分考虑文章的内容特点、学生的实际情况以及语文学科的核心素养，从而制定出既符合教学任务要求，又能促进学生全面发展的教学目标。

通过对《雨的四季》的学习，学生能够准确掌握文章中描述的四季雨水的特点，理解作者对雨的独特感受。引导学生学习并掌握文章中运用的修辞手法和表现手法，如比喻、拟人、排比等，以及这些手法在景物描写中的作用。提升学生的阅读能力，使学生能够通过阅读文本，准确把握作者的情感态度，体会语言的美感。培养学生的鉴赏能力，通过对文章的分析和讨论，使学生能够理解并欣赏文章中的文学价值。提高学生的写作能力，通过学习和模仿文章中的景物描写方法，学生能够将这些技巧运用到自己的写作中，提升写作水平。激发学生对大自然的热爱之情，通过对四季雨水的描绘，让学生感受到大自然的神奇和美丽。培养学生的审美情感，通过对文学作品的鉴赏和学习，使学生能够形成健康的审美情趣和审美观念。在设置教学目标时，教师应充分考虑初中学生的理解能力、接受能力和认知水平，避免目标过高或过低。根据学生的个体差异，教师可以制定分层教学目标，以满足不同学生的学习需求。教师应引导学生将所学的知识和技能转化为自己的能力和素质，如通过阅读和写作实践，将所学的景物描写方法应用到实际创作中。教师还应注重培养学生的自主学习能力和终身学习能力，使学生能够在今后的学习和生活中不断利用所学知识进行自我提升。

通过以上五个方面的展开，教师可以为《雨的四季》这篇课文设置出既合理又全面的教学目标，为教学活动的有效开展提供有力保障。这些目标也将为学生的全面发展奠定坚实基础。

（三）完善情感体验

在部编版初中语文教材的教学中，完善学生的情感体验是至关重要的。这不仅有助于学生深入理解文本内容，还能将课堂学习与日常生活紧密联系起来，促进学生的全面发展。以《纪念白求恩》一文为例，教师可以结合文本内容，向学生简要介绍基本的救护知识，如急救措施、常见疾病的预防等。这样既能拓展学生的知识面，又能增强语文学习的实用性，让学生感受到语文与生活的紧密联系。通过模拟救护情景，让学生亲身参与其中，体验医护人员的工作艰辛和无私奉献。例如，教师可以组织学生进行角色扮演，模拟白求恩和医护人员临床诊疗的场景，让学生在实践中感受到医学的魅力和人性的光辉。利用多媒体设备，展示白求恩和医护人员临床诊疗的真实案例，让学生感受到他们无私奉献、救死扶伤的精神。可以配合音乐、图片等多媒体元素，营造出温暖、感人的氛围，激发学生的感恩之心和对生命的敬畏之情。在教学过程中，教师要引导学生深入思考，反思自己在面对危险和困难时的态度和行为。通过对比白求恩等医护人员的高尚品质，让学生认识到自己的不足和需要改进的地方。也要鼓励学生珍惜生命、热爱生活，学会感恩和奉献。教师可以推荐一些与医学、感恩、奉献等主题相关的课外读物，让学生在阅读过程中进一步丰富情感体验。这些读物可以帮助学生更好地理解文本内容，也能拓宽学生的视野和知识面。

（四）改进教学模式

在使用部编版教材时，教师需要深入理解教材内容，把握教学重点和难点。以《秋天的怀念》为例，文章通过描绘秋天的景象，表达了作者对家乡的深深怀念。教师不仅要关注文章的内容，还要关注其结构特点和说明方式，以及如何通过意境营造来传达作者的情感。在传统的教学模式中，教师往往注重课程知识的灌输，而忽略了对学生能力的培养和情感的熏陶。在部编版教材中，教师需要调整教学重点，将教学重点放在意境营造、说明方式上，注重培养学生热爱祖国的情感。教师可以通过引导学生朗读、品味文章中的优美词句，让学生感受秋天的意境美。教师可以利用图片、视频等多媒体手段，营造出更加生动、真实的秋天景象，让学生更加深入地理解文章内容。教师可以通过分析文章的结构、语言特点等，让学生了解文章是如何通过说明方式来传达作者的情感的。教师可以引导学生学习文章中的说明技巧，如举例子、作比较等，并鼓励学生将这些技巧运用到自己的写作中。也可以通过引导学生深入思考文章中的情感内涵，让学生感受作者对家乡的深深怀念之情。教师还可以结合现实生活，让学生谈谈自己对家乡的怀念之情，从而培养学生的爱国情感。

部编版教材中，单元提示、补白、课前预习、课后练习等要素都是教学的重要资源。教师可以合理利用这些资源，作为教学知识点和学生能力点的培养渠道。教师可以根据单元提示，明确本单元的教学目标和教学重点，为教学提供方向。补白部分往往是对课文内容的补充和拓展，教师可以利用这部分内容来丰富教学内容，拓宽学生的知识面。教师可以布置适当的课前预习任务，让学生提前了解课文内容，为课堂学习做好准备。教师可以根据课后练习的内容，来检验学生的学习效果，并针对学生的不足进行有针对性的辅导。在改进教学模式的过程中，教师还需要创新教学方法，以激发学生的学习兴趣和积极性。例如，教师可以采用小组合作、角色扮演、情景模拟等教学方法来引导学生参与课堂活动，让学生在互动中学习和成长。还可以利用信息技术手段来辅助教学，如制作多媒体课件、利用网络资源等，使教学更加生动、有趣。

（五）深入了解教材特点

部编版初中语文教材强调全面提高学生的语文素养，这一理念是教师在教学过程中的重要指导原则。语文素养不仅包括语言知识的掌握和运用，还包括对文化的理解和传承，以及对学生思维能力和审美情趣的培养。因此，教师在教学时，需要注重工具性和人文性的统一，即在教授语文知识的同时，注重对学生的人文关怀，培养他们的文化自觉和审美能力。教师需要认真研读教材，了解教材编排的意图和目的，明确每篇课文、每个单元的教学目标和要求。语文教材不仅是语言知识的载体，更是文化的传承和人文精神的体现。教师需要深入挖掘教材中的文化内涵和人文精神，引导学生在学习过程中感受到中华文化的博大精深和人文精神的熏陶。教师在教学时，需要注重对学生思维能力和审美情趣的培养。可以通过阅读、写作、讨论等多种方式，引导学生深入思考、感悟生活、发现美、创造美。

除了把握教材理念外，教师还需要全面了解教材内容，包括课文、知识点、练习等。只有对教材内容有深入的了解，才能更好地指导学生进行学习。教师需要通读整本教材，了解教材的总体结构和内容安排，明确各单元、各课文的教学重点和难点。教师需要认真研读每篇课文，了解课文的主题、内容、结构、语言特点等，以便更好地指导学生进行阅读和理解。教师需要梳理教材中的知识点，明确每个知识点的内涵和外延，以及它们之间的联系和区别。还需要了解每个知识点在中考、高考等考试中的重要性和考查方式。教师需要认真研究教材中的练习题目，了解题目的类型、难度和考查点，以便更好地指导学生进行练习和巩固。

（六）加强教师自身建设

教育观念是教师教学行为的指导原则，它直接影响着教师的教学方式和学生的学习效果。因此，教师应不断学习新的教育理念和教学方法，以更新自己的教育观念。教师应关注国内外教育领域的最新动态和研究成果，了解教育发展的新趋势和新理念。这可以通过参加教育培训、阅读教育类书籍和期刊、浏览教育网站等方式实现。教师应积极探索和实践新的教学方法，如项目式学习、合作学习、探究学习等。这些新的教学方法能够激发学生的学习兴趣和主动性，提高学生的学习效果。教师应经常反思自己的教学实践，总结经验和教训，不断改进教学方式和方法。通过反思，教师可以发现自己的不足之处，及时进行调整和改进。

专业素养是教师教学能力的基础，它直接影响着教师的教学质量和效果。因此，教师应加强自身的专业素养，不断拓宽知识面，提高教学能力和水平。教师应深入学习语文学科知识，包括文学、语言学、修辞学等方面的知识。只有掌握了扎实的学科知识，才能更好地指导学生进行学习。语文学科与其他学科有着密切的联系，教师应拓宽跨学科知识，了解其他学科与语文学科之间的交叉点和联系。这有助于教师更好地进行跨学科教学，提高学生的学习兴趣和综合素质。教师应注重提高自己的教学技能，如课堂组织能力、语言表达能力、指导学生学习能力等。这些教学技能是教师进行有效教学的基础，只有具备了这些技能，才能更好地指导学生学习。教师应积极参与教研活动，与同行交流教学经验和心得，共同研究和解决教学中的问题。通过参与教研活动，教师可以不断提高自己的教学水平和专业素养。

二、如何有效发挥部编版教材在教学中的作用

（一）深入理解教材

教师应从宏观上把握教材的整体结构，明确各个章节之间的逻辑关系，以及它们在整个教材中的位置和作用。对每个章节进行细致地分析，了解章节的主题、重点、难点和教学目标。教师应将教材中的知识点进行梳理，明确每个知识点的内容、深度和广度。在梳理的过程中，教师应寻找不同知识点之间的联系，理解它们是如何相互支撑、相互补充的。对每个知识点进行深入分析，理解其背后的原理、意义和应用场景。通过分析和比较不同知识点，教师可以找到它们之

间的内在逻辑和关联，帮助学生构建完整的知识体系。教师应将教材的教学目标进行分解，明确每个章节、每个知识点所要达到的具体目标。在教学中，教师应始终以目标为导向，确保教学活动能够有效地实现教学目标。教师应深入挖掘教材所要传达的核心思想，理解其背后的教育理念和价值观。在传授知识的同时，教师还应将教材中所蕴含的价值观念融入教学过程中，培养学生的品格和情操。教师应梳理教材中的逻辑链条，理解各个知识点之间的逻辑关系，确保教学的连贯性和系统性。在教学中，教师可以利用这些逻辑关系引导学生进行思考和推理，培养学生的逻辑思维能力。在教学过程中，教师应不断反思自己的教学行为和方法，检查是否有效地利用了教材资源。根据反思的结果，教师应及时调整教学策略和方法，以更好地发挥教材在教学中的作用。

（二）灵活运用教材

在教学过程中，教师不仅要深入理解教材，还需要结合学生的实际情况，灵活调整教学策略，以最大限度地发挥教材的作用。在开始教学之前，教师应先对学生的年龄、认知水平、学习风格、兴趣爱好等有一个全面的了解。这有助于教师根据学生的个体差异，选择合适的教学方法和内容。基于对学生特点的了解，教师可以适当调整教材中的教学内容。例如，对于基础较差的学生，教师可以适当降低难度，先夯实基础；对于基础较好的学生，教师可以适当提高难度，挑战他们的极限。教师应尊重每个学生的个性和差异，为他们提供个性化的教学服务。例如，针对学生的兴趣点，教师可以引入相关的实例、案例或故事，激发他们的学习兴趣和动力。为了使学生更好地理解和掌握知识，教师可以引入与教材内容相关的实际案例。这些案例可以来自生活、工作或其他领域，能够帮助学生将理论知识与实际应用相结合。教师可以尝试将其他学科的知识融入教材中，形成跨学科的教学内容。这样做不仅可以拓宽学生的视野，还可以帮助他们建立更加完整的知识体系。在拓展教材内容的过程中，教师应鼓励学生进行创新思维。例如，教师可以提出一些开放性的问题或项目，引导学生从多个角度思考问题，培养他们的创新能力和解决问题的能力。教师可以利用多媒体教学、网络教学等现代信息技术手段，创新教学方式。这些技术手段可以提供更加丰富、生动的教学资源，使教学更加直观、有趣。在教学中，教师可以引入一些互动元素，如小组讨论、角色扮演、辩论等。这些活动可以激发学生的学习兴趣和参与度，提高他们的学习效果。随着教育改革的不断深入，新的教学模式不断涌现。教师可以尝试将这些新的教学模式引入教学中，如翻转课堂、混合式教学等。这些教学模式可以为学生提供更加灵活、自主的学习环境，帮助他们更好地掌握知识和技能。

（三）注重教材与教学的结合

在教学过程中，注重教材与教学的结合是确保教学有效性和学生学习成果的关键。教师需要仔细研读教材，明确教材中的教学重点。教学重点通常是教材中最为核心、最为关键的内容，是学生必须掌握的知识点或技能。明确教学重点有助于教师在备课和教学过程中有的放矢，确保教学的针对性和有效性。在课堂的开始阶段，教师可以通过引人入胜的导入，将学生的注意力迅速集中到教学重点上来。例如，教师可以通过提出问题、展示图片或播放视频等方式，引导学生思考并关注教学重点。为了让学生更好地理解和掌握教学重点，教师可以采用多种教学方法和手段。例如，教师可以通过讲解、演示、讨论、实践等方式，多角度、多层次地呈现教学重点，帮助学生形成深刻的印象。在教学过程中，教师应积极引导学生参与互动，鼓励他们发表自己的观点和看法。通过学生的参与和讨论，教师可以及时了解学生对教学重点的掌握情况，并根据学生的反馈进行有针对性的调整和指导。在课后阶段，教师可以通过布置作业、组织测试等方式，让学生对教学重点进行巩固和加深。通过练习和测试，学生可以更好地理解和掌握教学重点，提高自己的学习效果。在教学过程中，教师应不断关注教学效果的评估。通过对学生的作业、测试、课堂表现等方面的观察和分析，教师可以了解学生对教学重点的掌握情况，并根据评估结果进行反思和调整。如果学生在某些方面存在困难或问题，教师应及时采取措施进行补救和指导，确保学生能够达到预期的学习效果。突出教学重点需要教师明确教学重点的内容和要求，并采用多种教学方法和手段进行呈现和引导。教师还需要关注教学效果的评估，并根据评估结果进行反思和调整。这样才能确保教材与教学的有效结合，提高教学的针对性和有效性。

（四）加强教材使用的评估与反馈

在教学过程中，对教材使用的评估与反馈是提升教学质量、优化学生学习体验的关键环节。定期评估教材使用情况的目的在于了解学生的学习效果、掌握学生对教材的接受程度以及评估教学策略的有效性。通过评估，教师可以发现教学中存在的问题，及时调整教学策略，确保教学质量。通过观察学生在课堂上的表现，了解他们对教材内容的掌握程度和学习兴趣。分析学生的作业完成情况，了解学生对知识点的理解和应用能力。通过定期的测试和考试，评估学生对教材知识的掌握情况，以及他们在实际应用中的表现。学生的反馈是改进教材使用方法和教学策略的重要依据。通过收集学生的反馈意见，教师可以了解学生对教材使用的感受和建议，从而不断完善教学过程，提高教学效果。设计简洁明了的问卷，让学生填写对教材使用的满意度、建议等。利用课后或课余时间与学生进行面对面交流，了解他们的学习情况和感受。利用学校或班级的线上平台，让学生匿名提交对教材使用的意见和建议。教师应仔细分析定期评估的结果和学生的反馈意见，找出教学中存在的问题和不足之处。针对评估与反馈结果中发现的问题，教师应制定相应的改进措施。例如，如果学生对某个知识点理解困难，教师可以采用更直观、生动的教学方法；如果学生对教材的使用感到不满，教师可以考虑更换教材或调整教学策略。教师应将制定的改进措施付诸实践，并在实施过程中不断观察效果。如果改进措施取得了良好效果，应继续坚持；如果效果不佳，则应重新评估问题所在，并调整改进措施。教材使用的评估与反馈是一个持续改进的循环过程。教师应定期进行评估和收集反馈，不断发现问题、制定改进措施并观察效果，以确保教学质量和学生学习体验的持续提升。

（五）培养学生的自主学习能力

在当今快速变化的社会中，培养学生的自主学习能力显得尤为重要。自主学习能力不仅有助于学生更深入地理解学科知识，还有助于他们在未来的学习和生活中持续进步。教师应通过生动的案例、有趣的实践活动等方式，激发学生对教材内容的兴趣，使他们愿意主动投入学习。教师可以帮助学生设定明确的学习目标，让他们了解自主学习的重要性和意义。目标设定也可以帮助学生规划自己的学习时间和进度。教师应教授学生有效的自主学习方法，如如何制订学习计划、如何管理学习时间、如何进行自我检测等。这些方法有助于学生更高效地自主学习。教师可以为学生推荐一些与教材内容相关的优秀参考书，这些书籍可以提供更深入、更全面的知识。随着互联网的发展，越来越多的学习资源可以在网上找到。教师应向学生推荐一些可靠的学习网站、论坛等，帮助他们获取更广泛的学习资源。教师还可以向学生介绍一些学习工具，如学习软件、在线课程等，这些工具可以帮助学生更高效地进行自主学习。教师应鼓励学生在阅读教材时提出问题，无论是关于知识点的疑问还是关于学习方法的困惑。这样可以帮助学生深入思考，培养问题意识。当学生提出问题时，教师应给予积极的回应和指导。对于一些简单的问题，教师可以直接回答；对于一些复杂的问题，教师可以组织学生进行讨论或引导他们自主寻找答案。在解决问题的过程中，教师应鼓励学生尝试新的方法和思路，培养他们的创新能力。这样可以帮助学生不仅掌握知识，还能将知识应用到实际问题中，形成自己的见解和解决方案。

（六）尊重学生的个性发展

在作业设计上，老师要采取作业分层的策略。在作业设计时，老师要根据学生语文程度的高低来设计作业，除了关注成绩优秀的学生外，还要关注平时学习一般或者是中等的学生，从而设计出不同层次的作业，供不同程度的学生来进行选择。这样可以让每一位学生都能体会到成功的喜悦，在激发学生的求知欲望的同时，也张扬了学生的个性。所以说老师布置不同层次的作业，是为了让每一个学生都能找到适合自己的语文作业，提高学生学习的积极性。其次是趣味性作业设计。我们知道，兴趣是最好的老师，有了兴趣，学生也就有了学习的热情。但是现实教学中，一些老师对于语文作业的设计枯燥无味，机械单一，学生们对这样的作业设计早就麻木不仁，更不要说积极性，也就谈不上对学生综合素质的培养。所以要想提高学生的语文学习成绩，就必须设计出有趣的语文作业。因为趣味作业可以激发学生学习的兴趣，学生不再把学习当成是负担，充分调动起学生学习的积极性，自觉地去完成老师布置的作业，变被动为主动，开开心心地去学知识。

作为语文老师，在平时的作业设计时，要注意引导学生运用探究式的科学学习方法，来提高语文的综合能力。新课标强调要让学生开展探究式学习，运用这种学习方式来增强学生学习的主动性以及培养学生的责任感。在探究式学习中，主要是以情感为动力，让学生解决问题，最后体验成功的喜悦。在这种探究性的作业中，学生接收到了教育，也体验到了作业的兴趣和价值，体验到了学习语文的成功和自信。学生对于传统的作业设计，已经厌倦它的单调乏味，迫切需要能够充分调动起学生学习积极性的创新作业设计。所以初中语文老师在进行语文作业设计时，一定要摆脱传统作业设计的单调乏味、机械的重复练习，增加作业的趣味性，让学生在完成作业的过程中感受到学习的快乐，体验到成功的喜悦，感悟到做人的道理。

第三节 部编版初中语文教材中的文化传承与创新

在部编版初中语文教材中，我们不仅能够领略到中华文化的博大精深，还能感受到文化传承与创新并重的教育理念。本节将深入分析教材中的文化传承内容，并探讨如何在教学过程中实现文化创新，以更好地培养学生的文化素养和创新能力。通过对文化传承内容的深入分析和文化创新教学方法的探讨，我们期望能够进一步推动初中语文教学的创新发展，为培养具有深厚文化素养和创新能力的新时代青少年贡献力量。

一、部编版初中语文教材中的文化传承内容

（一）经典文学作品

部编版初中语文教材中精心选录了众多经典文学作品，这些作品不仅是中华

文化的瑰宝，也是学生接触和了解传统文化的宝贵资源。其中，《论语》和《诗经》作为古代文学的代表性作品，更是承载了丰富的传统文化思想和价值观。《论语》是儒家文化的核心典籍，记录了孔子及其弟子的言行和思想。通过对《论语》的阅读和学习，学生可以深入了解儒家文化的基本理念和道德准则，如"仁爱""礼义"等。这些价值观念不仅反映了古代社会的治理智慧和人际交往的规范，也对现代社会的道德建设和人际交往具有重要的启示意义。《诗经》则是中国古代诗歌的总集，收录了自西周初年至春秋中叶的诗歌作品。这些诗歌不仅展现了古代社会的风土人情和民俗文化，也表达了古人对爱情、战争、自然等主题的深刻思考和感悟。通过对《诗经》的学习，学生可以领略到古代诗歌的韵律美和意境美，也能够感受到古代文人的情感世界和思想追求。除了《论语》和《诗经》外，教材中还选录了其他经典文学作品，如《史记》《左传》等历史散文，以及《唐诗宋词》等诗歌作品。这些作品不仅具有文学价值，也蕴含着丰富的历史文化信息和人文精神。通过阅读和解析这些作品，学生可以更加全面地了解传统文化的内涵和魅力，提高自己的文化素养和审美能力。

教材中的经典文学作品为学生提供了了解和学习传统文化的窗口，通过阅读和解析这些作品，学生可以深入了解古代社会的风土人情、价值观念以及古代文人墨客的情感世界和思想追求，从而更好地传承和弘扬中华优秀传统文化。

（二）传统节日文化

在部编版初中语文教材中，传统节日文化的介绍为学生提供了一个深入了解中华民族丰富多彩文化的窗口。这些节日不仅承载着深厚的历史文化底蕴，也蕴含着丰富的文化内涵和民族精神。春节：春节，又称农历新年，起源于古代的岁首祈岁祭祀。它标志着农历新年的开始，承载着丰收、团圆和祈福的美好寓意。春节的历史悠久，可以追溯到上古时代。中秋节：中秋节起源于古代对月亮的崇拜和祭祀，最初是祭月的节日。后来，人们将中秋视为家人团聚、赏月、吃月饼的时刻，形成了丰富的中秋习俗。端午节：端午节，又称龙舟节，源于古代对龙的崇拜和祭祀。它也是为了纪念古代爱国诗人屈原而设立的。端午节的主要习俗包括赛龙舟、吃粽子、挂艾叶等。春节期间，人们会贴春联、贴窗花、放鞭炮、拜年、吃团圆饭、舞龙舞狮等。这些活动都寓意着辞旧迎新、祈福纳祥。中秋节人们会赏月、吃月饼、猜灯谜、赏花灯等。中秋节是家人团聚的时刻，赏月和吃月饼更是中秋节的必备习俗。端午节人们会赛龙舟、吃粽子、挂艾叶、喝雄黄酒等。赛龙舟是端午节最具特色的活动之一，吃粽子则是对屈原的纪念。这些传统节日不仅体现了中华民族对自然、历史和文化的尊重，也展现了中华民族的精神风貌和道德追求。如春节的团圆、祈福，中秋节的家庭团聚、赏月，端午节的爱国、忠诚等。通过对这些传统节日的学习，学生可以增强对传统文化的认同感和自豪感，理解中华民族的文化底蕴和精神内涵。

传统节日不仅是历史的传承，也是现代社会的文化瑰宝。它们不仅为人们提供了欢乐、团聚的时刻，也促进了社会的和谐、稳定和进步。在现代社会中，传统节日仍然具有重要的现实意义，它们提醒我们要珍惜家庭、传承文化、弘扬民族精神。部编版初中语文教材中关于传统节日文化的介绍，为学生提供了一个全面、深入地了解中华民族文化的机会。通过对这些传统节日的学习，学生可以更好地理解中华民族的历史、文化和精神，增强对传统文化的认同感和自豪感。

（三）传统文化艺术

在部编版初中语文教材中，对传统文化艺术的介绍为学生打开了一扇通往中华文化精髓的窗户。这些艺术形式，如书法、绘画、音乐等，不仅是中华文化的瑰宝，更是中华民族智慧的结晶。通过对这些传统文化艺术的学习，学生不仅能够欣赏到它们的独特魅力，更能够通过亲身实践，深入体验传统文化的精髓，从而提升自己的审美能力和文化素养。首先，书法作为中华民族独有的艺术形式，具有极高的审美价值和深厚的文化内涵。教材中可以通过介绍书法的起源、演变以及各种书体的特点，让学生领略到书法的独特魅力。通过书法实践，学生可以亲身体会到笔墨纸砚的交融之美，感受到书法的韵味和节奏，从而在提高审美能力的同时，也培养了耐心和毅力。其次，绘画艺术在教材中同样占据重要地位。中国画以其独特的笔墨技法、构图方式和审美观念，展现了中华民族的审美追求和文化内涵。通过学习中国画的基本技法，如笔墨运用、构图布局、色彩搭配等，学生可以逐步掌握绘画的基本技能，并在实践中提高自己的绘画水平。通过对中国画作品的欣赏和分析，学生可以更加深入地了解中华文化的精髓和审美观念。此外，音乐艺术也是教材中不可或缺的一部分。中华民族有着丰富的音乐传统和独特的音乐风格，如古琴、古筝、二胡等民族乐器，以及京剧、昆曲等戏曲音乐。通过对这些传统音乐的学习和欣赏，学生可以感受到中华音乐的韵味和魅力，理解音乐在中华文化中的重要地位和作用。音乐实践也能够帮助学生培养音乐素养和审美能力，丰富自己的精神世界。

通过对传统文化艺术的学习和实践，学生可以更加深入地了解中华文化的精髓和内涵，提高自己的审美能力和文化素养。这些传统文化艺术也能够为学生提供一个独特的视角和思维方式，帮助他们更好地理解世界和人生。古代历史故事和民间传说教材中还包含了大量古代历史故事和民间传说的选录，这些故事和传说蕴含着丰富的传统文化元素和道德观念。通过对这些故事和传说的学习，学生可以了解古代社会的历史背景、人物形象以及故事背后的文化内涵和道德寓意，从而加深对传统文化的理解和认同。

二、创新在部编版初中语文教材中的体现

（一）教材形式的创新

部编版初中语文教材在形式上进行了富有创意的革新，这一创新不仅丰富了教材内容，还提升了学生的学习体验。传统的语文教材往往以单一的篇章阅读为主，而部编版教材则打破了这一常规，引入了多样化的文本形式。

教材中加入了记叙文，让学生通过阅读生动的故事情节和人物描写，更深入地理解文本背后的文化和历史背景。记叙文以其独特的叙述方式和引人入胜的故事情节，激发学生对传统文化的兴趣，同时提升他们的阅读理解能力和文学鉴赏水平。说明文也被纳入教材中。说明文以其客观、准确的语言风格，帮助学生更深入地了解传统文化的各个方面，如传统节日、风俗习惯等。通过阅读说明文，学生可以更全面地了解传统文化的内涵和特点，从而增强对传统文化的认知和尊

重。议论文也是部编版初中语文教材的重要组成部分。议论文以其严谨的逻辑和深刻的思考，引导学生对传统文化进行批判性思考，培养他们的思辨能力和批判性思维。通过阅读议论文，学生可以学会如何理性地看待传统文化，取其精华，去其糟粕，以更开放、包容的心态面对文化传承与创新。

这种多样化的文本形式不仅丰富了教材内容，还为学生提供了更广阔的学习空间。学生在学习传统文化的同时，也能学会不同文本类型的阅读与理解，从而培养他们的综合文本处理能力。这种能力的提升不仅有助于学生在语文学科的学习中取得更好的成绩，还能为他们的未来发展打下坚实的基础。部编版初中语文教材在形式上的创新是一种积极的尝试，旨在通过多样化的文本形式，让学生更全面地了解传统文化，提升他们的阅读理解能力、思辨能力和批判性思维。这种创新不仅有助于学生的全面发展，还能为传统文化的传承与创新注入新的活力。

（二）教学模式的创新

部编版初中语文教材在教学模式上也进行了显著的创新，以更好地培养学生的主动学习能力和创新精神。传统的填鸭式教学已无法满足现代教育的需求，因此，教材引入了多种灵活多样的教学模式。

讨论式教学是教材所推崇的一种重要模式。在这种模式下，学生不再是被动地接受知识，而是成为课堂的主角，他们围绕教材中的某个主题或问题进行深入探讨。这种讨论不仅可以激发学生的学习兴趣，还能培养他们的批判性思维和沟通能力。在讨论中，学生可以自由发表观点，倾听他人的想法，从而更全面地理解传统文化的内涵和价值。除了讨论式教学，合作学习也是部编版初中语文教材所倡导的一种教学模式。在合作学习中，学生被分成小组，共同完成任务或解决问题。这种模式有助于培养学生的团队协作精神，让他们学会在集体中发挥自己的作用。在合作学习中，学生可以互相学习、互相帮助，共同提高对传统文化的理解和认识。研究性学习则是教材中另一种富有创新性的教学模式。在这种模式下，学生需要自主选择研究课题，进行深入研究并撰写研究报告。这种学习方式可以极大地激发学生的探究欲望和创新精神，让他们在研究中发现传统文化的奥秘和价值。通过研究性学习，学生可以更深入地了解传统文化的某个方面，形成自己独特的见解和认识。

这些创新的教学模式为学生提供了更多展示自己的机会。通过写作、演讲等形式，学生可以以自己的方式表达对传统文化的理解和感受。这不仅有助于培养学生的表达能力，还能增强他们对传统文化的热爱和认同。部编版初中语文教材在教学模式上的创新旨在激发学生的学习兴趣和学习动力，培养他们的创造力和表达能力。这些创新的教学模式让学生在学习中更加主动、积极，为传统文化的传承与创新培养了更多有思想、有见解的新一代青少年。

（三）评价方式的创新

在传统的教育评价体系中，学生的成绩往往主要取决于对知识点的记忆和应试技巧的掌握。然而，部编版初中语文教材在评价方式上也进行了重要的创新，它更侧重于评估学生的创新思维和实践能力，而非单一的记忆与应试能力。

这一创新主要体现在对学生能力的全面考察上。新的评价方式不再仅仅关注学生的记忆能力，而是将重心放在学生对知识的理解、应用和创新上。例如，除了传统的笔试，还可能包括口头报告、项目实践、小组讨论等多种形式，以全面评估学生的语文应用能力、批判性思维以及解决问题的能力。这种评价方式的转变具有深远的意义。首先，它有助于引导学生从死记硬背的学习模式中解放出来，鼓励他们真正理解知识并学会如何在实际生活中应用。这不仅提高了学生的学习兴趣，也培养了他们的实践能力。新的评价方式更加重视学生的创新思维。在传统的评价体系中，标准答案往往被视为唯一正确的解答，这在一定程度上抑制了学生的创造性和想象力。而新的评价方式则鼓励学生提出新颖的观点和解决方案，从而培养他们的创新思维和解决问题的能力。

这种评价方式的创新还有助于培养学生的综合素质。在多元化的评价体系中，学生需要展示他们在各个方面的能力，包括沟通、协作、批判性思维等。这不仅提升了学生的个人素养，也为他们未来的发展打下了坚实的基础。部编版初中语文教材在评价方式上的创新是教育改革的重要一步。它旨在更全面地评估学生的能力，引导他们从单纯的知识记忆转向对知识的理解和应用，从而培养他们的综合素质和创新精神。这种评价方式的转变不仅提高了教育质量，也为学生提供了更广阔的发展空间。

第四章　中学语文教育教学改革

随着时代的不断发展和社会的深刻变革，教育领域也面临着前所未有的挑战和机遇。中学语文教育教学作为培养学生人文素养和语言表达能力的重要阵地，更是需要在新的时代背景下进行深入的改革与创新。本章将重点探讨中学语文教育教学改革的背景与意义，以期为推动中学语文教育的持续发展和进步提供有益的参考和借鉴。

第一节　中学语文教育教学改革的背景与意义

在当今快速变化的社会环境中，知识的更新迭代速度日益加快，全球化与信息化对人才培养提出了更高要求。作为培养学生基本人文素养和语言表达能力的关键学科，中学语文教育教学也面临着前所未有的挑战与机遇。在这样的背景下，对中学语文教育教学进行改革，不仅是适应时代发展的需要，更是促进学生全面发展、提升教育教学质量的必由之路。接下来，我们将详细阐述中学语文教育教学改革的背景，并分析改革的意义和价值。

一、中学语文教育教学改革的背景

（一）社会发展和时代变革的需求

随着信息技术的迅猛发展和全球化的加速推进，我们正处于一个快速变化的时代。这种信息技术的迅猛发展已经彻底改变了我们的生活方式和工作模式。在这样的背景下，社会对于具备信息技术素养的人才需求日益增加。传统的语文教育在信息技术方面的培养相对滞后，无法满足这一需求。因此，教育教学改革需要加强对信息技术的教学，培养学生的信息素养和创新能力。全球化的加速推进使得各国之间的联系更加紧密，文化交流更加频繁。在这样的背景下，跨文化交际能力成了一个重要的能力需求。传统的语文教育在跨文化交际能力方面的培养相对不足，需要进行相应的改革。通过引入多元文化教学内容、开展国际交流项目等方式，可以帮助学生更好地理解和适应全球化背景下的文化多样性。社会对于创新思维和思辨性思维的需求越来越迫切。传统的语文教育注重知识的传授和记忆，而缺乏对学生创新思维和思辨性思维的培养。因此，教育教学改革需要注重培养学生的创新思维和思辨性思维，鼓励学生敢于质疑、勇于探索。为了更好地适应社会发展和时代变革的需求，树立以学生为中心的教育理念，关注学生的全面发展，注重培养学生的创新能力和实践能力。引入新技术、新领域的教学内容，丰富学生的知识体系；加强跨文化、跨学科的教学内容，培养学生的综合素质。采用多样化的教学方法和手段，激发学生的学习兴趣和积极性；注重培养学生的自主学习能力和合作学习能力。提高教师的专业素养和教育教学能力，使他们能够更好地适应教育教学改革的需求。

社会发展和时代变革对人才的需求提出了新的要求，教育教学改革需要紧跟时代步伐，不断更新教育理念、优化教学内容、改进教学方法和加强师资培训，以适应这些新的需求。

（二）教育改革的推动

我国的教育改革一直在持续进行中，致力于提高人才培养质量和教育教学水平。中学语文教育教学改革作为这一进程中的重要组成部分，其推动力度和深度都体现了国家对语文教育的重视和期待。随着社会的快速发展，对人才的需求也在不断变化。语文教育作为培养学生人文素养和综合能力的重要学科，需要与时俱进，适应社会发展的需求。传统的语文教育模式在某些方面已经不能满足现代教育的需求，需要进行改革和创新，以提高教育质量，更好地培养学生的核心素养和综合能力。政府通过制定相关政策，明确语文教育改革的方向和目标，为改革提供指导和支持。根据社会发展的需求和学生的特点，对中学语文课程设置进行调整和优化，使之更加符合人才培养的目标。对语文教材进行改革，引入更多具有时代性和创新性的内容，提高教材的质量和适用性。鼓励教师采用多元化的教学方法和手段，如小组合作、项目式学习、情境教学等，以激发学生的学习兴趣和主动性。利用现代信息技术手段，如多媒体教学、网络教学等，提高教学效果。加强教师的培训和素质提升工作，提高教师的教育教学能力和专业素养。通过组织教师参加培训、研讨会等活动，促进教师之间的交流与合作，共同推动语文教育的改革与发展。

经过多年的努力，中学语文教育教学改革取得了显著成效。学生的语文素养和综合能力得到了提高，教师的教学水平和专业素养也得到了提升。语文教育在传承中华文化、培养学生人文素养等方面也发挥了重要作用。我们需要继续加强政策引领和支持，推动语文教育的创新和发展；也需要加强教师的培训和素质提升工作，提高教师的教育教学能力和专业素养；最后，还需要加强学校与社会的联系与合作，共同推动语文教育的改革与发展。

（三）学科发展的要求

随着语言学、心理学、教育学等学科的不断突破和发展，语文教育面临着学科发展的新要求，需要不断进行调整和更新以适应这些变化。语言学的研究不断深入，为我们提供了更加丰富的语言理解和分析方法。语文教育应当紧跟语言学的发展，引导学生深入理解语言的本质、结构和功能，提高学生的语言感知和运用能力。语言学的发展也推动了语言应用的拓展，如多语种教学、跨文化交际等。语文教育应当拓宽学生的语言视野，培养学生的多语种能力和跨文化交际能力，以适应全球化的发展趋势。心理学的研究揭示了学生学习过程中的心理机制和规律。语文教育应当关注学生的心理发展，根据学生的认知特点和兴趣爱好设计教学活动，激发学生的学习兴趣和主动性。语文教育不仅要传授知识，还要培养学生的心理素养，如情感、态度、价值观等。心理学的发展为语文教育提供了心理教育的方法和途径，有助于培养学生健康的心理品质。

教育学的研究推动了教学模式的创新，如翻转课堂、项目式学习等。语文教育应当借鉴教育学的研究成果，创新教学模式，打破传统的教学方式，提高学生教育学的发展也强调了过程性评价的重要性。语文教育应当注重对学生学习过程的评价，关注学生的进步和发展，及时反馈学生的学习情况，帮助学生发现问题并改进。语文教育应当充分利用信息技术手段，整合优质的教学资源，为学生提供丰富的学习内容和学习环境。信息技术的发展为语文教育提供了创新的教学方式，如在线教学、虚拟现实教学等。这些新型的教学方式能够打破时间和空间的限制，提高教学的灵活性和互动性，激发学生的学习兴趣和创造力。

（四）学生全面发展的需求

在新时代背景下，语文课程对于培养学生的核心素养和综合能力有着至关重要的作用。为了培养德智体美劳全面发展的社会主义建设者和接班人，中学语文教育教学改革应更加注重学生的全面发展，作为语文教育的核心，语言表达能力是学生与外界沟通的重要工具。通过语文教育教学改革，应着重提升学生的口语表达和书面表达能力，使学生能够清晰、准确地表达自己的思想和观点。阅读是获取知识和信息的重要途径。改革应引导学生养成良好的阅读习惯，提高阅读速度和理解能力，使学生能够从阅读中获得更多的知识和启示。

语文教育教学改革应着重培养学生的逻辑思维能力、思辨性思维和创造性思维。通过引导学生进行深度阅读和思考，培养他们的分析、综合和评价能力，使他们能够独立思考和解决问题。在全球化和知识经济时代，创新能力是学生未来发展的重要素质。语文教育教学改革应鼓励学生敢于质疑、勇于探索，培养他们的创新意识和创新能力，为他们未来的职业发展和社会适应能力奠定基础。语文教育教学改革应注重培养学生的实践能力，包括观察、调查、实验、制作等能力。通过组织实践活动和项目式学习，使学生能够将所学知识应用于实际情境中，提高他们的实践能力和解决问题的能力。综合素质包括学生的道德品质、文化素养、身心健康等方面。语文教育教学改革应关注学生的全面发展，通过课堂教学和课外活动相结合的方式，培养学生的道德品质和文化素养，促进他们的身心健康发展。通过引入在线教学、虚拟现实教学等新型教学方式，提高教学的灵活性和互动性，激发学生的学习兴趣和创造力。利用大数据和人工智能技术，对学生的学习过程进行精准分析和反馈，为教师提供有针对性的教学指导。

二、中学语文改革的意义和价值

（一）深化教育教学改革

可以促进教改的深化目前的语文课堂教学仍然存在着诸多不尽如人意的地方，低效无效的课堂教学现象普遍存在。重复、填鸭式的教学方式屡见不鲜，一味追求新理念、新模式，给人"乱花渐欲迷人眼"的感觉，教学方法把握不准确，运用不恰当，难免剑走偏锋，收效甚微。面对这样的课堂教学现状，我们必须更进一步加强课堂教学改革，以教学改革的深化促进高效课堂的打造。当前，很多学生缺少语文学习的积极性和主动性，原因在于我们仍然打着教改的旗帜重复着传统的老路。兴趣是最好的老师。作为老师，要想方设法让课堂充满趣味性，使学生感兴趣，激发他们学习和探究的欲望。如教《黔之驴》一文，我们可以建议学生阅读柳宗元的其他寓言故事《蝜蝂传》，从而让学生加深对作者愤世嫉俗的人生态度的再认识。这样不仅提高了学生的语文素养，也能把乏味的课堂变成了生动有趣的语文天地。灵动的课堂就是让学生动起来，不再死气沉沉。学生是学习的主体，动起来的课堂更加精彩，也只有让学生动起来，学生的自主、合作、探究的学习方式才能有效实施，才能让学生学以致用。语文来自生活，这给语文教学提供了活学活用的契机。提出问题往往比解决问题更重要。提问关乎课堂的总体设计，关乎课堂教学的成败，体现着教师的教学策略以及教育思想。提问不一定很具体，可以听，可以说，可以读，可以写，能够激发学生的内在情感，使语文能力得到训练、提高即可。语文本身充满了诗情画意，打造诗意的课堂完全有可能，更能吸引学生情绪高昂地参与其中。教师要做足功课，把课堂设计成为一首具有动态美的诗歌。语文学习的内容林林总总、包罗万象，从格言谚语到寓言故事，从清词丽句到鸿篇巨制。无论是对散文、小说，还是诗歌、戏剧的学习探讨，都要营造和谐的课堂气氛，自始至终充满诗情画意。教师要讲得精美，读得入情，恰当引导学生体验和感悟文章的情感美、思想美、语言美、结构美，让学生受到美的熏陶、美的教育。

（二）推动学生的全面成长

教育教学的终极目的在于培养人格健全、情感丰富、知识全面的高素质人才。围绕这一目标，打造高效课堂应该本着明确的指向。高效课堂就是要提高学习效率，提升学习能力，激发学生的学习热情，促进学生身心健康发展。教师要使学生为自我发展、为社会发展树立终身学习的观念，使每个学生明白：我学习是自我的需要，而不是为他人的评价和家长喜欢而学。只有学习目标明确，才有可能发扬悬梁刺股、囊萤映雪的刻苦学习精神。在这一前提下，学生学习效率和学习能力的提高、提升才是顺理成章的。语文能力即听说读写能力的综合，高效语文课堂当然不是对这四种能力的简单重复，而是"日日新"的潜移默化。高效语文课堂就是要让学生在聚精会神地聆听中体会语文的韵味；高效语文课堂就是要让学生在畅所欲言地叙述中领略语文的情感；高效语文课堂就是要让学生在赏心悦目的阅读中感悟语文的魅力；高效语文课堂就是要让学生在自由快乐地写作中品味语文的风采。

（三）助力教师职业发展

在打造高效课堂的大背景和大氛围下，教师们对备课会更加扎实认真，对教法与学法的选择更加重视，对学情的了解和掌握会更加细致，教学反思会成为一种自觉行为。在打造高效课堂的大背景和大氛围下，教师们相互听课与评课无疑会成为一种常态，由原来的疲于应付、隔靴搔痒无疑会成为自觉行为与无话不说。打造高效课堂可以使教师切实消除课堂教学中的无效劳动，让学生在课堂教学中得到实惠。通过提高课堂的实效性，最终冲破传统课堂的束缚，形成探究、合作、民主、对话的教学氛围，大力提升教师自身的教学水平，铸造一支科研型的教师团队。当然，教师是一个需要终身学习的职业。作为一名语文教师，在教学中要不断更新专业知识，不断提高专业技能，这样才能适应教育改革的需要。

（四）深化学生的情感认知

中学生的精神世界尚未完全形成，不能够准确分辨事物的对与错、好与坏。在此种情况下，中学生很容易受到社会风气或周围事物的影响，使学生的精神世界形成与发展出现偏差，大大增加与现实世界的差距，这非常不利于学生日后的良好发展。在中学语文教学中积极落实文化教育，则是在教授学生语文知识的过程中，渗透文化教育，正确引导和指导学生的感官和思想，进而使学生逐步形成初级层次的精神世界，再加之语文教师的系统讲解与引导分析，学生将逐步形成对人生、生活的深层次感悟，促进学生树立正确的人生观、世界观、价值观。从当前我国文学教学活动中文学教育落实整体情况来看，文学教育的意义及应用价值并没有充分发挥出来，还处在初级研究阶段。为了使文学教育可以丰富学生的精神世界，在我国教育领域深入改革的背景下，教育工作者应当注重强化语文教学活动中文学教育的强化，使其不再处于辅助教学活动层面。

（五）塑造人文超越自我

中学语文教学中文学教育的意义和应用价值还包括培养学生人文精神，促进学生突破自我，为使学生良好发展创造条件。在人类的精神世界中，人文精神是建立在物质和道德观念基础之上的。人文精神的培养，可以使学生突破当前的物质认知和道德观念，以更为广阔的视角和更深入的思想来看待事物或问题。因此，在对学生进行语文教学的过程中，应当积极落实文学教育，使学生对文学作品产生浓厚的阅读和学习兴趣，进而培养学生的人文精神，促使学生形成具有鲜明时代特色的人文精神，为推动学生在当代良好发展奠定基础。对于学生人文精神的培养是一个缓慢的过程，需要语文教师在规划语文教学活动的过程中，适当的、合理的穿插文学教育内容，使文学教育的连贯性、系统性、科学性充分地体现在语文教学活动中，从而使学生在轻松、愉悦的氛围中学习文学作品，培养人文精神，进而逐步形成具有时代特色的人文精神，让学生在日常和学习中不断突破自我，改观自己的不足，促使学生全面发展。中学语文教学中文学教育的有效落实，可以培养学生的人文精神，促使学生突破自我，推进学生全面发展，为使学生成为国家栋梁之材创造条件。文学教育的有效落实，可以强化学生文学素养、丰富学生情感世界、培养学生人文精神，促使树立正确的世界观、人生观、价值观，不断突破自我，全面且良好的发展。所以，在语文教学中文学教育的意义和应用价值研究处于初级阶段的当下，教师应当注重强化和优化文学教育，逐步提升其在语文教学中的分量，使其应用价值充分发挥出来，提升语文教学的教育意义。

第二节　中学语文教育教学改革的主要内容

中学语文教育教学改革是当前教育领域的重要议题，本节将围绕中学语文教育改革的核心内容与导向、改革对中学语文教育的深远影响，以及对改革与发展的深度思考展开探讨，以期为我国中学语文教育的进一步发展提供有益的参考和启示。

一、中学语文教育改革的核心内容

（一）教学内容的更新与优化

在当今这个快速变化的时代，中学语文教育的教学内容也需要进行相应的更新与优化，以更好地适应学生的需求和社会的发展。语文作为一门综合性的学科，与其他学科之间存在着密切的联系。加强语文与其他学科的融合，不仅有助于学生更好地理解语文知识，还能够培养他们的综合素养和综合能力。文学是语文的重要组成部分，通过文学作品的学习，可以培养学生的审美能力和人文素养。在改革中，我们需要更加注重文学素养的提升。首先，可以精选一些经典文学作品作为教学内容，让学生通过学习这些作品，了解不同文化背景下的思想和情感表达方式；其次，可以开展一些文学鉴赏活动，如诗歌朗诵、戏剧表演等，让学生在实践中提高文学鉴赏能力；最后，可以鼓励学生进行文学创作，如写作小说、散文等，通过创作实践培养他们的文学创作能力。这样的教学方式，不仅能够提高学生的文学素养，还能够培养他们的创新精神和表达能力。

（二）教学方法的创新与多样化

在当今的教育环境中，教学方法的创新与多样化是提高中学语文教学质量的关键。信息技术的飞速发展为中学语文教学带来了革命性的变化。利用多媒体技术，教师可以制作生动有趣的课件，将文字、图像、音频、视频等多种元素相结合，使教学内容更加直观、生动。此外，通过在线教学平台，师生可以进行实时互动，及时解答学生疑问，提高教学效率。传统的语文课堂教学往往以教师为中心，学生被动接受知识。在课堂上，教师可以通过组织讨论、小组合作等活动，鼓励学生积极参与，发表自己的观点和看法。教师还可以设计一些开放性的问题，引导学生主动思考，培养他们的自主学习能力和创新精神。教师也可以设计一些具有挑战性的项目，让学生在完成项目的过程中，运用所学的语文知识，提高实践能力和综合素质。通过实践教学，学生可以更好地将理论知识与实际应用相结合，为未来的学习和生活打下坚实的基础。

（三）教师素质的提升与发展

在推进中学语文教育教学改革的过程中，教师素质的提升与发展是不可或缺的一环。只有具备高素质的教师队伍，才能有效推动语文教学的创新与发展，为学生提供更优质的教育服务。为了提升教师的专业素养和教育教学水平，需要定期开展有针对性的专业培训活动。通过专业培训，教师可以不断更新教育观念，掌握最新的教学方法和手段，提高教学效果。通过教学研究，教师可以不断总结经验教训，优化教学设计和教学方法，提高教学效果，促进教师之间的交流与合作，形成共同发展的良好氛围。师德师风是教师素质的重要组成部分，加强师德师风建设，可以提高教师的职业道德素养和教育教学责任感，为学生树立良好的榜样。通过强化师德师风建设，可以形成一支爱岗敬业、为人师表的教师队伍，为学生的健康成长提供有力的保障。

（四）评价体系的改革与完善

在中学语文教育教学改革中，评价体系的改革与完善是至关重要的一环。传统的以分数为主的评价方式往往忽视了学生其他方面的能力和发展。为了更全面地评价学生的语文能力和综合素质，需要建立多元化、综合性的评价体系。评价学生对语文基础知识的掌握程度，以及运用这些知识解决问题的能力。评价学生对语文学习的兴趣、态度以及在学习过程中形成的价值观。分析学生的作业、作文、演讲等作品，了解他们的思维过程、表达能力以及创新能力。引导学生对自己的学习过程进行自我评价和反思，培养他们的自我意识和自我管理能力。通过过程性评价，教师可以更全面地了解学生的学习情况和发展变化，及时调整教学策略和方法，促进学生的个性化发展。根据每个学生的不同情况提供个性化的反馈建议和指导意见，帮助他们明确自己的学习方向和目标。鼓励学生和家长积极参与反馈过程，提出自己的意见和建议，与教师共同商讨如何更好地促进学生的发展。通过强化反馈机制，可以增强学生的学习动力和学习效果，促进家校之间的信任和合作，为学生的全面发展创造更好的条件。

二、教育教学改革对中学语文教育的影响

（一）为中学生成长与全面发展奠定坚实基础

语文是人生存和发展的基础。人正是通过听、说、读、写来不断丰富与完善自己的心灵世界，开拓精神的自由空间，开发无穷的想象力和创造力，并与外部世界进行着广泛的交流。语文教育本质上是母语教育，母语对于人而言是一种本体性的存在。世界本质上是人化的世界，也即语言的世界。假如没有语言，就无法与世界发生任何"人"的联系，语言作为一种独立的体系，在人与自然、人与社会、人与历史、人与自我的关系中，维系着人的存在，成为人的本质之所在。语言也是人的精神构成物，语言同人的生命的成长、人性的完善相伴始终。脱离开语言的精神和脱离开精神的语言，都是不可想象的，精神寓于语言之中。20世纪初，蔡元培在设计中国现代教育总体战略目标时，提出以"人的健全、和谐的全面发展"为核心来展开全部教育活动。蔡元培以人的发展为中心，并把人的全面发展视为教育的终极目标的教育观，更加体现了作为基础学科的语文在人的成长与全面发展中的重要意义。

（二）提升国民素质的关键举措

教育要面向未来，未来的社会是充满激烈竞争的社会，竞争的特点是人才的竞争、国民素质的竞争。一个国家、民族要立于竞争的不败之地，靠的是大批

高素质的人才和富于竞争力的高素质的国民。国民素质的提高要靠教育，教育的主阵地是学校，语文教育是中学教育的核心。语文的特性决定了其在国民素质教育中的特殊地位。任何文化和科学，都是以语文为载体，靠语言文字来表达和传播，语言文字是民族文化和精神的载体。民族的母语是民族经验、民族思想和民族情感的历史记录，是特定民族文化思维与文化精神的真实写照。语言文字的兴亡是民族兴亡的重要标志。义务教育阶段要使学生具备掌握普通话和使用规范汉字的基本能力，高中阶段要使学生实现从普通话书面语向普通话口语的转变，并进一步提高语言文字的应用水平，高等教育要成为，全社会语言文字规范化的榜样。普及民族共同语和实现语言文字规范化是提升全民族文化素质的重要前提。

（三）实现民族伟大复兴的基石

党的十六大绘制的发展蓝图，到本世纪中叶中华人民共和国成立一百周年时，基本实现现代化，实现中华民族的伟大复兴。因此，"复兴"成为新世纪一个极具感召力的奋斗目标。民族复兴问题既是最大的文化问题，又是最大的发展问题，它是"五四"新文化运动以来落在有觉悟的中国人身上的历史使命，语文也因此承担着适应民族复兴的时代责任。语文教育与其他学科教育相较，其深厚的民族文化沉淀、丰赡的民族文化精神是其他学科难以企及的。语言文字负载着人类的道德、理想、信仰和情操，潜藏着民族文化的传统，以此唤醒沉睡在学生灵魂深处的民族精神，调动起审美的热情，使其在语文学习过程中，形成一种对民族文化的认同与归属感。因此，语文教育不仅仅是民族母语的习得和民族文化的传承，更是一种民族诗意的拯救、民族情感的激荡以及民族精神的移植，是实现民族伟大复兴之根本。在民族复兴这个重大历史诉求下开展中学语文教育改革研究，既符合改造民族魂的现代使命，又能够解决当今教育中深层的普遍性问题。

（四）响应经济全球化趋势，推动语文教育创新

21 世纪整个人类的发展正逐步进入全球化时代，全球以经济全球化为根本

动力与基础，世界经济的发展使得人类在某种程度上已经结成一个"命运共同体"。经济全球化对汉语母语地位的负面影响日益凸显。经济的全球化必然带来不同文化的冲突与交融，经济上的主导力量使得文化也成为一种权势。目前，西方文化正以强势的姿态同化和改写着中华传统文化。语言文字作为民族文化不可或缺的重要组成部分，也正在经历一场关乎自身命运的危机。民族的语言是民族精神得以发生、生长的温润而肥沃的土地，而民族精神则是语言的灵魂。母语一旦产生危机，则意味着民族情感的弱化，民族自尊心的缺失，直至民族自豪感的消失，最终将危及整个民族的文化传承与生死存亡。在经济全球化的大背景下，汉语文教育作为中华民族的母语教育，既承担着传承民族文化知识、历练语文能力的责任，又必须以唤醒民族情感、唤醒民族精神为天职。因此，在经济全球化背景下，加强中学语文教育改革研究，是一个非常紧迫的话题。

三、对中学语文教育教学改革与发展的思考

（一）优化语文课堂的导入，激发学生的学习兴趣与感悟

想要结构牢，开头很重要。想要发展中学语文教育，就必须先吸引学生的心，如果语文老师能很好地吸引学生，授课伊始就能理解学生的想法，激发学生的求知欲，并且可以很好地把握学生的心理动向，这对一堂课的成功与否至关重要。学生是否思维集中，维持这种心理动向并且贯穿于整个中学语文的学习和使用之中，直接影响了中学语文教学的效果。语文课堂的导入要具有针对性、启迪性、简洁性和趣味性。因为有针对性的课程往往可以满足学生的听课需要，而开拓学生的思维能力十分重要，这就需要语文老师能够在课堂中导入更富有启迪性的问题，更为简洁的导课不仅可以节约老师的备课时间而且能将更多的时间留给学生自主思考。而趣味性的导课不仅能够吸引学生，而且可以活跃课堂气氛，使课堂变得生动有趣。

（二）改革中学语文课堂教学的方式方法，引导学生深入其中

中学基础教育课程改革提出的具体目标中，首要的就是"避免导致过于注重

知识的培养，以强调学生自我主动地形成渴求知识的态度为主，成为能自主学习、会自主学习的学生"。但是如果我们没有牢固的语文知识和基础技能作为教学根基，那么我们的语文教学过程必然是空洞无物的，而且没有牢固的知识和技能作为基础，只会引导学生成为一类没有自我主观意识，没有良好三观的人，所以为了达成系统知识传授的教学目标，就必须改革课堂教学的方式方法，以达到发展中学语文教育的目的。密切联系实际也是中学老师教育教学的重要任务，灵活的教育教学方式是老师、学生、书本和社会之间的桥梁和纽带，是实现教育教学目标，达到教学任务，提高学生在社会立足的能力、发展中学语文教育的有力保障。

（三）提升学生在学习中的主体地位，注重学生能力的培养

如何能够在中学语文课堂教学中培养出学生学习的积极主动性，形成一种优秀的学习氛围，就必须尊重学生的人格和品性，倡导师生之间平等交流，让语文老师成为真正意义上的良师益友，让学生自主认识到自我在学习中学语文知识中的地位，自我寻找学习的乐趣和方向，让学生自主提出问题并且解决问题。教师可以在课堂教学的过程中，对本课的重、难点提出一些问题，引导学生抓住重点、突破难点，在此基础上让学生自由创设问题，这样既能展现老师引导的功能，也可以使学生了解自我的主体地位。

（四）改善学生心理环境，关注学生的情绪状态

良好的心理环境可以通过学生在课题中表现的情绪、情感状态和学习状态中体现出来。良好的心理环境是产生学习紧张感和舒适感的内在因素，也是推动学生在学习过程中不断向前的动力。只有优化中学语文教学课堂，才能让学生在和谐、互相交流、互相学习、心情愉悦的语言课堂中学习，将学生良好的情绪调动起来，学生才能在不断参与交往中，感受成长的喜悦和欢乐，展示自我。坚持以人为本，提高学生的主体地位，让学生在和谐融洽的气氛中，保持积极向上的心态，以一颗对中学语文学习充满兴趣的心在语文学科的海洋里遨游。

第三节　改革实践中的经验与反思

中学语文教育教学改革在探索中前行，积累了不少宝贵的经验，也面临着一些问题和挑战。本节将对改革实践中的经验与反思进行概述，以期对今后的改革有所启示。

一、中学语文教育教学改革实践中的经验

（一）教学方法的创新

在语文教学中，信息技术的引入为课堂教学带来了革命性的变化。利用多媒体设备，如投影仪、电子屏幕等，教师可以展示图文并茂的课件，将文字、图片、音频和视频等多种元素融合，使教学内容更加生动、直观。这不仅丰富了教学手段，还提高了学生的学习兴趣和参与度。互联网为语文教学提供了海量的资源，教师可以通过搜索引擎、在线数据库等途径获取丰富的素材，如经典文学作品、历史背景资料、专家解读等，为课堂教学提供有力支持。教师可以根据文本内容，通过布置场景、播放音乐、展示图片等方式，为学生营造一个与文本相关的情境。例如，在教授古诗时，可以布置一个古色古香的教室环境，播放古典音乐，让学生沉浸在诗的意境中。合作学习是一种强调学生之间交流与协作的教学方法。在语文教学中，教师可以通过小组合作学习的方式，培养学生的团队精神和沟通能力。教师可以将学生分成若干小组，并为每个小组分配不同的学习任务。通过小组分工，每个学生都能参与学习活动中来，发挥自己的特长和优势。在小组内，学生需要相互讨论、交流和协作，共同完成任务。通过这个过程，学生可以学会倾听他人的意见和建议，尊重他人的观点，提高自己的沟通能力和团队协作精神。教师还可以组织各小组进行成果展示，让学生有机会展示自己的学习成果和风采，提高他们的自信心和表达能力。

（二）课程内容的优化

在语文教学的过程中，课程内容的优化是提升教学质量和培养学生综合素质的关键环节。基础知识是学生学习语文的基石，只有掌握了扎实的基础知识，学

生才能在更高层次上进行阅读和写作。在课程内容的设计上，坚持基础知识的重要性，确保学生能够系统地掌握语文基础知识。为了帮助学生更好地巩固基础知识，采用多种形式的教学活动。例如，通过课堂讲解、小组讨论、互动问答等方式，引导学生深入理解语文基础知识；通过课后作业、练习册等方式，让学生自主巩固所学知识；通过定期测试和考试，检验学生对基础知识的掌握情况，并针对薄弱环节进行有针对性的辅导。语文学科不仅仅是一门语言学科，更是一门综合性很强的学科。为了培养学生的综合素质和拓宽学生的视野，教师在课程内容上增加了一些拓展性内容。在拓展性内容的选取上，注重与现实生活紧密相关的内容。在文化传承上，通过古诗文教学、传统节日文化介绍等方式进行。古诗文教学，让学生领略古代文学的魅力，了解古代社会的风土人情和人文精神；通过传统节日文化介绍，让学生了解和感受中国传统文化的独特魅力和深刻内涵。通过注重文化传承的课程内容设计，可以让学生在学习语文的过程中，不仅掌握语言知识，还能深入了解中华文化的精髓和内涵，培养他们的文化素养和人文精神，这也有助于他们更好地传承和弘扬中华优秀传统文化，为中华民族的伟大复兴贡献自己的力量。

（三）教师素质的提升

教师素质是教育质量的关键因素，提升教师的专业素养和教学能力对于提高语文教学水平至关重要。为了提升教师的专业素养和教学能力，组织各种形式的教师培训活动。通过培训，教师可以了解语文教学的最新动态，学习新的教学理论和技巧，更新自己的专业知识结构。这有助于他们更好地适应教育改革的需求，提高教学效果。除了理论学习，还要注重教师的实践教学能力。为了促进教师之间的交流与合作，定期组织教学研讨会和座谈会，让教师分享自己的教学经验和研究成果。这种分享与交流有助于教师相互学习、共同进步。鼓励教师将研究成果应用于实际教学中，通过实践检验其有效性。这不仅可以提升教师的教学质量，还可以为其他教师提供有益的借鉴和启示。加强对教师行为的监督和管理，确保教师能够遵守规范、履行职责。注重营造尊师重教的良好氛围，让教师感受到社会的尊重和支持。也鼓励学生尊重教师、理解教师、支持教师的工作。这种良好的师生关系有助于提升教师的幸福感和归属感，进而激发他们的教学热情和创造力。

（四）学生主体地位的凸显

在语文教学中，学生主体地位的凸显是教育改革的重要方向之一。这意味着教学活动以学生为中心，关注学生的个体差异，尊重他们的独特性和情感需求，以激发他们的学习潜力和创造力。尊重学生个性差异是凸显学生主体地位的基础。每个学生都是独一无二的，他们有着不同的兴趣、才能和学习风格。因此，在语文教学中，认识到每个学生的独特性，并尝试通过多样化的教学方法和手段来满足他们的不同需求。通过组织课堂讨论、小组合作、角色扮演等活动，为学生提供更多的表达和交流的机会，让他们在实践中锻炼自己的语言表达能力和思维能力。还可以鼓励学生之间进行互相评价，让他们在评价他人的过程中反思自己的学习方法和效果，从而培养他们的自我反思和自主学习能力。关注学生全面发展是凸显学生主体地位的必然要求。在评价学生时，不能仅仅关注他们的学习成绩，还需要关注他们的情感态度、实践能力等方面的发展。可以设计一些情感教育的活动，让学生在阅读、写作等过程中感受到文本所传达的情感和价值观；还可以组织一些实践活动，让学生将所学知识应用到实际生活中去，提高他们的实践能力和解决问题的能力。

（五）评价体系的完善

在现代教育体系中，评价学生的方式正逐步从传统的单一模式向多元化、全面化的方向发展。注重形成性评价与终结性评价的结合，形成性评价关注学生在学习过程中的表现，包括他们的参与度、学习态度、合作能力等方面，以及他们在各个学习阶段所取得的进步。这种评价方式能够及时了解学生的学习状况，为教师提供反馈，以便及时调整教学策略。而终结性评价则是对学生一段时间学习成果的综合评价，如期末考试、项目作业等，它能够全面反映学生的学习效果，强化过程性评价的重要性。过程性评价不仅关注学生的知识掌握情况，更关注学生在学习过程中的思考、探索和创新。鼓励学生积极参与课堂讨论、小组协作和实践活动，通过他们的表现来评价他们的学习能力、合作能力和实践能力。这种评价方式能够更全面地反映学生的综合素质，激发他们的学习动力和创造力。及时将评价结果反馈给学生和家长，让他们了解学生的学习情况，以便更好地指导学生的学习和成长。鼓励学生对自己的学习进行评价和反思，帮助他们认识到自己的优点和不足，制订更有效的学习计划。

（六）从教学方法转向教学内容

对任何一门学科教学而言，教学方法是重要的，体现先进理念的教学方法应该被大力张扬。然而，教学方式的努力，是为了更有效地实现教学内容，先进的理念首先关乎教学内容，首先要落实到"教什么"上。一堂语文课，如果教学内容有问题，那么教师的教学再精致再精彩，课堂的气氛再热烈再活跃，价值也极为有限。语文教学的根本，是帮助学生更有效地学，更有效地达成语文课程目标。一堂好的语文课，主要的标志是教学内容合宜正确，并使学生有效地获取相应的经验。

二、中学语文教育教学改革面临的挑战

（一）技术应用与教学本质脱节

技术应用的表面化现象是中学语文改革中的一个显著问题。许多教师为了迎合教育改革的潮流，纷纷在课堂上引入了 PPT、视频等多媒体工具。然而，这种引入往往停留在形式层面，未能真正融入教学内容和教学方法的革新。PPT 仅仅作为板书内容的电子化展示，视频也只是作为课文内容的简单解读，未能充分利用其丰富的表现力和互动性来深化学生的理解和感受。这种技术应用与教学本质脱节的现象，导致教学内容和方式的单一化。教师过度依赖技术工具，忽视了传统教学方法中的优点，如师生互动、课堂讨论等。学生也在这种单一化的教学方式下，逐渐失去了对语文学习的兴趣和动力。他们虽然在课堂上接触到了丰富的信息，但往往只是被动地接受，而未能真正参与到知识的建构和理解的过程中。

在过度追求技术形式的情况下，教师往往忽视了对教学内容的深度挖掘和广度拓展。他们更多地关注于如何呈现信息，而不是如何引导学生思考和理解。这种教学方式下的学生，虽然可能在考试中取得较好的成绩，但往往缺乏独立思考和解决问题的能力。要真正解决技术应用与教学本质脱节的问题，就需要教师深入理解教学改革的理念，将技术工具与教学内容和方式深度融合，以更好地实现教学目标。

（二）盲目追求新教学方法和理念

在中学语文改革过程中，盲目追求新教学方法和理念的现象确实存在，并且可能对教学产生不利影响。新教学方法和理念的引入本身是值得肯定的，因为它们代表了教育领域的创新和发展。问题在于，许多学校在引入这些新方法和理念时，往往缺乏深入的思考和研究，没有结合本校的实际情况和学生的特点进行本土化改造。"翻转课堂"和"合作学习"等新教学方法和理念，在理论上都有其独特的优势和价值。每个学校都有其独特的教学环境、学生特点和教学资源，如果盲目追求新方法而忽略这些实际情况，就可能导致教学质量的下降。学校在引入新教学方法和理念时，应该进行充分的调查和研究，了解本校的实际情况和学生的特点。还需要对新方法和理念进行本土化改造，使其更加符合本校的教学环境和学生的需求。只有这样，才能真正发挥新教学方法和理念的优势，提高中学语文的教学质量。教师也应该对新教学方法和理念保持开放和审慎的态度。他们应该不断学习和尝试新的教学方法和理念，但也需要保持独立思考和判断的能力，避免盲目跟风和追求新奇。只有这样，才能真正实现中学语文教学的改革和发展。

（三）缺乏自主性和创新性

在中学语文改革过程中，一些学校和教师表现出的缺乏自主性和创新性确实是一个值得关注的问题。自主性和创新性对于任何一项改革来说都是至关重要的，尤其是在教育领域。在当前的中学语文改革中，部分学校和教师在执行改革时，更多的是在机械地遵循上级部门或教育专家的指示，而没有深入理解和思考这些改革理念的真正内涵和目标。这种情况可能源于多方面的原因。一方面，一些学校和教师可能面临着巨大的教学压力，导致他们没有足够的时间和精力去深入研究和探索新的教学方法和理念。另一方面，对改革理念的误解或缺乏足够的培训和支持也可能阻碍他们的创新实践。缺乏自主性和创新性的改革，其弊端是显而易见的。这样的改革很难形成学校和教师自己的教学特色和优势。每个学校和学生的实际情况都是独特的，只有深入了解并适应这些实际情况，才能制定出最有效的教学策略。缺乏创新性的改革往往难以激发学生的学习兴趣和积极性。自主性和创新性是中学语文改革中不可或缺的元素。只有赋予教师更多的自主权，鼓励他们勇于创新和实践，才能真正推动语文教学的进步和发展。

（四）评价体系不完善

当前的评价体系过于依赖分数和成绩，这在一定程度上限制了学生的全面发展，使其过分关注应试而忽略了语文学习的真正乐趣和能力的培养。分数和成绩虽然能够量化学生的学习成果，但并不能全面反映学生的综合素质和能力。语文学习不仅仅是记忆和应试，更重要的是培养学生的阅读理解能力、思辨性思维能力、文化素养以及情感态度和价值观。评价体系缺乏对学生学习过程、情感态度和价值观等方面的关注。语文学习是一个长期的过程，需要学生不断地积累、思考和感悟。语文学习也需要学生具备积极的学习态度和正确的价值观，但当前的评价体系也未能充分考虑到这些因素。评价过程中教师的主观判断占据重要地位，可能导致评价结果的不准确和不公正。虽然教师的专业判断在评价过程中是不可或缺的，但过度依赖教师的主观判断也可能导致评价结果的偏差。不同的教师可能有不同的评价标准和方法，这可能导致同一学生在不同教师评价下得到不同的结果。建立多元化的评价体系，综合考虑学生的学习成果、学习过程、情感态度和价值观等方面。引入多种评价方法，如课堂观察、作业分析、学生自评和互评等，以更全面地了解学生的学习情况。

三、中学语文教育教学改革的反思

（一）注重学生情感的培养

动机、兴趣、态度、意志等情感领域的教学，是教学中的重要环节。学习过程是认知活动和情感活动同时发生、同时发展的过程，两者相随相伴、贯穿始终。当然，认知和情感分别承担着不同的任务：认知主要解决能不能、懂不懂、会不会的问题；而学生在能不能、懂不懂、会不会的情况下，必然会有心理感受和情绪体验，产生愿意不愿意学、喜欢不喜欢学、相信不相信自己能学好的情感和态度。可以说，在学习过程中的每一个环节，找不到离开情感的独立的认知活动，也找不到离开认知的独立的情感活动。目前有许多中学生不喜欢语文，也有相当一部分中学生有厌学情绪，这当然有多种因素，但语文作为基础学科，没有激发学生愿意学、喜欢学、相信自己能学好的积极情感，实在是难辞其咎的。有人说：忽视情感，是"忘了教育的另一半"，这是各科教学，也是中学语文教学难以走出困境的根本原因所在。其实，认知和情感互为目的和手段。学生愿意学、喜欢学、相信自己能学好的积极情感，应当通过长期的培养，使之人格化、品质化，这是中学语文教学提高学生语文素质的十分重要的方面。

（二）培养学生个性，提高素质，发挥主观能动性

发展能力，培养习惯，这是优化课堂教学结构的目标。素质教育旨在发展人的能力，这是与应试教育最根本的区别。目前，课堂教学节奏拖沓，方法繁琐，跳不出分析的框架，局限于理解这一层面，缺乏运用性的训练，对发展学生的能力、培养学习习惯很不利。科学实用的教法是至关重要的，中学语文界的教学法层出不穷，各具特色，各有所长，但不能片面地、单一地强调某一教法好，一窝蜂地拿来用，不管它是否适合教材。邓小平有句名言："不管黑猫白猫，捉住老鼠就是好猫。"不管是哪一种教法，或哪一种教法的某些方面，只要它能发展学生的语文能力，能更有效地培养学生学习语文的习惯，就可以借用，并逐步形成自己的特色。在确定学生是课堂的主人这个观念后，就要把课堂时间还给学生，把学习的主动权还给学生。课堂教学中，保证充分的时间让每一个学生都能认真

地读书、识字、交流、写作（包括写字、造句、写文章等练习），把在课堂教学中花在"多余的情节"，如分析、琐碎谈话、没有思维价值的提问等活动中的大量时间省下来；学生懂的，教师坚决不讲。把握教学的节奏和容量，科学合理地安排教学时间，能有时间让学生认认真真地读书，主动积极地思维，实实在在地训练，学会动手操作等。让学生有一个"读--悟—问"的学习过程，培养积极主动的学习习惯。如"质疑"，它是学生阅读能力、思维方式、学习态度等方面的反馈，也是教师教学的起点。不能怕学生提问没质量，"浪费"时间，又怕自己无法驾驭，就忽视学生学习的权利。相反，对学生的这种主动参与精神要给予表扬鼓励，激励其产生兴趣，逐步提高学习语文的能力，养成自觉、持久、主动的学习习惯。

（三）优化课堂教学结构，改革陈旧教学方法

深化课堂教学改革，是改变语文教学现状、提高教学质量的关键一环。要把优化课堂教学过程作为课堂教学改革的重点，要注重启发诱导，使教的过程变为导的过程，变为学生探索发现的过程。教师要看到学生有巨大的潜能和学习的积极性，在教学过程中要千方百计挖掘他们学习的潜能，调动他们学习的积极性、主动性，使他们不仅喜欢学语文，而且在主动学习的过程中不断获得成功的愉悦。要认真学习课程标准，认真钻研教材，准确把握教学要求。课程标准规定了各个年龄段的教学要求，不要超越年段，随意拔高要求。教材不仅规定了教学内容，而且提出了教学要求。每篇课文、每堂语文课都应当突出重点——理解的重点、语言训练的重点、能力培养的重点，切不可面面俱到，四面出击。突出重点，围绕教学的重点、难点设计教学结构，是优化教学过程最重要的体现。要体现语文教学的整体性。在理解能力上，要加强对语言文字感受力的培养，下功夫扭转目前教学中存在的注重思想内容的分析，忽视对语言文字的感受、品味的状况，加强有指导、有目的的多种形式的读，并在读中启发学生揣摩、思考，鼓励学生发表独立见解。在表达能力上，要加强训练的整体性。要在年段要求的指导下，放手让学生去说去写，多一些综合训练，少一些无思维价值的单项训练。当

然，在一定语言环境中进行的理解和运用词、句的训练，以及旨在培养独立识字能力而要求掌握的识字知识，是十分必要的。要继承好的语文学习传统，但又不拘泥于传统。不少批评语文教学的文章给今后语文教学开的"药方"是"多读多写"。多读多写是行之有效的语文教学传统经验，无疑要继承，但是语文教学发展到今天，仅停留在多读多写上，难以培养出跨世纪人才应具有的语文能力，所以要讲究语文训练的科学化。教师必须在读、写训练的过程中，加强对读、写的指导，使学生不仅能读会写，而且善于思考，学会学习。特别是要把培养学生学习的主动性、创造性，培养在快速阅读的基础上加工和应用信息的能力，放在重要的地位。优化教学过程，要从教材实际出发，从学生实际出发，探索学生主动学习的教学模式，体现由不懂到懂、由不会到会、由学会到会学的训练过程。

第五章　中学语文教师的专业素养提升

在当今教育改革的大背景下，中学语文教师的专业素养提升成为教育改革的重要一环。教师的专业素养不仅影响着自身的教学质量和职业发展，更直接关系到学生的学习成果和全面发展。因此，本章将深入探讨中学语文教师应具备的专业素养，如何提升这些素养，以及这些素养如何影响学生的学习成果，旨在为中学语文教师的专业发展提供方向和建议。

第一节　中学语文教师应具备的专业素养

作为中学教育的重要组成部分，语文学科承担着培养学生语言文字能力、文学素养和人文情怀的重要任务。而中学语文教师的专业素养则是实现这一任务的关键所在。一个优秀的中学语文教师不仅需要具备扎实的语文学科知识和教学技能，还需要拥有深厚的文化底蕴、敏锐的教育洞察力和高尚的师德师风。因此，明确中学语文教师应具备的基本素养，对于提升教学质量、促进学生全面发展具有重要意义。

一、中学语文教师应具备的基本素养

（一）扎实的学科知识

中学语文教师在教育教学工作中，拥有扎实的学科知识是其专业素养的基石。这不仅意味着教师需要掌握大量的文学知识，还需要对语文学科的各个方面有深入的理解和掌握。文学史是中学语文教师不可或缺的一部分。从古代文学到现代文学，从国内文学到国外文学，教师需要具备广泛而深入的知识储备。通过对文学史的学习，教师可以更好地理解文学作品的历史背景、文化内涵和艺术价值，从而引导学生更好地欣赏和理解文学作品。文学理论也是中学语文教师应该

掌握的重要知识。文学理论可以帮助教师理解文学作品的结构、风格、语言等方面的特点，进而指导学生进行文学分析和鉴赏。语言学也是中学语文教师应该具备的专业知识。语言学是研究语言的本质、结构、变化以及语言使用的科学。中学语文教师需要掌握语言学的基本知识，如语音、词汇、语法、修辞等方面的内容，以便更好地指导学生进行语言学习和运用。作文指导是中学语文教师的重要任务之一。因此，教师需要对作文写作有深入的理解和掌握，包括作文的结构、语言、技巧等方面的知识。教师还需要具备指导学生进行作文修改和润色的能力，帮助学生提高写作水平。为了保持学科知识的更新和丰富，中学语文教师应该不断学习和更新自己的知识体系。通过阅读最新的学术著作、参加学术交流活动、关注学科发展的最新动态等方式，教师可以不断拓宽自己的知识视野，跟上语文学科的最新发展动态。教师能在教学中始终保持先进性和前瞻性，为学生提供更加优质的教育服务。

（二）教育教学的能力

作为中学语文教师，教育教学能力是其专业素养的重要组成部分。这不仅关乎教师的教学效果，更关系到学生的全面发展。良好的教学设计和组织能力是教育教学能力的基础。一个优秀的中学语文教师应该能够根据学生的实际情况，包括他们的学习基础、兴趣爱好、认知特点等，设计出既符合教学大纲要求又符合学生实际的教学方案。这样的教学方案应该具有针对性、科学性和趣味性，能够引导学生积极参与课堂活动，主动思考和探索。掌握多种教学方法和手段是提升教育教学能力的关键。讲授法、讨论法、案例分析法等都是中学语文教师常用的教学方法。教师应该能够根据不同的教学内容和学生特点，灵活选择和运用这些教学方法和手段。例如，在讲授文言文时，可以采用讲授法，通过讲解和解释帮助学生理解文本；在进行现代文阅读教学时，可以运用讨论法，引导学生就文本中的问题进行讨论和交流；在作文指导时，可以运用案例分析法，通过分析优秀的作文案例来指导学生写作。善于激发学生的学习兴趣和积极性，培养学生的自主学习能力和创新精神，是教育教学能力的高级要求。教师应该注重创设良好的课堂氛围，通过富有启发性的教学方式和生动有趣的教学内容，激发学生的学习兴趣和好奇心。教师还应该鼓励学生主动参与课堂活动，表达自己的观点和想法，培养学生的自主思考能力和创新精神。

（三）良好的语言表达能力

在中学语文教师的专业素养中，良好的语言表达能力占据着举足轻重的地位。作为语文教师，语言表达能力不仅是其教学工作的基本工具，更是其与学生沟通、引导学生思考的重要桥梁。准确是语言表达能力的基础，语文教师在讲解知识时，必须确保语言的准确性，避免误导学生。无论是字词的发音、词义的解析，还是语法的讲解，都需要教师用准确无误的语言来表达。这种准确性不仅体现在专业术语的使用上，更体现在日常教学中的语言规范上。生动是语言表达能力的重要特征，语文是一门充满魅力的学科，其教学内容涵盖了古今中外的文学作品、思想哲理、社会现象等。教师在讲解这些知识时，应该力求生动有趣，用富有感染力的语言将学生带入一个个精彩纷呈的文学世界。这种生动的语言表达能力能够激发学生的学习兴趣，提升他们的学习动力。富有感染力是语言表达能力的最高境界，语文教师在教学中不仅要用准确、生动的语言讲解知识，更要用富有感染力的语言引导学生思考和感悟。教师可以通过自己的语言魅力，将作品中的情感、思想、哲理等传递给学生，让他们在感悟中提升自己的语文素养和人文情怀。中学语文教师应该注重提升自己的语言表达能力，用准确、生动、富有感染力的语言为学生呈现一个丰富多彩的语文世界。

（四）坚定的责任感

责任是行者奔赴光明的背囊，是中学语文教师核心素养的根基。谈到责任这个话题，总是具备了无限的庄严感。作为一名教师，这种责任更加厚重。一个国家、一个民族如果缺失了教育又将如何自立于世界民族之林？教师扛起的是教育的大旗，承担的不仅是教书的责任，还有育人的使命。初中生正处于人生阶段的转折期和能量的储蓄期，这个时期的他们渴望拥有自由的空间、表达个人的意愿、彰显张扬的个性，其人格也处于可塑的巅峰期。教师在学生成长的道路上扮演着重要的角色，对他们的人生具有指导、引领的作用，这是为人师表的责任所在。语文教师可以在教学中潜移默化地渗透这种责任，让学生在课堂上汲取养分。从《藤野先生》《孔乙己》看鲁迅先生强烈的民族责任感，教会学生领悟生存的价值在于志存高远；从《爱莲说》《五柳先生传》看周敦颐、陶渊明高洁的道德情操，带领学生明白人格的魅力在于独立傲岸。语文的深邃就是在言谈之中领悟人生，有涓涓细流的沁人心脾，也有波涛汹涌的狂野震撼。所以说，责任是根基，思想引领行动。认识到位，才会言行一致、掷地有声。

（五）有效的沟通能力

沟通是开启智慧大门的钥匙，是中学语文教师核心素养的枝叶。这里的沟通要从两方面谈及，一是教师与文本的沟通。文本是由作者写成、有待于阅读的单个文学作品本身。作者的创作意图、写作思路、情感表达等，都有待教师了解、探究、分析，教师要结合大量的背景资料、教学参考去寻找易于学生接受的教学方法。这个过程就是教师和文本的沟通，它是语文课堂开展的必要组成部分。这种与文本的沟通实则也是考验教师的专业素养，充分体现了教师的主导性。二是教师与学生的沟通。教师要把抒情达意转化成自己的朴素语言传达给学生，让学生更好地走进作品、走近作者。课堂沟通的方式是多样的，讲授、诵读、小组合作等，都可以成为教师与学生沟通学习的有效方式。通过以上方式的沟通，充分展现学生在课堂中的主体地位。学生是课堂的主人，自主、合作、探究的新课改理念也在这种与文本的沟通过程中得以彰显。教师在课堂中的导向性就是建立在这一个个有效问题提出的基础上的。通过这些方式，教师充分发挥语言文字的力量，沟通学生的情感，不仅让学生在一问一答的课堂中占据主体地位，而且达到潜移默化地塑造其人格的效果。所以说沟通，是师生共情的坚实桥梁。

（六）灵活的创新能力

创新能力的培养是一个时代的命题，对中学语文教师而言，创新或许可以从教科研能力、课堂教学模式等的夯实与改变着手。创新是打破固有思维的有力抓手，墨守成规只会故步自封。杜郎口模式曾红极一时，是因为有催生它的土壤，而运用在不同地域的教学之时，生搬硬套肯定是不可取的。以其为参照，并取其精华，因地制宜或许更能够开花结果。笔者所在学校着力打造的幸福课堂模式，即课前预习、作业前置—课堂群学、生命互动—展示成果、获取激励—教师导学、关注全体—当堂评学、达标定效，就在新课改倡导"自主、合作、探究"的新时期教育改革领域里迈出了勇敢的一步。教师要接受并勇敢、锐意参与到教改中，这是教师创新素养的一种体现。具体到行动中，就是有机地融入学生的分享展示、课本剧演绎等，让课改的脚步不仅仅局限于小组之间的讨论，让更多的新理念、新方式进入课堂，教改的步伐或许会更加快马加鞭。理念上选择了接受，行动上就会更加容易。教师的创新精神在很大程度上影响着学生创新能力的培养。韩愈说："师者，所以传道授业解惑也。"传道、授业、解惑的能力，是对教师核心素养的高度概括，但是它更加偏重教师的专业素养。而现代教育的理念，对教师核心素养的要求，应该说又上升到了一定的高度，师德师风就是在新时期教育改革下催生的对教师个人道德品质的一种评判。

二、如何提升教师的专业素养

（一）持续学习，更新知识体系

教师的专业素养，首先构建在其深厚且不断更新的专业知识之上。教师应持续关注本学科的最新研究成果和发展趋势，通过阅读专业期刊、参加学术会议和研讨会，以及与同行进行交流等方式，不断更新对本学科的理解和认知。这不仅有助于教师保持在本领域的专业领先地位，还能够为学生提供最新、最准确的知识信息。随着教育改革的不断深入，新的教育理念和教育技术层出不穷。教师应积极了解并学习这些新的理念和技术，如项目式学习、翻转课堂、在线教学等，以便将其应用于自己的教学实践中。这不仅能够提高教学效果，还能够激发学生的学习兴趣和积极性。教育政策是国家对教育事业的总体规划和指导，对教师的教育教学工作具有重要的指导意义。教师应密切关注教育政策的变化，了解政策背后的理念和目标，以便将其融入自己的教育教学工作中。

（二）提升教学技能，创新教学方法

教学技能直接影响着教师的教学效果和学生的学习体验。提升教学技能不仅能够帮助教师更加高效、准确地传授知识，还能够极大地激发学生的学习兴趣和动力，从而提高学生的学习效果。观摩课堂是一个学习和借鉴的过程，通过观察其他教师的教学过程、教学方法和教学策略，教师可以学习到许多实用的教学技巧和经验。参加教学技能比赛也是提升教学技能的有效途径。教学技能比赛通常要求教师在规定的时间内完成教学设计、教学实施和教学反思等任务，这不仅能够锻炼教师的教学能力，还能够提高教师的应变能力和创新思维。通过比赛，教师可以发现自己的优势和不足，从而有针对性地进行提升和改进。接受专家指导也是提升教学技能的重要方式。专家通常具有丰富的教学经验和深厚的学术背景，他们可以为教师提供有针对性的指导和建议。通过与专家的交流和互动，教师可以学习到更多的教学技巧和方法，也可以得到专家的鼓励和支持，增强自己的教学信心。

在提升教学技能的同时，教师还需要不断探索和创新教学方法。不同的学生有不同的学习需求和发展特点，因此教师需要采用多样化的教学方法来满足学生的需求。例如，教师可以通过项目式学习、合作学习、探究学习等方式来激发学生的学习兴趣和动力，也可以通过多媒体教学、在线教学等现代技术手段来丰富教学手段和提高教学效果。

（三）注重师德修养，提升人格魅力

教师的师德修养和人格魅力是其专业素养不可或缺的一部分。它们不仅影响着教师自身的形象和声誉，更直接影响着学生的学习态度和情感发展。因此，教师必须在专业素养提升的过程中，特别注重师德修养和人格魅力的培养。师德修养要求教师在教育教学工作中，始终坚守教育初心，恪守职业道德规范，以身作则，为学生树立榜样。教师应该具备高度的责任感，对每一位学生负责，关注他们的成长和发展。教师需要尊重每一个学生，理解他们的差异，包容他们的不足，用爱心和耐心去引导他们。提升人格魅力是教师在师德修养基础上的进一步要求。

一个具有人格魅力的教师，能够用自己的言行举止影响学生，传递正能量。他们通常具备积极乐观的心态，能够面对困难和挑战时保持冷静和坚定。他们还具有广泛的兴趣爱好和深厚的文化底蕴，能够与学生进行深入的交流和互动。这些特质都能够让学生感受到教师的魅力和吸引力，从而更加愿意接近和信任教师。只有具备深厚的专业知识和教育教学能力，教师才能够在教学中展现出自己的魅力和自信。关注学生的成长和发展，用心去了解每一个学生。只有真正关心学生，才能够赢得学生的尊重和信任。积极参与各种教育活动和社会实践，拓宽自己的视野和知识面。这些活动不仅能够让教师更加了解社会和学生，还能够让他们在实践中不断学习和成长。教师应该始终保持良好的仪态和仪表，用文明、礼貌的语言与学生交流，还需要注意自己的言行举止是否符合职业道德规范和社会公德。

（四）积极参与实践，积累经验

实践不仅是检验教师知识体系和教学方法的试金石，更是教师积累经验和提升教学能力的关键途径。通过积极参与教学实践，教师可以不断挑战自我，发现自身在教学中的不足，进而有针对性地加以改进和提升。教学实践是教师将理论知识转化为实际教学能力的桥梁。在实践中，教师可以运用所学的教育理论和教学方法，设计并实施教学活动。通过这个过程，教师可以直观地观察到学生的学习反应，从而了解教学效果，并及时调整教学策略。这种理论与实践相结合的教学方式，有助于教师更好地掌握教学技巧，提高教学效果。教学实践是教师积累经验的重要渠道。教师可以通过承担更多的教学任务，如开设公开课、参与教学比赛等，来锻炼自己的教学能力，积累教学经验。可以关注教育领域的最新动态和研究成果，参与教学研究和改革项目，将自己的教学实践与理论研究相结合，不断提升自己的专业素养和教学能力。通过与同事和学生交流教学经验和心得，相互学习和借鉴，共同提高教学能力和水平。在教学实践后及时反思和总结自己的教学行为，发现不足并加以改进，形成自己的教学理论和风格。

（五）加强团队合作，共同提升

团队合作在提升教师专业素养中扮演着至关重要的角色。在一个团队中，教师之间可以相互学习、相互借鉴，实现资源共享和知识互补，从而共同提升专业素养。这种合作模式不仅能够加速教师的专业成长，还能够营造一个积极、和谐的教学环境。在日常教学中，教师可能会遇到各种问题和挑战，通过团队内的交流和讨论，教师可以获得同事的建议和帮助，找到解决问题的新方法和新思路。这种交流不仅能够拓宽教师的思路，还能够加深教师之间的了解和信任，促进团队内部的合作氛围。团队合作有助于教师共享资源和经验。每位教师都有自己的教学经验和独特的教学方法，通过团队合作，教师可以分享自己的成功经验和教学资源，如教案、课件、教学视频等。这些资源的共享不仅能够减轻教师的工作负担，还能够让其他教师从中受益，提高整个团队的教学水平。团队合作还能够增强教师的归属感和凝聚力。在一个团队中，教师之间会形成一种相互支持、相互鼓励的氛围，这种氛围能够让教师感受到团队的温暖和力量。团队合作还能够激发教师的工作积极性和创新精神，让教师更加投入到教学工作中去。

第二节　中学语文教师专业素养的提升路径

在明确了中学语文教师应具备的基本素养之后，如何有效地提升这些素养成为我们关注的焦点。提升教师的专业素养不仅是一个长期的过程，而且需要多方面的支持和努力。本节将深入分析提升教师专业素养的途径和方法，并探讨如何构建有效的教师培训体系，以期为中学语文教师的专业发展提供切实可行的路径和策略。

一、提升教师专业素养的路径

（一）树立职业理想

中学语文教师要从灵魂深处热爱自己的职业，发自内心地关爱自己的学生，升华专业理念，树立为人民教育事业甘愿奉献的职业理想。职业理想是中学语文教师通过自己的努力与奋斗希望达到的个人在教育事业方面的职业目标与职业境界，是语文教师献身于教育事业热爱教育事业的不竭动力。对于每位教师来讲，树立职业理想都具有重要作用和潜在意义。只有树立了自己的职业理想，才有为实现理想而激发的内在动力，才能刻苦努力，为实现职业理想而不断加强自己的专业内涵提升和专业素养提升。教师是知识的传播者、文化的传承者、灵魂的塑造者，要领会到教师这一职业所承担的历史重任，树立自己的职业理想，宁做教育家不做教书匠。因此，中学语文教师应该对自己所从事的教师职业有一个清晰的认知，深刻懂得教师职业的伟大和重要意义。

（二）转变教育观念

思想决定行动，任何一种改革，其先导首先是思想观念的革新，并在新的理念引导下付诸切实行动。如果没有教育观念的彻底转变，中学语文教师不可能充分理解新课改要求将课堂还给学生、学生是课堂教学的主体、教师在课堂中的主导作用等新的教育理念，自然不能以积极主动的姿态去迎接新课改。新课改从本质上来讲，是强调了教师的引导作用、唤醒了学生的主体意识，让学生从被动的知识接受中解脱出来，让他们根据自己的兴趣爱好在教师的引导下积极主动地去获取知识。知识的更新与爆炸使得教师即便穷毕生精力也无法将其全部"教"给学生，而"引导"学生掌握如何获取知识的思维与方法并自觉养成信息处理的能力，才更为重要，正如前人所讲，"授之以鱼，不如授之以渔鱼"。

（三）做好入职后的培训与学历提升

入职后，中学语文教师还要不断通过各种形式的"充电"来提升自己的专业素养，参加各级各类的课程培训与学历提升是较好的途径。一是加强新任中学语文教师的岗前培训。大力加强新任教师的岗前培训，强化师德意识和教师的行为规范，树立新的教育教学观念，有计划有目地的拓展延伸中学语文教师的学科专业知识面，是新时期提高中学语文教师专业素养的重要途径之一。目前，全国大部分省市提高了中学教师的任职学历标准，通过中学语文教师在职进修语文教育硕士学位、文学硕士学位等提升学历渠道以及招收高学历高层次人才投入到中学语文教育中去，使得中学语文教师队伍专业素养和学历层次得到提高。只有这样，才能切实提高中学语文教育的教学、科研整体水平。三是鼓励语文教师积极参加各类短期培训。短期集中培训课程的时间一般很短，形式灵活，可以脱产集中时间学习，也可以利用晚上和周末的时间。这种培训方式具有较强的可行性，通过培训可以帮助中学语文教师解决在教育和教学中的实际问题。

（四）树立终身学习意识，不断提高自己的专业素养

新时代的发展不仅要求中学语文教师积极了解我国语文学科领域内最新的学术动态，把握时代脉搏，以最新的教育理念指导自己的语文教学，还要对于其他学科如教育学、心理学、历史、哲学甚至理工科的知识也要有一定的了解。否则，面对某些交叉学科的科普说明文以及与学生沟通中如何把握学生的心理世界等等将无从下手。因此，语文作为基础学科的重要性，决定了中学语文教师要树立自主学习、终身学习的意识。此外，中学语文教师还要善于向同行业专家和同事学习。古人云，"三人行必有我师"。通过多观摩优秀语文教师的示范课，多阅读语文学科领域内专家学者以及优秀同行的专著、教研论文、教学感悟、教学心得体会等，可以将别人的优秀经验借鉴过来，帮助自己提高专业素养。

（五）养成教学反思的习惯，提升自己的科研能力

教学反思是中学语文教师对自己日常教学实践活动的深入思考和课堂教学经验的总结。通过教学反思，探索语文课堂教学中存在的问题以及解决问题的思路和方法，并不断地通过教学积累形成自己独到的教学经验，使自己的教学业务水平得到逐步提高。而且，教学反思也是中学语文教师对自身教学过程、教学效果、教学实践的全方位的理性思考和自我诊断，是教师专业发展与成长的必由之路。而教师的科研能力恰恰就是在教学反思基础之上的提高与升华，没有经常性的教学反思与经验总结，很难有高质量的科研论文。语文教师将自己的教学反思和教学心得通过文字形式表现出来，并用文字将这种教学反思加以固化，就是教研活动的开端。教研活动的开始，往往意味着中学语文教师不再单单是个优秀教案的搬运工，而是一个有创新意识、有独到见解的、善于思考和总结经验的学者型语文教师。因此，教研论文可以看成教学反思的提高和凝练，是中学语文教师思维活动中由具象思维向抽象思维迈进，也是由"教书匠"转变为"教育家"的

必由之路。所以，教学反思可以说是中学语文教师专业素养提高过程中由量变到质变的一个显著性标志。

二、如何构建有效的教师培训体系

（一）以"三个面向"为导向，构建校本培训体系

"三个面向"是指面向现代化、面向世界、面向未来。"三个面向"是新时代教育改革的根本方向，也是教师专业发展的必然要求。因此，高校在开展教师专业发展培训时，应当坚持以"三个面向"为导向，结合学校的实际情况，有针对性地制订教师培训计划。要充分发挥学校领导的引领作用，将校本培训的理念渗透到学校各项工作之中。在新时代背景下，教师培训不能仅仅停留在形式上、表面上，而要从根本上改变传统的教学方式和教学方法，通过深入教学实践和研究，将教学理论转化为实际能力。在具体实施过程中，可以通过邀请专家学者进行专题讲座、开设学术论坛等形式增强教师理论知识的学习与理解。要充分考虑学校的办学定位和发展方向。不同学校的办学定位、发展方向都不相同，因此在开展教师培训时需要将培训内容与学校的发展方向结合起来，如侧重人文社会科学发展、侧重理工科建设、侧重城市建设、侧重金融类发展等。因此在开展教师培训时要结合学校的办学特色，有针对性地设计培训内容。要充分考虑教师自身的实际情况。教师作为个体参与教师培训时具有一定的盲目性和被动性，如果不能充分考虑到这一点，则会导致培训效果不理想，因此在开展教师培训时应当将培训需求分析作为重中之重。通过深入了解教师个人需求和发展阶段特点来制定科学合理的培训计划和教学内容。在新时代背景下，应改变传统的培训方式，以实践、参与为主要形式。具体来说，要通过实施"校本培训"计划来提升教师教学能力和教学水平。首先，应积极开展自主学习、合作学习和探究学习，注重教师的实践经验和反思能力；其次，将传统的集中授课改为集中与分散相结合的方式，利用网络资源、多媒体技术等开展互动交流、研讨等活动；最后，定期开展教学观摩活动和教学经验交流会，将先进教学理念、方法传授给教师。要将新时代高校教师专业发展与"双一流"建设紧密联系起来。在高等教育快速发展的今

天，教师的专业发展对于高校建设具有至关重要的作用。因此在开展教师培训时要以"双一流"建设为契机和动力，将其与校本培训有机结合起来。通过搭建平台、开展合作、建立联盟等形式加强校校合作、校企合作和校际合作，推进高校与地方政府、企业之间的资源共享和优势互补。

（二）以"问题解决"为导向，设计校本培训内容

"问题解决"是高校教师专业发展的有效路径。基于"问题解决"的理念，校本培训在内容设计上应注重以解决当前教师所面临的实际问题为中心，将课程内容与问题解决相结合，把教师专业发展的需求融入具体的教学情境中，让教师在解决实际问题的过程中不断成长。师德师风建设方面存在突出问题，师德师风建设是提高高校教师队伍整体素质的关键，然而部分高校在师德师风建设方面存在一些不足，主要表现为：一是师德失范现象时有发生，部分教师存在违反师德师风要求的行为；二是师德教育和宣传不够，部分教师对师德师风缺乏正确认识；三是制度保障不完善，部分高校没有建立起健全的师德建设制度和机制。高校教师大多已具有研究生学历，但是他们在专业知识、专业能力和专业态度等方面都还存在一些问题，这些问题严重影响了高校教育教学质量和人才培养质量。高校教师普遍面临教学科研压力，面临着知识更新的压力，但部分高校教师还没有形成良好的学习习惯，缺乏主动学习和持续学习的动力，创新能力比较弱。当前，高校信息化建设整体水平还比较低，不能满足教学和科研的需求。高校教师作为一个集体，需要建立良好的团队合作精神，加强团队建设，以团队合作精神促进专业发展。

（三）以"多元互动"为导向，创新校本培训方式

校本培训是以"多元互动"为导向，强调高校与教师之间的互动。具体而言，"多元互动"包括两个方面：一方面强调教师与教师之间的互动。高校为教师搭建学习交流平台，鼓励教师走出去，通过到教育发达地区、教育管理先进单位学习取经，让教师开阔眼界、增长见识。另一方面，强调专家与教师之间的互动。高校通过聘请专家学者到学校进行专题讲座、开设讲座等方式为教师提供

专业指导，促进专家与教师之间的互动。专家作为校本培训的权威人士，对教师进行指导和引领；而教师也可以通过参加专家举办的讲座、课堂观摩等活动提升自身教育教学能力。在培训过程中还要强调师生之间的互动。首先，要为高校教师提供更多参与教研活动的机会，鼓励其参与教学研究、教学设计、课堂观察等活动，让其在实践中提升专业能力；其次，要关注高校教师的发展需求和兴趣点，通过举办各类讲座、论坛等活动，引导高校教师主动地学习专业知识和技能。在培训方式上，高校要采取"理论讲授＋案例分析＋课堂观摩＋专题研讨"等多种方式相结合。在理论讲授方面，邀请专家学者就新时代高校教师的发展问题进行专题讲座；在案例分析方面，组织有关专家学者围绕高校教育教学中出现的典型案例进行分析；在课堂观摩方面，组织教师到其他高校进行课堂观摩、开展教学竞赛等活动；在专题研讨方面，组织优秀教学设计、教学案例评选等活动。通过多种方式的互动和交流，既能帮助高校教师拓宽视野、增长见识，又能增强培训效果。

（四）以"结果导向"为导向，评估校本培训效果

培训效果评估是高校教师专业发展的重要环节。通过对校本培训的效果进行评估，可以及时了解教师在培训中存在的问题和不足，并进行有针对性的指导，帮助教师尽快提高专业水平。实践证明，教师参加校本培训后，其课堂教学水平、学生学习成绩、科研成果等都有明显提高。校本培训效果评估不能简单地停留在理论层面，而应该将理论与实践相结合，建立一套完整的、操作性强的评估指标体系，使其成为教师专业发展的有力保障。为此，高校可对教师参加校本培训后的相关情况进行跟踪调查。通过问卷调查和访谈等方式了解教师参加校本培训后的收获和不足，并结合学校发展规划、教学管理制度等提出具体建议。同时，结合教师和学校评价体系，对校本培训进行跟踪评价，并根据评估结果对校本培训进行优化调整，通过这样的循环改进方式，使校本培训成为一种常态化的机制。

第三节　教师专业素养与学生学习成果的关系

教师的专业素养与其教学质量密切相关，而教学质量又直接影响着学生的学习成果。探讨教师专业素养与学生学习成果之间的关系，对于优化教学策略、提升学生学习效果具有重要意义。本节将深入研究教师素养对学生学习成果的具体影响，提出针对性的优化教学策略，以期帮助中学语文教师更好地发挥专业素养，促进学生学习成果的全面提升。

一、教育理念与学生学习动力

教师秉持的教育理念对学生的学习动力有着深远的影响。以下是对"学生为中心"和"终身学习"这两个先进教育理念的展开，以及它们如何激发学生的学习动力。

（一）"学生为中心"的教育理念

当教师坚守"学生为中心"的教育理念时，这种理念不仅是对学生主体地位的尊重，更是对学生全面发展的深刻理解和追求。在这种理念指导下，教师会细心倾听学生的声音，关注他们的内心需求，将学生的兴趣和需求作为教学设计的出发点。这样的教学模式鼓励学生主动探索、自主学习，让学生在参与中感受知识的魅力，培养他们独立思考和解决问题的能力。"学生为中心"的教育理念还强调了学生间的合作与交流。在这样的课堂中，学生不再是知识的被动接受者，而是知识的共同构建者。他们通过小组讨论、团队合作等方式，共同探索知识，分享学习心得，从而促进了学生间的互助与成长。这种教学方式不仅提高了学生的学习效率，也增强了他们的团队协作能力和社交技巧。"学生为中心"的教育理念不仅有利于激发学生的学习兴趣和动力，还能够促进学生的全面发展，培养他们成为具有独立思考能力和创新精神的新时代人才。

（二）"终身学习"的教育理念

"终身学习"的教育理念强调学习是一个持续不断的过程，它不仅仅发生在学校或课堂上，而是贯穿于人的一生。当教师秉持这一理念时，他们会鼓励学生树立终身学习的意识，培养他们的自主学习能力。在这样的教育环境下，学生意识到学习不仅仅是为了应付考试或完成作业，而是为了自身的成长和发展。因此，他们更容易产生持续的学习动力，不断追求新的知识和技能。"终身学习"的教育理念也鼓励学生关注社会发展和科技进步，培养他们的适应能力和创新精神。这种教学方式能够激发学生的学习动力，让他们在不断变化的世界中保持竞争力。

与之相反，如果教师秉持陈旧或消极的教育理念，他们可能会采用机械的教学方法，忽视学生的个体差异和兴趣需求。这样的教学方式往往会导致学生失去学习热情，产生厌学情绪。因此，教师需要不断更新自己的教育理念，关注学生的全面发展，激发他们的学习动力。

二、教学方法与学生学习效果

（一）创新、多样化的教学方法

项目式学习是一种以解决实际问题为导向的教学方法。在这种模式下，学生将围绕一个具体的项目或任务展开学习，通过团队合作、调查研究、实践探索等方式，将所学知识应用于实际情境中。这种方法能够提高学生的实践能力和解决问题的能力，增强他们的学习动力和兴趣。合作学习是一种鼓励学生之间互相合作、交流的教学方法。学生被分成小组，共同完成学习任务。在合作过程中，学生需要相互协助、分享资源、讨论问题，从而共同解决问题。这种方法能够培养学生的团队协作能力、沟通能力和思辨性思维，提高他们的学习效率。探究学习是一种以学生自主探究为主的教学方法。教师为学生提供一个开放的学习环境，鼓励他们自主提出问题、收集信息、分析数据、得出结论。这种方法能够培养学生的自主学习能力、探究精神和创新精神，帮助他们形成终身学习的习惯。这些创新、多样化的教学方法能够激发学生的学习热情，提高他们的学习参与度。学生在这样的学习环境中，能够更加积极地思考、探索和实践，从而更好地理解和掌握知识。

（二）单调、填鸭式的教学方法

单调、填鸭式的教学方法，在形式上往往表现为教师一味地灌输知识，而学生则被动地接受和记忆。这种教学模式下，课堂通常缺乏活力和互动性，成为一种单向的信息传递过程。教师按照既定的教案和教材内容进行讲解，而学生则机械地听讲、记笔记，很少有机会参与讨论和提问。这种方法的弊端首先体现在对学生学习动力的压抑上。单调的教学方式容易让学生感到枯燥乏味，难以激发他们的学习兴趣和热情。长时间处于被动接受的状态，学生会逐渐失去对知识的探索欲望，导致学习效果大打折扣。填鸭式教学忽视了学生的个体差异和兴趣需求。每个学生都是独特的个体，他们有不同的学习风格和兴趣点。然而，在填鸭式教学中，教师往往采用统一的教学内容和方式，忽视了学生的个性化需求。这会导致学生在学习过程中感到无所适从，难以找到适合自己的学习路径。填鸭式教学还抑制了学生的思维发展和创新能力。在这种模式下，学生习惯于接受现成的知识和答案，缺乏独立思考和解决问题的能力。他们的思维被局限在固定的框架内，难以发挥创新精神和探索精神。

为了提高学生的学习效果和综合素质，教师应该摒弃单调、填鸭式的教学方法，积极探索创新、多样化的教学方式。通过引入互动式、探究式、合作式等教学方法，激发学生的学习兴趣和热情，提高他们的学习参与度和自主学习能力。教师还应该关注学生的个体差异和兴趣需求，为他们提供个性化的学习指导和支持，帮助他们实现全面发展。

三、教师态度与学生自信心

（一）积极态度的作用

当学生取得进步或表现出色时，教师的积极鼓励能够让学生明确感知到自己的价值和能力。这种正面反馈能够极大地提升学生的自信心，让他们在面对学习中的挑战时更加从容不迫。教师的鼓励还能激发学生的学习动力，让他们更加积极地投入到学习中去。学生在学习过程中难免会遇到困难和挫折。此时，教师的耐心就显得尤为重要。教师耐心的指导和解答能够帮助学生逐步克服问题，避免他们在困难面前气馁和放弃。更重要的是，教师的耐心能够让学生感受到自己是被重视和关注的，从而增强他们的自信心，让他们更加勇敢地面对未来的挑战。

尊重是建立良好师生关系的基础。教师尊重学生的个性、想法和意见，能够让学生感受到自己的价值和尊严。这种尊重能够让学生更加自信地表达自己的观点和想法，从而培养他们的独立思考能力和创新精神。教师的信任也是学生自信心的重要来源。当教师对学生表现出信任时，学生会更加相信自己的能力，更加勇敢地追求自己的梦想。教师的积极态度对学生自信心的提升具有至关重要的作用，在教育过程中应该始终保持积极的态度，关注学生的成长和进步，用鼓励、耐心和尊重来滋养学生的自信心。

（二）消极态度的影响

在学生的学习和成长过程中，教师的态度扮演着至关重要的角色。如果教师表现出消极、冷漠的态度，其对学生产生的负面影响将是深远的，远不止于学习层面。当学生遇到学习上的困难时，他们渴望得到教师的指导和帮助。然而，如果教师对此表现出冷漠和忽视，学生会感到被孤立和无助。这种无助感会让他们对学习产生消极情绪，认为自己无法克服困难，从而降低学习积极性和动力。长期下来，学生可能会对学习失去兴趣，甚至产生厌学情绪。教师的消极态度会让学生感到自己不被重视和关注。每个学生都希望被教师看到、被认可，但教师的冷漠态度会让学生觉得自己在教师的眼中没有价值。这种感受会伤害到学生的自尊心，让他们感到自卑和沮丧。长期下来，学生可能会对自己产生负面评价，缺乏自信心，难以在学习和生活中展现出自己的能力和潜力。更进一步地说，教师的消极态度还会影响到学生的归属感。学生渴望融入集体，成为班级或学校的一员。然而，如果教师对他们冷漠、不关心，学生会感到自己与集体格格不入，缺乏归属感。这种感受会让学生感到孤独和不安，难以与同学建立深厚的友谊，享受到集体生活的乐趣。作为教师，我们应该时刻保持积极、热情的态度，关注学生的学习和生活，帮助他们克服困难，激发他们的学习潜力和创造力。

（三）如何培养积极态度

为了有效地培养学生的自信心，教师需要刻意培养并保持一种积极、鼓励、耐心和尊重的教学态度。教师应该时刻保持敏锐的观察力，去发现学生的进步和优点，不论这些进步多么微小。通过及时的鼓励和赞扬，让学生明确感知到自己的努力被看见、被认可，从而激发他们的自信心和学习动力。当学生在学习过程中遇到困难时，教师应该给予耐心的指导和支持。通过逐步引导学生找到解决问题的方法，帮助他们建立面对困难的勇气和信心。教师的耐心不仅能让学生感受到被重视，还能让他们在学习过程中逐渐积累解决问题的经验，提升自我效能感。每个学生都是独一无二的个体，拥有自己的个性、兴趣和想法。教师应该尊重学生的个性差异，鼓励学生表达自己的观点和想法。当学生提出自己的见解时，教师应该认真倾听，并给予积极的反馈和建议。这种尊重能够让学生感受到自己的价值和尊严，从而更加自信地面对学习和生活。一个积极、和谐的学习氛围能够让学生更加放松、愉悦地投入到学习中去。教师可以通过组织丰富多样的教学活动、提供有趣的学习材料等方式来营造这样的氛围。教师还应该注重班级文化的建设，让每个学生都感受到自己是班级的一分子，被重视和关注。教师的积极态度不仅体现在对学生的关注和支持上，还体现在对自己的学习和提升上。教师应该保持持续学习的习惯，不断更新教育理念和教学方法，以适应不断变化的教育环境和学生需求。通过不断提升自己的专业素养和教学能力，教师能够更好地满足学生的需求，激发他们的自信心和学习动力。

培养教师的积极态度是提升学生自信心的重要一环。通过发现学生的优点与进步、给予耐心的指导与支持、尊重学生的个性与意见、营造积极的学习氛围以及持续学习提升自我等方式，教师可以有效地培养学生的自信心，帮助他们取得更好的学习成果。

四、个性化指导与学生个性发展

在教育领域中，个性化指导是促进学生个性发展的关键。教师若能根据每个学生的独特特点和需求，提供量身定做的指导和支持，无疑将极大地推动学生的全面发展。个性化指导能够帮助学生发现自身的潜能和兴趣。每个学生都是独一无二的，他们拥有不同的天赋、兴趣和爱好。通过个性化指导，教师可以深入了解每个学生的内心世界，发现他们的特长和潜力，并引导他们进行有针对性的学习和探索。这样，学生就能在自己感兴趣的领域深入钻研，从而培养出独特的个性和才能。个性化指导能够满足学生的不同学习需求。学生的学习能力、学习风格和学习速度都存在差异。传统的"一刀切"教学模式往往无法满足所有学生的需求，导致部分学生无法跟上教学进度，而部分学生则感到无聊和厌倦。个性化指导则能够根据学生的实际情况，为他们提供符合其学习需求的教学内容和教学方法，每个学生都能在自己的能力范围内得到充分的发展和提升。个性化指导有助于构建积极的学习氛围。在个性化指导的过程中，教师会关注每个学生的成长和进步，给予他们充分的鼓励和支持。这种关注和支持能够让学生感受到自己的价值和重要性，从而激发他们的学习热情和积极性。个性化指导还能够促进师生之间的交流和互动，增强师生之间的情感联系，为学生的学习和成长创造更加积极、和谐的环境。

个性化指导有助于培养学生的自主学习能力。在个性化指导的过程中，教师会引导学生根据自己的兴趣和需求进行自主学习和探究。这种学习方式能够培养学生的独立思考能力、创新能力和解决问题的能力，使他们成为具有自主学习能力和终身学习能力的人。

五、专业素养与课堂氛围

（一）教师的专业素养

教师的专业素养是营造积极、和谐课堂氛围的关键因素。一个具备专业素养的教师，不仅能够在知识传授上做到精准、深入，更能在课堂管理中展现出高超的技巧和人文关怀，从而为学生创造一个有利于学习的环境。首先，教师的专业素养体现在对学科知识的深入理解和掌握上。一个专业素养高的教师，能够清晰、准确地传达知识，帮助学生建立完整的知识体系。他们还能够将最新的研究成果和前沿知识引入课堂，激发学生的学习兴趣和好奇心。这种对知识的热爱和追求，会无形中感染到学生，使他们更加热爱学习。其次，教师的专业素养还体现在课堂管理技巧上。一个优秀的教师，能够根据学生的特点和需求，灵活调整教学策略和方法，使课堂保持活力和吸引力。他们善于运用各种教学手段和工具，如多媒体教学、实验教学、案例分析等，使课堂变得生动有趣。他们还注重培养学生的自主学习能力和合作精神，鼓励学生积极参与课堂讨论和互动。在专业素养的支撑下，教师能够营造出积极、和谐的课堂氛围。这种氛围表现为师生之间、同学之间的相互尊重、信任和支持。在这样的环境中，学生感受到自己是课堂的主人，愿意积极参与课堂讨论和互动，与教师和其他同学建立良好的师生关系。这种积极的课堂氛围不仅能够提高学生的学习兴趣和参与度，还能够促进他们的思维发展和情感交流。

（二）积极的课堂氛围带来的好处

在积极、和谐的课堂氛围中，学生感受到学习的乐趣和价值，从而更加愿意投入时间和精力去学习。提高学生的学习参与度，学生更愿意发表自己的观点和想法，参与课堂讨论和互动，从而加深对知识的理解和记忆。促进师生之间的交流，积极的课堂氛围能够增强师生之间的情感联系，使教师更加了解学生的需求和困惑，从而提供更加有针对性的指导和帮助。提高学生的学习成果，在积极、和谐的课堂氛围中，学生的学习效率和效果都会得到显著提升，从而取得更好的学习成果。教师的专业素养对于营造积极、和谐的课堂氛围至关重要。作为教师，应该不断提高自己的专业素养，为学生创造一个有利于学习的环境。

六、专业素养与教育资源利用

在教育领域，教师的专业素养不仅是传授知识的基础，更是高效利用教育资源、促进学生全面发展的关键。一个具备高专业素养的教师，能够充分发掘和利用各类教育资源，为学生提供更加丰富、多元的学习材料和学习机会。首先，具备专业素养的教师对教材和教学内容有深入的理解和研究。他们能够根据教学大纲和学生的学习需求，精准把握教学重点和难点，合理安排教学内容和进度。同时，他们还能够根据学科特点和学生实际情况，对教材进行适当的拓展和延伸，为学生提供更加丰富的学习材料。其次，高专业素养的教师善于运用各种教学设备和网络资源。他们不仅熟悉传统的黑板、粉笔、教科书等教学工具，还能够熟练掌握多媒体、投影仪、互联网等现代化教学设备的使用。通过运用这些设备，教师可以为学生展示更加生动、直观的教学内容，提高学生的学习兴趣和参与度。同时，教师还可以利用网络资源，为学生提供更加丰富、多元的学习资料和互动平台，拓宽学生的知识视野和学习空间。高专业素养的教师还具备较强的教学设计和组织能力。他们能够根据学生的学习需求和兴趣，设计各种有趣、富有挑战性的教学活动和任务，激发学生的学习兴趣和创造力。同时，他们还能够合理组织和管理课堂，确保教学活动的顺利进行和有效性。

通过有效地利用教育资源，教师可以为学生提供一个更加广阔、丰富的学习平台。在这个平台上，学生不仅能够获得知识上的提升，还能够得到综合素质的培养和锻炼。例如，学生可以通过参与各种实践活动和项目任务，提高自己的实践能力、创新能力和团队协作能力。有效的阅读和讨论各种文献资料和网络资源，拓宽自己的知识视野和思维方式。与教师和同学的交流和互动，提高自己的沟通能力和表达能力等，教师的专业素养对于教育资源的利用和学生的学习效果具有至关重要的影响。作为教师，应该不断提高自己的专业素养和教学能力，充分利用各类教育资源，为学生提供更加优质、高效的教育服务。

第二部分

高中语文教育教学与统编
教材研究

第六章　高中语文教育教学概述

高中语文教育，作为中学教育的重要组成部分，不仅关乎学生语言文字的运用能力，更关乎其文化素养、道德情操和审美能力的全面发展。明确高中语文教育的总体目标和具体要求，对于指导教学实践、提升教学质量具有十分重要的意义。高中语文教育承载着为学生未来奠定坚实文化基础、培养思辨性思维与创新能力的重要使命。本章将围绕高中语文教育的目标与要求、教学内容与方法以及评价与反馈机制等方面展开详细论述，以期为广大教育工作者提供有益的参考和启示。

第一节　高中语文教育的目标与要求

随着时代的发展和教育理念的不断演进，高中语文教育在整个教育体系中占据着越发关键的位置。高中语文教育，作为基础教育的重要组成部分，其目标与要求的探讨具有深刻的理论意义和现实紧迫性。对高中语文教育目标与要求的深入剖析，是我们理解和把握当下教育格局、推动教育改革与发展的重要切入点。

一、高中语文教育的总体目标

（一）总体统筹规划课程

整体决定着部分，部分推动着整体。在高中语文项目化阅读教学中，也需要教师首先针对课程进行总体上的统筹规划，形成一个完善的教学大纲，以此来对教学起到总领全局的作用。在项目化阅读教学中，教师的观念也是十分重要的，教师要及时改变过往教学中以自身为主体的教学理念，要发挥出学生的主体作用，打造以学生为中心的课堂教学模式。

项目化教学注重学生的实践能力和创新精神的培养，在课程规划中，教师需要设计一些具有探究性和实践性的项目任务，让学生在完成项目的过程中，提高阅读能力和综合素质。在项目化阅读教学中，学生的主体作用是至关重要的。教师需要转变传统的教学理念，由以教师为中心转变为以学生为中心，充分发挥学生的主动性、积极性和创造性，让他们在参与教学活动的过程中，实现自我提升和发展。为了更好地发挥学生的主体作用，教师需要构建以学生为中心的课堂模式。这包括营造一个民主、平等、和谐的课堂氛围，让学生敢于表达自己的想法和观点；教师还需要关注每一个学生的学习情况，及时给予指导和帮助，确保每个学生都能得到充分的关注和发展。通过课程的总体统筹规划，教师可以为高中语文项目化阅读教学提供一个清晰、明确的教学框架，使教学活动更加系统、有序和高效。这也有助于培养学生的综合素质和实践能力，为他们的终身发展奠定坚实的基础。

（二）明确项目任务，制定项目

在基于项目化教学的高中语文阅读教学中，教师应始终明确对学生进行综合性培养，以及实现提高学生实践能力这一目标，并以此为基础来同时实现教学目标和教学任务的设置。以优秀传统文化教学培养为例，教师便可以针对高中语文教材中的古诗词和文言文进行整理，制作传统文化专题，组织学生进行统一的阅读学习在学生的学习中，向学生集中地渗透古诗词和文言文的知识，包括诗句的翻译、字词的翻译、文章的理解、作者的背景、时代的背景、传达的情感等。此外，除了教材内的传统文化内容，教师也要鼓励学生进行课外阅读，以此来丰富学生的阅读面，以及视野，达到更好的教学效果。

在高中语文项目化阅读教学中，设计创新性的项目任务是至关重要的，这不仅能激发学生的学习兴趣，还能有效提升他们的实践能力。以培养学生的思辨能力和思辨性思维为例，教师可以设计"现代视角解读古典名著"的项目。在此项目中，教师可以选取高中语文教材中的经典名著片段，如《红楼梦》《西游记》等，然后引导学生从现代视角出发，对这些经典作品进行全新的解读。学生可以通过小组讨论、角色扮演、论文撰写等多种形式，深入分析作品中的角色、情节、主题，并结合现代社会的价值观、文化背景等进行对比和反思。为了让学生更深入地理解作品，教师可以鼓励学生利用网络资源、图书馆资料等，进行课外拓展阅读，以丰富他们的知识储备和思维广度。教师还可以邀请专家学者举办讲座或指导，为学生提供专业的解读和建议。学生不仅能够提升阅读能力和综合素质，还能够培养他们的思辨能力和思辨性思维，为他们未来的学习和生活奠定坚实的基础。这样的项目化教学也能够激发学生的学习兴趣和积极性，使他们在参与中感受到学习的乐趣和价值。

（三）分组实施

在基于项目化的高中语文阅读教学中，分组合作也是十分重要的。但是在教师对学生进行分组时，也要秉持着"组内差异，组间均衡"的原则，要保证每一个小组处于同一水平线上。在教师设置问题时，也并非针对个人的问题，而是针对每个小组的问题。并由教师提出问题后，小组内部同时进行分工。例如由优等生负责问题的主要解答、中等生负责问题的讲解、后进生负责问题的总结和归纳等。通过这样一种方式，能够保证全体学生的参与，并在学生的参与中，提高学生的自信心和学习兴趣。从过往的教学来看，由于繁重的教学任务限制，教师往往很难关注到所有的学生，这也导致了部分学习较差的学生越来越远离课程，出现了客观上被放弃的问题。对此，教师除了通过分组的方式来关注这一类学生，融入分层教学理念，也可以通过微课等形式来制作专题教学视频。以基础知识、重点知识、难点知识为例，分别制作视频。不同的学生也能够结合自身的实际情况来进行选择性学习，以此来保证学习的收获。教师在课堂上所设置的学习小组，同样可以延续到课堂后，更好地延续课堂上的学习氛围。

（四）成果展示

以传统文化的学习为例，当教师布置了学习任务，并开展了小组合作学习后，可在一段时间后，进行集中的成果展示。由每个小组选择代表上台展示。包括对教材内传统文化内容的理解，以及课后积累的分享等。学生一方面需要进行流畅的朗读，并准确把握文章的含义，以及传统文化中传达的意义。另一方面也要形成自己的感悟和理解，以及如向在生活中践行这些感悟。既要有意识，又要身体力行，充分融合理论与实践。而在学生完成成果展示后，除了教师的评价，学生之间也要进行相互评价，并让学生思考，从他人的展示中，自己是否能够学习到其他东西，以此来实现学生之间的有效分享，达到互相借鉴、互相提升的效果。

（五）评价反馈

在基于项目化教学的高中语文阅读教学中，评价反馈十分重要。不同于学生之间的评价，教师的评价更多以鼓励和引导为主。这主要是因为在学生的心中，教师的评价更加权威的。当得到了教师的认可后，也能够更好地激发学生的动力。过程中，即便是学生出现了理解上的错误，教师也要避免过于直白的批评，而是引导学生去发现问题，并自行规划问题的解决方法。在优化与完善高中语文项目化阅读教学实验的过程中，可通过总体统筹规划课程、明确项目任务，制定项目、分组实施、成果展示以及评价反馈等一系列方法来达到目的。意在从多个角度出发，针对目前高中语文阅读教学的实际情况，分析问题成因，找寻解决方法，制定更为科学、合理的方案策略，从而不断提高教学的效率和质量。

二、高中语文教育的具体要求

（一）提升语文核心素养

1. 增强学生的语言理解和运用能力

语言是思维的工具，理解和运用语言是语文学习的基石。在项目化阅读教学中，教师应通过精心设计的阅读任务，帮助学生深入理解文本内容，掌握语言规律，从而能够准确、流畅地表达自己的想法和感受。可以通过朗读、复述、讨论等活动，提高学生的语言表达能力。教师还可以鼓励学生进行写作练习，让他们在写作中锤炼语言，提升语言运用的准确性和流畅性。

2. 促进学生思维发展

语文学习不仅是语言的学习，更是思维的培养。在项目化阅读教学中，教师应注重培养学生的逻辑思维、思辨性思维和创造性思维。逻辑思维的培养可以通过分析文本结构、推理文本内容等方式进行。思辨性思维的培养则需要教师引导学生对文本进行多角度、多层次的解读和评价。创造性思维的培养则鼓励学生进行文本续写、故事改编等创造性活动。

3.增强学生的文化意识

语文是文化的载体，通过语文学习，学生可以了解和传承中华优秀传统文化，增强对多元文化的了解和尊重。在项目化阅读教学中，教师可以结合教材内容，引入丰富的文化元素，如传统节日、民俗文化、地域特色等，让学生在阅读中感受文化的魅力。组织学生进行文化交流活动，如参观博物馆、观看戏剧表演等，增强他们的文化体验和文化认同感。

4.培养学生的审美创造素养

语文不仅是语言的艺术，更是审美的艺术。在项目化阅读教学中，教师应注重培养学生的审美创造素养，让他们能够欣赏和创造美。可以通过引导学生欣赏优秀的文学作品、影视作品等，培养他们的审美感知能力。教师还可以鼓励学生进行文学创作、艺术表演等实践活动，让他们在创造中体验美的魅力，提升审美创造的能力。组织学生进行美文朗诵、诗歌创作等活动，让他们在朗读和创作中感受语言的韵律美和意境美。

（二）发挥语文课程的育人功能

1.在教材整合中，发挥德育功能

高中语文教材中编排了大量经典的文学作品，这些作品承载着"情"和"意"，语文教育的最高境界在于实现学生"情""意""言"的有机统一。教材中众多的文学作品仿佛一座座由文字构筑的情感殿堂，其中有对自然风光的赞美、有对民族与国家的热爱、有对英雄和凡人的赞颂、有对梦想和未来的憧憬等。教师通过设计课堂环节，如情景朗读等，引领学生沉浸式体验教材中的文学场景，在潜移默化中接受情感熏陶，进而对文学作品中的道德观念产生认同感，发挥语文教学的德育功能。德育功能的实现要依靠教师整合语文教材，丰富教学素材，以教材为基础，结合当前时事政治，充分发掘语文课文的德育教化功能，通过学生对课本内容理解，实现文化熏陶的目的，在学习和不断了解中，增强学生文化自信，引导学生养成人文情怀。语文教材中诸如此类的有德育功能的课文有很多，教师在教学中应更多地整合教材，挖掘其德育功能。

2. 在资源汇集中，发挥智育功能

教育的意义在于不断满足学生成长和实现自我价值的需求，在于对学生进行文化输出和约束的同时发掘学生的潜能，育人也要唤醒学生自发的生命力。我们谈语文教学的育人功能，就必须在语文课堂上发挥"扩知"的作用，在使学生热爱自己民族文化的同时也要让学生有更开阔的心胸、更开放的视野、更敏锐的洞察力、更强烈的好奇心和更独特的创造力，发挥语文教学的智育功能。教师要以阶段性任务为导向，促进学生对具体知识内容的掌握，可以通过布置课后学习任务，让学生参与到教学内容构建与活动项目设计过程中，布置自主探究任务，让学生自主收集语文学习中的难题和易混淆的知识点交给教师，在课上让学生主动参与语文活动中，增强参与活动的欲望，提高语文学习的体验感。在《梦游天姥吟留别》教学实践中，教师重点挖掘诗文诵读的智育作用。教师利用课外朗诵视频进行辅助教学，借鉴《经典咏流传》的形式，结合吟诵，发挥诵读在培养学生语感、增进文本理解中的作用，进而提高学生的诗歌鉴赏能力。丰富教学资源可以调动学生学习积极性，进而达到语文课堂智育功能。选择性必修中册第一单元文章属于经典理论文章，学习本单元要挖掘其在思想启迪和思想品质提升方面的智育功能。在教学中，可以和高考任务驱动型作文教学相结合，引导学生进行理性思考与感悟，并合理阐述看法。

3. 在素材阅读中，发挥美育功能

《普通高中语文课程标准（2017年版2020年修订）》要求学生能评价和鉴别不同风格的作品，体验文学作品的语言、形象和艺术之美，具备高尚的审美品位。高中语文教材和配套阅读材料中充满了美育因素，教师在教学过程中应该有意识地布置学生相关阅读任务，培养学生感知美和创造美的能力。相反，如果在教学中忽视美的教育，只一味灌输观点，那语文教学将显得单调乏味。教师可以安排阅读与鉴赏任务，根据阅读内容创设活动情境，使空洞的讲授教学走向真实情境的深度学习。设置开放化、生活化的情境，利用故事教学法、多媒体展示图片影像等，引发学生思考。融合多文本阅读任务，整合教材内容，从不同的角度讲述故事，按照教师规定的视角完成内容学习，实现文化渗透。教学时先利用古诗词引入，通过创设美的情境激发学生的学习兴趣，感受深厚的文化积淀，唤起对传统文化的热爱。关联课外同类文学现象，进行拓展阅读。古诗中有许多耐人寻味的意象，它们如"木叶"一样，成为难以言传的精妙语言。让学生根据课文所阐释的诗歌语言的暗示性的理论，体味古诗中的"落红"意象的审美意蕴，进而触类旁通，举一反三，真正提高学生的审美鉴赏能力。

语文学科承载着"以文载道，以文化人"的育人使命，决定着在立德树人背景下，语文教学必须发挥更大的作用。高中语文教育，不仅要遵循学科发展特点，更应该符合学生成长的规律，发挥育人功能。因此高中语文课程应该采用更加灵活的育人策略，充分利用课内外教育教学资源，丰富学生实践活动内容，尊重学生的个性化需求，引导学生进一步形成良好的人文素养。

（三）注重学生的全面发展

在语文教学过程中，我们必须超越单纯的知识传授，全面关注学生的身心发展，包括他们的身心健康、情感态度以及道德品质的培养。语文教学应当创造一个轻松、和谐的学习环境，使学生能够放松身心，积极参与课堂互动。教师可以设计多样化的教学活动，如小组合作、角色扮演、辩论等，以激发学生的学习兴趣，提高他们的参与度和自信心。教师应关注学生的心理健康，及时发现并帮助学生解决学习、生活中的困惑和焦虑，为他们提供心理支持和指导。语文教学应培养学生的积极情感，如热爱学习、热爱生活、热爱自然等。通过阅读优秀的文学作品，学生可以感受到作者的情感世界，进而引发共鸣，培养自己的情感体验能力。教师应鼓励学生表达自己的情感，尊重他们的情感体验，为他们提供一个安全、自由的表达空间。语文教学还应注重培养学生的审美情感，让他们在阅读、写作、欣赏中感受美、鉴赏美、创造美。语文教材中蕴含着丰富的道德教育资源，如诚信、友善、勇敢、责任等。教师应深入挖掘这些道德元素，引导学生树立正确的道德观念。通过讲解文学作品中的道德故事、人物形象等，教师可以让学生理解道德的内涵和价值，激发他们的道德情感。教师应鼓励学生将道德观念付诸实践，在日常生活中践行诚信、友善等美德，培养他们的道德责任感和道德实践能力。

语文教学应关注学生的全面发展，通过丰富多彩的教学活动，培养学生的身心健康、情感态度和道德品质。这样，我们才能真正实现语文教学的育人目标，为学生的未来发展奠定坚实的基础。

（四）把握语文教育的特点

1. 工具性

语文教育的工具性体现在它是一门基础性的学科，旨在培养学生的语言文字应用能力。这种能力包括听、说、读、写四个方面，是学生日常生活中不可或缺的基本技能。语文教育通过课堂教学、听力训练等方式，培养学生的听力理解能力，使他们能够准确捕捉信息，理解他人意图。语文教学注重口语表达能力的训练，鼓励学生积极参与课堂讨论，培养他们的口头表达能力和沟通能力。阅读是语文教育的重要组成部分，通过阅读各类文学作品，学生不仅能够丰富词汇量，提高阅读理解能力，还能拓宽视野，增长见识。写作是语文教育的另一个重要方面，通过写作训练，学生能够锻炼自己的思维逻辑能力和文字表达能力，为未来的学习和工作打下坚实的基础。

2. 人文性

语文教育的人文性体现在它承载着丰富的文化内涵，旨在传承和弘扬中华优秀传统文化，培养学生的创新精神和思辨性思维。语文教育通过选文、教材等方式，向学生传递中华优秀传统文化的精髓，如诗词歌赋、历史典故、名人逸事等，使学生能够了解和热爱自己的民族文化。在传承的基础上，语文教育还鼓励学生进行文化创新，培养他们的思辨性思维和创新能力。通过引导学生对文学作品进行深入解读，发表自己的观点和看法，学生能够逐渐形成独立的思考和判断能力。语文教育还注重培养学生的人文精神，即关注人的内心世界、关注社会现实、关注人与自然的关系等。通过引导学生阅读、讨论具有人文精神的文学作品，学生能够形成积极向上的人生观和价值观。

（五）倡导自主、合作、探究的学习方式

在现代教育体系中，学生的学习方式对于他们的全面发展至关重要。特别是在语文教育中，倡导自主、合作、探究的学习方式，对于培养学生的独立思考能力、团队协作能力、创新精神和实践能力具有深远的意义。

自主学习，是鼓励学生根据自己的兴趣、能力和学习需求，自主规划、选择学习内容和方式的过程。在语文教育中，自主学习意味着学生可以自由地选择他们感兴趣的文学作品进行阅读，通过自我探究、思考，形成自己的理解和见解。这样的学习方式不仅有利于激发学生的学习兴趣和主动性，还有助于培养他们的独立思考能力和自主学习能力，为他们未来的学习和生活奠定坚实的基础。合作学习，则是强调学生之间的团队协作和沟通能力。在语文教育中，合作学习可以通过小组讨论、角色扮演、合作写作等形式进行。通过与他人合作，学生可以相互学习、相互启发，共同解决问题。这样的学习方式不仅可以提高学生的学习效率，还可以培养他们的团队协作能力和沟通能力，让他们学会在集体中发挥自己的作用，共同完成任务。探究学习，则是引导学生通过实践、调查、研究等方式，深入探索问题、寻找答案的过程。在语文教育中，探究学习可以通过文学作品的深度解读、社会现象的调查研究等形式进行。这样的学习方式不仅可以帮助学生深入了解文学作品的内涵和价值，还可以培养他们的创新精神和实践能力，让他们学会用思辨性的眼光看待问题，用创新性的思维解决问题。

自主、合作、探究的学习方式是现代教育的重要理念，也是语文教育中不可或缺的部分。通过倡导这样的学习方式，我们可以培养学生的独立思考能力、团队协作能力、创新精神和实践能力，为他们的全面发展提供有力的支持。这样的学习方式也可以让学生在轻松愉快的氛围中学习，享受学习的乐趣，真正实现"寓教于乐"的教育目标。

第二节　高中语文教育的教学内容与方法

高中语文教育的教学内容与方法是构成其教育体系的核心要素，它们共同决定了学生语文学习的广度和深度。在这一节中，我们将首先阐述高中语文教育的教学内容，这些内容包括但不限于语言文字的基础知识、文学作品的赏析、文化传承与创新等多个方面。这些内容旨在为学生提供全面而系统的语文知识，帮助他们建立起扎实的语文基础，也培养了他们的文学素养和审美能力。

一、高中语文教育的教学内容

（一）语言文字基础知识

学习汉字的基本构造原理，如象形、指事、会意、形声等造字法，了解汉字的结构特点。通过了解甲骨文、金文、篆书、隶书、楷书等字体的演变过程，感受汉字的历史文化魅力。掌握正确的汉字书写姿势、笔顺和书写规范，培养良好的书写习惯。通过阅读、背诵等方式，积累丰富的词汇，了解词汇的多种含义和用法。学习如何准确、生动地运用词汇，提高语言表达的准确性和生动性。了解句子的基本成分（主语、谓语、宾语等），掌握各种句型的结构特点。学习汉语的基本语法规则，如词性、短语结构、句子类型等，提高语法运用的准确性。学习并掌握比喻、拟人、夸张、排比等修辞手法，增强语言表达的艺术效果。学习文言文的基本特点、词汇、句式等，了解古代汉语的文化背景和历史价值。通过阅读经典文言文作品，提高文言文阅读能力和理解能力。学习现代汉语的语音、词汇、语法等方面的规范用法，了解现代汉语的发展变化。学习如何运用现代汉语进行准确、生动的表达，提高写作和口语表达能力。高中语文教育还应注重培养学生的文学素养和审美能力，通过阅读文学作品，了解不同文学流派和风格的特点，感受文学作品的魅力和价值。还应注重培养学生的思辨能力和创新精神，通过讨论、辩论等方式，引导学生独立思考、勇于表达自己的观点。

（二）文学作品赏析

1. 古代文学赏析

《诗经》学习《诗经》中的经典篇章，体会其简洁而深情的表达，理解其反映的社会风貌和人民情感。

楚辞通过阅读楚辞中的《离骚》《九歌》等作品，感受楚辞的浪漫气息和作者的高尚情操。唐诗是中国古代诗歌的巅峰之作，学习唐诗可以领略到不同诗人的独特风格和诗歌的韵律美。宋词以其婉约、豪放等不同风格著称，通过赏析宋词，可以进一步了解宋朝的社会文化和文人情感。元曲是中国戏曲艺术的瑰宝，通过学习元曲，学生可以感受到戏曲艺术的魅力。明清时期的小说创作繁荣，学习明清小说可以让学生领略到小说的情节曲折、人物生动。

2. 现代文学赏析

现代诗歌以其独特的艺术形式和深刻的思想内涵吸引了众多读者，学习现代诗歌可以提高学生的诗歌鉴赏能力。散文以其自由灵活的形式和真挚的情感表达赢得了读者的喜爱，学习散文可以帮助学生提高写作能力和情感表达能力。现代小说以其丰富的情节和深刻的社会寓意吸引了众多读者，通过学习小说，学生可以更加深入地了解当代社会。

3. 外国文学赏析

经典名著选取具有代表性的外国经典名著进行阅读和赏析，如《哈姆雷特》《悲惨世界》等，让学生领略到不同文化背景下的文学魅力。当代佳作学习当代外国文学作品，如《百年孤独》《追风筝的人》等，了解当代外国文学的发展动态和艺术特色。在文学作品赏析的教学中，教师应注重培养学生的文学素养和审美能力，引导他们独立思考、深入分析，通过阅读和讨论等多种方式，提高学生的文学鉴赏能力和创作能力。教师还应注重拓宽学生的国际视野，让他们了解不同文化背景下的文学作品，增强跨文化交流的能力。

（三）文化传承与创新

1. 传统文化的学习

儒家思想是中国传统文化的重要组成部分，它强调仁爱、礼义、诚信等道德观念，对于培养学生的品德修养具有重要意义。通过学习儒家经典，学生可以深入了解儒家思想的内涵，并思考如何在现代社会中践行儒家精神。道家思想强调自然无为、顺应自然规律，对于培养学生的心灵修养和哲学思考具有重要意义。通过学习道家经典，学生可以领略到道家思想的独特魅力，并思考如何在现代社会中保持内心的平静和自在。诗词歌赋是中国传统文学的重要形式，它们以优美的语言和深邃的意境表达了作者的情感和思考。通过学习诗词歌赋，学生可以感受到中国传统文学的独特魅力，并学习如何运用语言来表达自己的情感和思考。传统节日是中国传统文化的重要载体，它们蕴含了丰富的文化内涵和民俗风情。通过学习传统节日的起源、习俗和意义，学生可以更好地了解中国传统文化，并增强对民族文化的认同感和自豪感。

2. 当代文化的关注

网络文化已经成为当代文化的重要组成部分，它以其独特的传播方式和表达方式吸引了大量年轻人。学习网络文化，可以帮助学生了解网络文化的特点和影响，并学会如何在网络世界中保持独立思考和理性判断。流行文化是指一定时期内广泛流传于社会各个阶层和群体中的文化现象，如流行音乐、电影、电视剧等。学习流行文化，可以帮助学生了解当代社会的审美趣味和文化趋势，并学会从中汲取有益的营养。在文化传承与创新的教学中，教师应注重培养学生的思辨性思维和创新精神。通过引导学生对传统文化和当代文化进行深入思考和探究，让他们理解文化的多样性和复杂性，并学会在尊重传统的基础上进行创新和发展。同时，教师还应注重培养学生的实践能力和社会责任感，让他们能够将所学的知识和技能应用到实际生活中去，为传承和弘扬中华民族文化做出自己的贡献。

（四）实用语文技能

1. 阅读理解

阅读理解是语文学习的核心技能之一，它涉及学生的阅读速度、理解能力和阅读策略等多个方面。通过训练，学生可以提高自己的阅读速度，从而在有限的时间内获取更多的信息。例如，可以采用指读法、略读法等技巧来提高阅读效率。理解能力是阅读的关键。教师可以通过讲解阅读材料的结构、内容、主旨等，帮助学生理解文章的深层含义和作者的意图。还可以鼓励学生进行思辨性阅读，形成自己的观点和看法。有效的阅读策略能够帮助学生更好地进行阅读。例如，可以先浏览全文，了解文章的大致内容和结构；然后针对具体问题进行有针对性地阅读；最后对文章进行总结和归纳。还可以鼓励学生利用阅读笔记、思维导图等工具来辅助阅读。

2. 写作表达

写作表达是语文学习的另一个重要方面，它涉及学生的思维能力、表达能力和语言组织能力等多个方面。兴趣是最好的老师。教师可以通过多种方式激发学生的写作兴趣，如组织写作比赛、分享优秀作品等。还可以引导学生关注生活、关注社会，从实际生活中寻找写作的灵感和素材。提高写作能力需要长期的训练和实践。教师可以通过布置作文任务、指导学生进行写作训练等方式来提高学生的写作能力。在训练中，教师可以注重培养学生的观察力、思考力和创造力，引导他们用独特的视角和深刻的思考来表达自己的观点和感受。一篇好的文章应该具有清晰的结构和严密的逻辑。教师可以通过讲解文章的结构特点、段落之间的逻辑关系等方式来帮助学生掌握文章的写作技巧。还可以鼓励学生在写作中注重段落的划分、过渡句的使用等细节处理，使文章更加流畅、连贯。

3. 口语交流

口语交流是语文学习的另一个重要方面，它涉及学生的语言表达能力、沟通能力和自信心等多个方面。教师可以通过多种方式加强学生的口语表达能力，如组织朗读比赛、演讲比赛等。同时，还可以鼓励学生多参与课堂讨论、小组活动等互动环节，让他们在实践中提高自己的口语表达能力。沟通能力是口语交流的关键。教师可以通过模拟真实场景、角色扮演等方式来帮助学生提高沟通能力。在训练中，教师可以注重培养学生的倾听能力、表达能力、应对能力等，使他们能够在不同的场合下流利、准确地表达自己的观点。自信心是口语交流的重要保障。教师可以通过肯定和鼓励来培养学生的自信心，让他们敢于表达自己的观点和想法。还可以引导学生关注自己的优点和长处，增强自我认同感和自信心。

二、教学内容面临的挑战

（一）教师对学习任务群的理念缺乏深刻理解

随着 2017 年以来新的语文教学理念的研究、落实与推行，在语文课程与教学中出现了令人耳目一新的概念术语。学习任务群这个新理念走进了高中语文课程内容之中，成为继"模块化"后的课程内容新的组织和呈现方式。这对于经过多年实行且形成相对固定化的教学模式无疑是一次冲击与破坏，那么想要完整地接纳一种全新的理念，难免会遇到一些困难，怀特海 (1999) 在其理论中指出，我们必须对认识的事物的普遍特性进行关注，它的具体表现为"无秩序"和"错误"。因此，从理解理论出发可以发现，新的教学理念针对过去十多年的课改经验，总结出一套新的教学范式，对教学内容的选择与组织提出了新的要求。在此前提下如何去较为完善地理解新理念的内涵，能否将其与教学内容的选择与组织妥善地融合，教师是需要做出改变与突破的。这时传统的教学思维显然不再适用，需要进行新的认识与理解。但在相关的文赋中显示，教师存在着对这一理念缺乏深刻理解的问题，使得教学内容呈现泛化、碎片化的倾向。

（二）教学内容的选择与组织在一定程度上缺少确定性

内容确定不足的现象比较普遍，这是导致语文教学低效的主要原因。语文课程标准在一定程度上缺少确定性。夏家顺（2019）提出"语文课程标准没有对语文教学内容作出清晰的规定，除了推荐背诵篇目、课外读物，就是提出让师生利用和开发语文课程资源。"例如与其他学科的教学内容相比，数学课标将以后要学习的课程内容——列举了出来，并在每一科目下分别给出了具体的选题和安排；而英语课标则是将每个板块要训练的技能详细地进行了划分，以及更具体的教学内容。学生上课抓不到重点，使得无法像其他学科那样系统地进行学习。既打击了学生学习的积极性，又不利于知识的系统学习。

（三）课堂教学中教学内容的选择与组织存在无序现象

语文课程强调学生学习时应掌握听、说、读、写等能力，但是在授课的过程中却被简单化了，学生"做"完便被当成是实现了教学目标，而忽视了"做"这一行为背后的过程，课堂教学中的教学内容被语文活动遮蔽了。比如，在写作方面，最关键的问题不在于学生是否能做好这项工作，而是要让学生掌握完成这一活动的知识和技能，理解学到的知识和技能，但如此重要的教学内容在选择和组织时表现得并不良好。在查阅相关的案例研究中看到，教师在进行写作教学的支架搭设活动上就存在着这样的问题，尽管教师预先准备的教学设计很充足，既交代了教学背景、文体知识，也设计了例文引导师生对话。"教师准备十分充裕的学习写作的元素纳入进教学活动的支架中，但忽视了写作内容的真实情境性，在例文解读的对话活动中由于耽误了过长时间而没有找准写作的重难点，并且对学生以往学习经验的迁移上也没有起到效果，活动设计得很好但教学的实质内容被有所淹没。"在真实任务情境下，指导学生建构知识是当前高中语文课堂教学转型的主要任务之一。专题学习统领下的写作教学，受双重任务情境的影响和制约，教学内容更具有开放性、自主性和建构性。针对专题教学的特点，教师在开展写作教学时，要在精心创设任务情境、选择学习资源、搭设学习支架的基础上，指导学生自主选择学习资源，为写作教学内容的课堂生成做好铺垫；在此基础上，把教学的重心落在转化和运用核心写作知识上。

三、高中语文教育的教学方法

（一）探究式教学：培养学生自主发现与创新的路径

在当今社会，培养学生的自主学习能力和创新思维变得尤为重要。探究式教学作为一种以学生为中心的教学方法，鼓励学生自主发现问题、提出问题，并通过小组合作、讨论等方式进行探究学习。这种教学方式不仅有助于学生建立扎实的知识体系，还能培养他们的创新能力和思辨性思维。教师需要帮助学生梳理问题的逻辑关系，确保他们的探究方向正确。明确问题后，学生将进行小组合作，共同探究问题的答案。在这个过程中，学生需要充分发挥自己的想象力和创造力，运用所学知识进行分析、推理和实验。探究式教学不仅关注学生的知识掌握程度，更关注他们的思维能力和学习态度。因此，在探究过程结束后，教师需要引导学生进行反思总结，让他们思考自己在探究过程中的收获和不足。通过反思总结，学生可以深化对知识的理解和掌握，提高自己的思维能力和学习态度。探究式教学鼓励学生自主发现问题、提出问题并解决问题。在这个过程中，学生需要充分发挥自己的主动性和创造性，不断提高自己的自主学习能力。这种能力不仅有助于学生在学习中取得更好的成绩，还有助于他们在未来的工作和生活中不断学习和成长。这种教学方式有助于培养学生的创新能力和思辨性思维，让他们在面对复杂问题时能够独立思考、勇于创新。在探究式教学中，学生需要进行小组合作和讨论。在这个过程中，他们需要相互协作、共同解决问题。这种教学方式有助于增强学生的团队合作意识和沟通能力，让他们在未来的工作和生活中更好地与他人合作和交流。

（二）案例教学：深入理解与提高综合应用能力

案例教学是一种以学生为中心，以实际案例为基础的教学方法。在文学、文化等领域的教学中，案例教学尤为有效。通过选择具有代表性的文学作品或文化现象作为案例，引导学生进行深入的分析和评价，不仅能够帮助学生更好地理解相关知识点，还能提高他们的综合运用能力。案例通常来源于真实的文学作品或文化现象，具有高度的真实性和可信度。这种真实性有助于学生更好地理解和接受所学知识。样的案例有助于学生系统地掌握所学内容。案例教学注重学生的思考和讨论，通过案例的启发，引导学生发现问题、解决问题，提高他们的思维能力。教师根据教学目标和课程内容，选择具有代表性的文学作品或文化现象作为案例。案例应具有足够的复杂性和深度，能够引发学生的思考和讨论。学生还需要与小组成员进行讨论和交流，共同完善自己的分析。在案例分析的基础上，教师组织学生进行讨论。讨论应围绕案例中的关键问题和争议点展开，鼓励学生发表自己的观点和看法，并进行辩论和交流。通过讨论，学生可以更深入地理解案例，并提高自己的思维能力和表达能力。在讨论结束后，教师引导学生对案例进行总结。总结应包括对案例的分析、讨论过程和结果的回顾，以及对学生的表现进行点评。通过案例学习，学生可以更深入地理解相关知识点，掌握其内涵和外延。这种深入理解有助于学生更好地运用所学知识解决实际问题。案例教学注重学生的思考和讨论，要求学生运用所学知识对案例进行分析和评价。案例教学鼓励学生发表自己的观点和看法，并进行辩论和交流。这种学习方式有助于培养学生的思辨性思维，使他们能够独立思考、勇于质疑并寻求真理。案例教学以真实的文学作品或文化现象为基础，具有高度的趣味性和吸引力。这种教学方式能够激发学生的学习兴趣和动力，使他们更加主动地参与到学习中来。

（三）合作学习：培养团队协作与沟通能力的关键途径

合作学习是一种以学生为中心，强调学生之间互动、协作和交流的教学方式。通过组织学生进行小组讨论、角色扮演等活动，合作学习能够培养学生的团队协作能力和沟通能力，增强他们的学习动力和效果。在现代社会中，团队协作已成为不可或缺的能力。合作学习能够让学生在小组活动中学会分工合作、相互支持，从而培养他们的团队协作意识和能力。合作学习为学生提供了大量交流和沟通的机会。通过小组讨论、角色扮演等活动，学生需要清晰表达自己的观点，听取他人的意见，并学会在团队中有效沟通，从而提高自己的沟通能力。合作学习能够激发学生的学习兴趣和动力。在小组活动中，学生可以通过相互帮助、共同解决问题来加深对知识的理解和掌握，从而提高学习效果。在合作学习中，教师应注重平衡个人与团队的关系。既要鼓励学生积极参与小组讨论和合作活动，又要关注每个学生的个人发展和成长。教师应确保每个学生都能在合作学习中获得平等的机会和权利。对于性格内向或学习能力较弱的学生，教师应给予更多的关注和支持，鼓励他们积极参与小组活动。教师应根据教学目标和学生的实际情况合理设置学习任务。任务应具有一定的挑战性和启发性，能够激发学生的学习兴趣和动力。任务也应具有一定的可操作性，便于学生在小组内分工合作、共同完成任务。合作学习能够培养学生的团队协作能力和沟通能力，提高他们的学习效果。在实施合作学习时，教师应注重平衡个人与团队的关系、保证公平参与和合理设置学习任务等问题。通过有效的合作学习活动，学生能够更好地掌握知识、提高能力并享受学习的乐趣。

（四）情境教学：提升语文学习效果的实践策略

教学是一种以创设与教学内容相关的具体情境为核心的教学方法。在语文学习中，情境教学的应用尤为重要。通过构建与文本内容紧密相连的情境，可以让学生更加直观地感受和理解语文知识，从而激发他们的学习兴趣和主动性，提高学习效果和实践能力。情境教学能够将抽象的语文知识转化为具体生动的场景，让学生在情境中感受语文的魅力，从而激发他们的学习兴趣和好奇心。在情境中，学生可以通过亲身体验和实践来加深对语文知识的理解和记忆。这种直观的学习方式有助于学生更好地掌握知识点，提高学习效率。情境教学注重学生的参与和体验，让学生在情境中运用所学知识进行实践。这种实践过程不仅能够巩固学生的知识，还能够培养他们的实践能力和创新精神。情境教学能够促进学生全面发展，培养他们的观察力、想象力、创造力等综合素养。情境教学还能够培养学生的团队合作精神和沟通能力，为他们未来的学习和生活奠定坚实基础。

教师可以通过实地考察、采访调查等方式，收集与教学内容相关的真实素材，创设与课文情节相符的情境。让学生在真实情境中感受文本的背景和情感，从而更好地理解文本内容。利用多媒体资源，如图片、音频、视频等，创设生动形象的情境。这些多媒体资源能够直观地展示文本内容，吸引学生的注意力，激发他们的学习兴趣。根据文本内容，组织学生进行角色扮演活动。让学生在扮演角色的过程中，深入体验文本中的人物情感和故事情节，从而加深对文本的理解和记忆。结合教学内容，开展一些实践活动，如写作比赛、朗诵比赛、戏剧表演等。让学生在实践中运用所学知识，提高他们的实践能力和创新能力。教师在创设情境时，要确保情境与教学内容紧密相连，能够准确反映文本的主题和情感。避免情境与教学内容脱节，导致学习效果不佳。情境教学注重学生的参与和体验，教师在实施过程中要关注学生的参与度和积极性。鼓励学生主动参与到情境中来，积极发表自己的见解和感受。在情境教学中，教师扮演着引导者和组织者的角色。教师要根据学生的实际情况和反馈，适时调整教学策略和方法，确保情境教学的顺利进行。

第三节　高中语文教育的评价与反馈机制

在这个时代背景下，如何科学、全面、公正地评价学生的语文素养，以及如何通过有效的反馈机制来指导教学改进，成为每一位教育工作者需要深思的问题。本节将深入探讨高中语文教育的评价机制，并分析如何构建有效的反馈机制，以期为我们的教学实践提供有益的启示和参考。

一、高中语文教育的评价机制

（一）知识与技能评价

评价学生是否掌握了语文基础知识和基本技能，在高中语文教育中，知识与技能评价是评价学生语文素养的重要组成部分。这一评价维度主要关注学生对语文基础知识和基本技能的掌握情况，以确保学生能够打下坚实的语文基础，为后续的学习和发展奠定坚实的基础。字词积累是语文学习的基石。评价学生的字词积累情况，可以通过考查学生的词汇量、词汇运用能力以及错别字纠正能力等方面来进行。例如，教师可以通过听写、默写、词汇运用练习等方式，检验学生对生字词的掌握情况，以及他们是否能够在实际语境中准确运用这些词汇。阅读理解是语文学习的核心能力之一。评价学生的阅读理解能力，可以通过考查学生对文本的理解程度、分析能力和思辨性思维等方面来进行。教师可以通过阅读测试、阅读理解题、文本分析等方式，评估学生是否能够理解文本的主旨、细节、结构以及作者的意图，能够分析文本中的语言特色、修辞手法等，进而提出自己的观点和见解。写作表达是语文学习的重要输出方式。评价学生的写作表达能力，可以通过考查学生的写作技巧、语言表达能力以及逻辑思维能力等方面来进行。教师可以通过写作任务、作文评价、口头表达等方式，评估学生是否能够清晰、准确地表达自己的思想和观点，运用恰当的修辞手法和语言表达方式，使文章更加生动、有趣。

在知识与技能评价中，教师需要注重评价的全面性和客观性。不仅要关注学生对基础知识的掌握情况，还要关注他们的实际运用能力和创新思维。教师还需要根据学生的个体差异和学习特点，制定个性化的评价标准和评价策略，以确保评价结果的准确性和公正性。通过知识与技能评价，教师可以更好地了解学生的学习情况，为后续的教学提供有针对性的指导和帮助。

（二）情感态度评价

评价学生对语文学习的态度、兴趣以及在学习过程中的情感投入。在高中语文教育中，情感态度评价是评价学生语文素养不可或缺的一部分。这一评价维度旨在全面了解学生对语文学习的主观体验和感受，以及他们在学习过程中的情感投入和态度变化。评价学生对语文学习的态度，主要关注学生对语文学科的认知、价值观以及学习意愿等方面。教师可以通过观察学生在课堂上的表现、参与课堂讨论的积极性、完成作业的态度等，来评估学生对语文学习的重视程度和兴趣度。一个积极的学习态度可以使学生更加主动地参与学习活动，从而提高学习效果。

评价学生对语文学习的兴趣，主要关注学生在学习过程中产生的愉悦感、好奇心以及探索欲望等方面。教师可以通过观察学生对语文学习内容的好奇心、对文学作品的热爱程度、对语文实践活动的参与度等，来评估学生对语文学习的兴趣水平。一个浓厚的兴趣可以激发学生的学习动力，使他们更加投入地学习。评价学生在学习过程中的情感投入，主要关注学生在学习过程中的情感体验、情绪变化以及情感表达等方面。教师可以通过观察学生在学习过程中的专注度、投入度、情感反应等，来评估学生在学习过程中的情感投入程度。一个充分的情感投入可以使学生更加深入地理解文本、体验文学情感、提高审美能力，从而实现语文学习的高质量发展。在情感态度评价中，教师需要注重评价的情境性和真实性。要关注学生的真实体验和感受，通过观察学生在具体学习情境中的表现来评价他们的情感态度。教师还需要注重评价的引导性和激励性。通过积极地评价和鼓励，引导学生形成积极的学习态度和兴趣，激发他们的学习动力和情感投入。

情感态度评价是高中语文教育中不可或缺的一部分。通过全面、深入地评价学生的情感态度，教师可以更好地了解学生的学习需求和兴趣点，从而为他们提供更加个性化、有针对性的教学指导。情感态度评价还可以促进师生之间的情感交流和理解，增强学生的学习体验和归属感。

（三）价值观评价

评价学生的价值观是否健康，是否具备正确的世界观、人生观和价值观。在高中语文教育中，价值观评价是至关重要的一环。它不仅仅关乎学生个人的道德品质和思想境界，更关乎他们未来能否成为社会的有用之才，能否为社会作出积极的贡献。因此，评价学生的价值观是否健康，是否具备正确的世界观、人生观和价值观，是高中语文教育的重要任务之一。评价学生的价值观是否健康，需要关注学生对待生活、对待他人以及对待社会的态度。健康的价值观应该表现为积极向上、乐观开朗、有爱心、有责任感等。教师可以通过观察学生在课堂上的言行举止、与同学相处的方式、对待学习任务的认真程度等方面，来评估学生的价值观是否健康。例如，学生是否能够积极参与课堂讨论，尊重他人的观点；是否能够主动帮助同学解决问题，表现出乐于助人的精神；是否能够认真对待学习任务，体现出对知识的尊重和对学习的热爱等。评价学生是否具备正确的世界观，需要关注学生对世界的认知和理解。正确的世界观应该表现为对客观世界的正确认识、对科学知识的尊重以及对人类文明的认同等。教师可以通过观察学生对文学作品中反映的社会现象、历史事件以及人物形象的看法，来评估学生是否具备正确的世界观。正确的人生观应该表现为积极向上、热爱生活、追求真理和美好等。教师可以通过观察学生对课堂内容的思考、对人生问题的探讨以及对未来职业的规划等方面，来评估学生是否具备正确的人生观。例如，学生是否能够积极思考人生的意义和价值，是否能够关注社会问题和人类命运，是否能够制定合理的职业规划并为之努力奋斗等。评价学生是否具备正确的价值观，需要关注学生对道德规范和价值观念的认同和遵守。正确的价值观应该表现为遵守社会公德、尊重他人权益、追求公平正义等。教师可以通过观察学生在日常生活中的行为表现、对待他人的态度以及处理问题的方式等方面，来评估学生是否具备正确的价值观。例如，学生是否能够遵守学校规章制度，尊重师长和同学；是否能够在公共场合保持文明礼貌，不做出损害公共利益的行为；是否能够在处理问题时坚持原则，维护公平正义等。

在价值观评价中，教师需要注重评价的全面性和深入性。要关注学生的言行举止、思想动态以及行为表现等方面，通过多方面的观察和评估来全面了解学生的价值观状况。教师还需要注重评价的引导性和激励性。通过积极的评价和引导，帮助学生形成正确的价值观和道德观念，激发他们的道德情感和责任感。教师还需要注重评价的持续性和跟踪性，要定期对学生的价值观进行评价和反馈，及时发现问题并进行纠正，确保学生的价值观得到健康发展。

（四）综合能力评价

在高中语文教育中，评价学生的语文综合运用能力是衡量学生语文素养的重要指标之一。这种综合能力涵盖了文学鉴赏、思辨性思维以及沟通能力等多个方面，体现了学生在语文学习中的综合素养和实际应用能力。文学鉴赏能力是指学生对文学作品进行审美评价和理解的能力。这包括了对文学作品的主题、情感、人物形象、语言风格等方面的理解和感受。评价学生的文学鉴赏能力，可以通过观察学生在阅读文学作品时的反应、对作品内容的理解和分析，以及他们对作品情感、主题等方面的感悟来进行。例如，教师可以要求学生撰写读后感或文学评论，以评估他们对文学作品的理解和鉴赏能力。思辨性思维是指学生在语文学习中展现出的分析、判断、评价以及解决问题的能力。它要求学生对文本进行深入的思考和探究，形成自己的观点和看法。评价学生的思辨性思维，可以通过观察学生在课堂讨论中的表现、对文本的分析和评价，以及他们提出问题和解决问题的能力来进行。例如，教师可以设计一些具有争议性的文本或话题，引导学生进行深入的讨论和思考，以评估他们的思辨性思维能力。沟通能力是指学生在语文学习中展现出的口头和书面表达能力，以及与他人进行有效交流的能力。评价学生的沟通能力，可以通过观察学生在课堂发言、小组讨论、写作练习等活动中的表现来进行。教师需要关注学生的表达清晰度、逻辑连贯性、语言准确性以及与他人交流的互动性和有效性。教师还可以设计一些需要团队合作和交流的项目任务，让学生在完成任务的过程中锻炼和提高自己的沟通能力。

综合能力评价是高中语文教育中不可或缺的一部分。它要求教师在评价学生的语文素养时，不仅要关注学生对基础知识和技能的掌握情况，还要关注他们在文学鉴赏、思辨性思维以及沟通能力等方面的表现。通过全面、客观、科学的评价，教师可以更好地了解学生的学习情况和需求，为他们提供更有针对性的指导和帮助。综合能力评价也有助于激发学生的学习兴趣和动力，促进他们的全面发展。

二、如何构建有效的反馈机制以改进教学

（一）明确反馈目的和期望

在教育过程中，明确反馈的目的和期望是至关重要的，因为它不仅为师生双方提供了明确的行动指南，也确保了反馈的有效性和针对性。反馈的首要目的是帮助学生识别自身在学习过程中的不足和优势，从而调整学习策略，提升学习效果。这包括对学生作业、课堂表现、考试等方面的具体评价和建议。有效的反馈能够帮助学生明确学习目标，理解学习内容，掌握学习方法，从而更加高效地进行学习。反馈也是教师改进教学、提升教学质量的重要依据。通过收集学生的反馈，教师可以了解自身在教学过程中存在的问题和不足，从而有针对性地调整教学策略和方法。教师的专业成长是一个持续的过程，而学生的反馈则是这一过程中不可或缺的组成部分。通过不断反思和改进，教师可以不断提高自己的教学

水平，为学生提供更好的教育服务。教师应向学生强调反馈在学习过程中的重要性，让学生明白反馈是提升学习效果、实现个人成长的重要途径。通过课堂讲解、案例分析等方式，教师可以帮助学生树立正确的反馈观念，引导学生积极面对并利用反馈。明确学生应如何利用反馈来改进学习，在给出反馈时，教师应尽量提供具体、明确的建议和指导，帮助学生理解如何根据反馈来改进自己的学习。教师可以针对学生的作业提出具体的修改建议，或者针对学生的课堂表现给出具体的改进方向。教师还应鼓励学生主动寻求反馈，并勇于面对和利用反馈来改进自己的学习。

明确反馈目的和期望是确保反馈有效性和针对性的基础。只有当学生和教师都明确反馈的目的和期望时，反馈才能真正发挥其应有的作用，帮助学生提高学习效果，促进教师自身教学水平的提升。

（二）收集多样化的反馈信息

在教学过程中，收集多样化的反馈信息对于教师来说是至关重要的。这种信息的来源和渠道可以多样化，以便全面而准确地了解教学效果和学生的学习需求。定期设计并发放问卷调查，以收集学生对教学内容、教学方法、课堂互动等方面的看法和建议。问卷可以涵盖学生对课程的整体满意度、对特定教学环节的评价、对教材或学习材料的反馈等。利用课后时间或特定的学生咨询时段，与学生进行面对面的交流。这种交流方式可以更加直接地了解学生的学习困惑、需求和感受，从而提供更个性化的反馈。利用学校或班级的在线论坛、社交媒体群组等平台，鼓励学生发表对课程和教学的看法和建议。这种方式可以鼓励学生更自由地表达观点，也有助于教师了解更广泛的学生意见。邀请同事观摩自己的课堂，并请他们提供对教学内容、教学方法、课堂管理等方面的反馈。同事作为教学领域的同行，往往能够提供有价值的建议和意见，帮助教师发现自身教学中的问题。参与或组织教学研讨会，与同事分享教学经验和教学方法，并相互提供反馈。这种方式有助于教师了解其他教师的成功经验和教学策略，并借鉴到自己的教学中。每次课后，教师都应进行反思，回顾教学过程，评估教学效果。这包括对教学内容的理解程度、教学方法的适用性、学生的参与度和反应等方面的思考。教师可以记录教学日志，记录每节课的亮点和不足，以及学生的反应和反馈。通过定期回顾教学日志，教师可以更好地了解自己的教学风格和习惯，并发现需要改进的地方。教师可以利用专业书籍、在线课程、教学论坛等外部资源，了解最新的教学理念和教学方法，从而进行自我提升和改进。通过收集多样化的反馈信息，教师可以更全面地了解教学效果和学生的学习需求，从而调整教学策略和方法，提高教学效果和学生的学习满意度。

（三）建立及时反馈系统

实时反馈是教学过程中的一种重要形式，它能够在学生出现困惑或错误时立即给予指导和建议。例如，在小组讨论时，教师应密切关注学生的讨论内容，及时指出他们的问题，提供正确的观点或思路。这样的反馈能够帮助学生及时纠正错误，避免问题积累。除了小组讨论，实时反馈还可以应用于课堂互动环节。教师可以通过提问、讨论、实践等方式，让学生参与到教学中来，给予他们即时的评价和反馈。这种互动不仅能够激发学生的学习兴趣，还能够加深他们对知识的理解和记忆。课后反馈是另一种重要的反馈形式，它能够在课后为学生提供详细的评价和建议，帮助他们了解自己的学习情况。教师可以通过作业批改来给予学生反馈，指出他们在作业中存在的问题，并提供具体的改进建议。这样的反馈能够帮助学生明确自己的学习方向，提高学习效率。除了作业批改，教师还可以利用考试分析等方式来给予学生课后反馈。通过分析学生的考试成绩和答题情况，教师可以了解学生在知识掌握、解题技巧等方面存在的问题，并给出相应的指导建议。这样的反馈能够帮助学生更好地了解自己的学习状况，制定合理的学习计划。

确保反馈的及时性和针对性。教师应尽快给予学生反馈，并针对学生的具体情况提供具体的建议和指导。鼓励学生主动寻求反馈。教师可以通过课堂互动、课后咨询等方式，鼓励学生主动提出问题和困惑，以便及时给予解答和指导。反馈应以正面鼓励为主。在指出学生存在的问题时，教师应注重正面鼓励和肯定学生的努力和进步，以激发学生的积极性和自信心。建立一个有效的及时反馈系统对于促进学生的学习进步和教师的教学改进都具有重要意义。教师应注重实时反馈和课后反馈的结合，为学生提供全面、及时、具体的指导和建议。

（四）制定改进计划并跟进

1.分析反馈数据

教师应将收集到的反馈数据进行整理，包括学生反馈、同事反馈和自我反思的内容。通过仔细阅读和分析这些反馈，教师应能够识别出教学中的主要问题、普遍存在的困惑以及潜在的改进空间。分析过程中，教师需要注意反馈数据中的具体案例、意见和建议，这些都是改进教学的重要参考。教师也要关注反馈数据中的趋势和模式，以便更全面地了解教学状况。

2.制定改进计划

根据反馈数据的分析结果，教师应制定具体的改进计划。这个计划应该明确改进的目标、措施和时间表，以确保计划的可操作性和可衡量性。改进目标应该具体、明确，能够直接针对教学中的问题和不足。例如，如果反馈数据显示学生在某个知识点上掌握不牢固，那么改进目标就可以是加强该知识点的讲解和练习。改进措施应该具有针对性，能够直接解决教学中的问题。这些措施可以包括调整教学策略、改进教学方法、增加教学资源等。教师也要考虑学生的需求和兴趣，确保改进措施能够激发学生的学习兴趣和积极性。时间表是确保改进计划得以实施的关键。教师应将改进计划分解为具体的任务和时间节点，并定期检查计划的执行情况。这样可以帮助教师保持对改进计划的关注度和执行力。

3.跟进实施情况

在制定改进计划后，教师应定期跟进计划的实施情况。这包括检查各项措施的执行情况、评估学生的学习进展以及调整计划以适应新的情况。跟进过程中，教师应与学生保持密切的沟通，了解他们的学习需求和困惑，以便及时调整教学策略和方法。教师也要与同事保持交流，分享教学经验和方法，共同提高教学水平。评估改进效果是跟进过程中的重要环节。教师可以通过观察学生的学习表现、收集新的反馈数据等方式来评估改进效果。如果改进计划取得了积极的效果，那么教师应继续执行该计划；如果效果不理想，那么教师应及时调整计划并寻找新的改进方法。

（五）鼓励学生参与反馈过程

教师应向学生明确反馈在教学中的重要性。反馈不仅是教师评估教学效果的依据，更是学生改进学习方法和提高学习效果的重要途径。让学生明白，他们的意见和建议对于提升教学质量、优化课堂环境具有积极作用。教师可以邀请学生担任教学助手，协助进行课堂观察和记录。通过这一角色，学生能够更深入地参与到教学过程中，从教师的角度观察课堂，发现问题并提出建议。设置"建议箱"或在线反馈平台：在教室或学校网站上设置"建议箱"或在线反馈平台，鼓励学生随时提出自己的意见和建议。这种方式可以保护学生的隐私，让他们更敢于表达真实的想法。定期组织小组讨论或班级会议，让学生就教学内容、教学方法等方面进行讨论和反馈。这种方式能够让学生在集体中表达自己的观点，也能够倾听他人的意见。在鼓励学生参与反馈的过程中，教师还需要引导学生正确表达反馈。这不仅能够让学生感受到自己的意见被重视，还能够根据反馈调整教学策略，提高教学质量。在回应学生的反馈时，教师应保持客观、公正的态度，对于合理的建议要积极采纳并付诸实践。为了鼓励学生更积极地参与反馈过程，教师可以建立一定的激励机制。例如，可以设置"最佳反馈奖"等奖项，表彰在反馈过程中表现积极、提出有价值建议的学生。此外，教师还可以将学生的反馈作为平时成绩的一部分，激励学生更认真地对待反馈环节。

教师可以有效地鼓励学生参与反馈过程，提升教学质量和学生的学习效果。这也能够培养学生的主体意识和参与感，促进师生之间的有效沟通与合作。教师作为课堂教学活动的组织者和执行者，对于自身的言行举止一定要严加规范。想要提升历史教学成效，首先教师需要具备较高的专业能力和语言素质，能够选择最为精练、合理的教学方法，将知识传授给学生，调动学生的学习积极性和求知欲，加深对知识的理解和记忆。

（六）完善反馈机制

随着教育环境的不断发展和变化，完善反馈机制对于提升教学质量和学生学习效果至关重要。反馈机制不仅是教学过程中的一个重要环节，也是教师成长和发展的重要推动力。教师应定期回顾已建立的反馈机制，评估其在实践中的效果。这包括分析学生、同事和自我反馈的数据，了解这些反馈是否真实反映了教学中的问题，以及是否有效地推动了教学的改进。在评估过程中，教师可以运用数据分析工具和方法，对反馈数据进行深入挖掘，发现其中隐藏的问题和规律。也可以通过问卷调查、访谈等方式，了解学生和同事对反馈机制的意见和建议。根据评估结果，教师应针对反馈机制中存在的问题和不足，制定具体的调整和改进措施。这可能包括优化反馈流程、增加反馈渠道、提高反馈的及时性和针对性等。在调整和改进过程中，教师应注重学生的需求和感受，确保新的反馈机制能够更好地满足学生的学习需求，提高他们的学习动力和学习效果。教师应关注这些新的变化和发展，及时将新的反馈方法和工具纳入教学实践中。教师可以利用在线教学平台、学习管理系统等工具，实现对学生学习数据的实时跟踪和分析，为反馈提供更为准确和全面的数据支持。同时，也可以利用社交媒体、即时通信等工具，加强与学生和同事的交流和互动，提高反馈的及时性和有效性。完善反馈机制不仅是一项技术性的工作，更是一种文化和理念的体现。教师应积极倡导持续改进的文化氛围，鼓励学生、同事和自己不断反思和改进教学实践。在这种文化氛围下，教师应将反馈机制视为一种促进学习和成长的机会，而不是一种压力或负担。也要引导学生和同事积极参与反馈过程，共同推动教学质量的提升和学生的学习发展。

完善反馈机制是一个持续不断的过程。教师应定期回顾和评估反馈机制的有效性，根据需要进行调整和改进，并关注新的教学理念和技术的发展。通过不断完善反馈机制，教师可以更好地满足学生的学习需求，提高教学效果和学生的学习效果。

（七）优化课堂结构

以往的初中历史课堂教学中，由于教学理念和教学方法过于陈旧，学生主体地位缺失，主要是教师讲解，学生被动式听讲，与新课标改革要求相背离，在不同程度上影响了学生的思维锻炼和拓展。故此，应该对现有课堂教学结构做进一步优化，在教师的引导下，给予学生 10 分钟左右时间来阅读教材，把握和记忆课本中重点内容；阅读基础上，要求学生可以讲述一下主要内容，对于其中存在的错误，请其他学生予以改正，在潜移默化中提升学生的表达能力和分析能力，展现自我价值；小组合作学习，分析所学知识，结合历史事件来表达学生自己的看法，帮助学生树立正确的价值观和情感态度，为后续发展奠定基础；学习知识后，为了巩固所学知识，通过拓展训练实现，把握学习重点，提升历史学习成效。

优化课堂结构是提高教学质量和学生学习效果的重要手段之一。一个合理的课堂结构能够使学生更好地集中注意力，积极参与课堂活动，从而提高学习效果。在课前，教师应明确本节课的教学目标，并将其传达给学生。这有助于学生了解本节课的学习重点，从而有针对性地参与课堂活动。教师也应在课堂上不断强调和回顾这些目标，确保学生能够清晰地认识到自己应该达到的学习水平。为了激发学生的学习兴趣和积极性，教师应设计多样化的教学活动。这些活动可以包括小组讨论、角色扮演、案例分析、互动游戏等，以满足不同学生的学习需求和兴趣。通过多样化的教学活动，学生可以更加主动地参与到课堂中来，提高学习效果。教师应根据教学内容和学生的实际情况，合理安排教学时间。这包括分配足够的时间进行知识讲解、学生提问、小组讨论等活动，以确保学生能够充分理解和掌握所学知识。教师也应注意控制课堂节奏，避免学生产生疲劳感或厌倦情绪。一个积极的课堂氛围可以激发学生的学习兴趣和动力。教师应努力营造一个和谐、宽松、自由的学习氛围，鼓励学生积极发言、提问、参与讨论。教师也应尊重学生的个性和差异，关注每个学生的情感需求，让每个学生都能感受到被尊重和被关注。随着现代教学技术的不断发展，教师可以利用多媒体、网络等现代教学工具来优化课堂结构。在优化课堂结构的过程中，教师应注重学生的反馈。通过收集和分析学生的反馈数据，教师可以了解学生对课堂结构的看法和建议，从而针对性地进行调整和改进。教师也应鼓励学生提出自己的意见和建议，共同推动课堂结构的优化。

优化课堂结构是提高教学质量和学生学习效果的重要途径之一。教师应结合教学目标、学生需求、教学内容和现代教学技术等因素来设计和调整课堂结构，以营造一个积极、高效、有趣的学习环境。

第七章　高中语文统编教材研究

高中语文统编教材在教育教学中占据着至关重要的地位，它不仅是知识的载体，更是培养学生语文素养和综合能力的关键工具。在第七章中，我们将深入探究高中语文统编教材的各个方面。从编写理念与特点开始，剖析其背后蕴含的教育思想以及对教学的深远影响；接着探讨使用方法与建议，以挖掘如何更好地运用这套教材来提升教学效果；最后聚焦于教材中的文学经典与解读，分析其中丰富的文学内涵，并思索如何引导学生进行深入而有意义的文学解读。

第一节　高中语文统编教材的编写理念与特点

在深入研究高中语文统编教材时，需要明晰的便是其编写理念与特点。编写理念犹如一盏明灯，指引着教材的方向，而特点则展现出其独特之处与价值。让我们走进这一节，细致地阐述高中语文统编教材的编写理念，并深入分析其特点以及对教学所具有的深远指导意义。

一、高中语文统编教材的编写理念

（一）坚持立德树人

高中语文统编教材在编写过程中，始终坚守立德树人的教育理念，坚持以马克思主义为指导，深入贯彻落实习近平新时代中国特色社会主义思想。这一理念不仅体现了我国教育的根本任务，也为高中语文课程注入了新的时代内涵。高中语文统编教材注重发挥语文课程以文化人、以文育人的功能。语文作为一门人文性极强的学科，承载着传承文化、启迪智慧、陶冶性情的重要使命。统编教材通过精心选取的课文，将中华优秀传统文化、革命文化和社会主义先进文化融入其中，让学生在阅读和学习中感受文化的魅力，领悟人生的真谛。在课文的选择上，统编教材坚持正面导向，注重选取具有文质兼美、深浅适宜的经典性和时代性文章。（这些文章不仅具有高度的文学价值，更蕴含了丰富的思想内涵和人生哲理。）通过学习这些文章，学生能够了解历史、认识社会、理解人生，从而树立正确的世界观、人生观和价值观。统编教材还积极弘扬正能量，培养学生的道德品质和人文素养。在课文中，编者注重挖掘和展现人性中的美好品质，如爱国、诚信、友善、勇敢等，让学生在潜移默化中受到影响和启发。教材也强调对学生人文精神的培养，关注学生的内心世界和情感体验，帮助他们建立积极向上的人生观和世界观。

（二）强调综合性、实践性

高中语文统编教材在编写过程中，特别强调综合性与实践性的教学理念，旨在通过综合性的学习内容和实践活动，培养学生的语文学科核心素养，并促进他们综合能力和实践能力的提升。教材在内容设计上注重综合性。它不仅涵盖了传统的语文知识点，如语言运用、文学鉴赏等，还融入了跨学科的知识元素，如历史、哲学、社会科学等，使学生能够在多元化的学习情境中，拓宽视野，增强综合素质。教材通过设计丰富的语文实践活动，如深度阅读、读写结合等，来培养学生的实践能力。这些实践活动不仅要求学生掌握基本的语文技能，更要求他们在实际操作中运用所学知识，解决实际问题。例如，在阅读教学中，教材鼓励学生进行思辨性阅读，通过分析和评价文本，提升他们的阅读能力和思维能力；在写作教学中，教材则注重培养学生的写作兴趣和习惯，通过写作实践，提升他们的表达能力和创造力。教材还注重整合学习情境、学习内容和学习方法，引导学生自主、合作、探究学习。在学习过程中，学生不再是被动接受知识的容器，而是成为主动探索、积极实践的主体。他们可以在教师的引导下，根据自己的兴趣和特长，选择适合自己的学习方法和策略，进行个性化的学习。这种学习方式不仅有助于激发学生的学习兴趣和动力，还有助于培养他们的自主学习能力和创新精神。

（三）体现国家意志和社会主义核心价值观

高中语文统编教材在编写过程中，将国家意志和社会主义核心价值观的培育作为核心任务之一，通过整体框架设置、单元内容编排、课文选择以及学习任务群设计等多个方面，实现了两者的深度融合。在整体框架设置上，高中语文统编教材充分体现了国家对于青少年教育的总体要求和战略布局。它不仅仅是一本传授语文知识的教材，更是培养国家未来栋梁的重要载体。因此，在教材的整体设计上，它注重培养学生的爱国情怀、民族自豪感和历史责任感，引导学生树立正确的世界观、人生观和价值观。在单元内容编排上，高中语文统编教材通过精心设计的单元主题和内容，将国家意志和社会主义核心价值观贯穿其中。每个单元都围绕一个核心主题展开，如"家国情怀""文化传承"等，通过选取相关的课文和学习任务，引导学生深入了解中华优秀传统文化、革命文化和社会主义先进文化，感受国家的发展和进步，增强对国家的认同感和归属感。在课文选择上，高中语文统编教材注重选取具有代表性、时代性和教育意义的文章。它们通过生动的故事情节、鲜活的人物形象、深刻的思想内涵，向学生传递了社会主义核心价值观的核心理念和价值观念，如爱国、敬业、诚信、友善等。高中语文统编教材还通过设计一定情境下的学习任务群，将社会主义核心价值观教育有机融入其中。这些学习任务群通常围绕一个具体的主题或情境展开，如"探究社会热点""传承中华文化"等。学生通过完成这些学习任务，不仅能够提高语文能力和素养，更能够在实践中深化对社会主义核心价值观的理解和认同。

（四）创新教材体系设计

高中语文统编教材在编写过程中，既坚守了传统的语文教育价值观，又勇于进行创新和突破。其创新性的教材体系设计，不仅有助于培养学生的语文核心素养，还极大地丰富了学生的学习体验。教材采用人文主题和学习任务群双线组织单元的方式，打破了传统的单篇课文教学模式。这种设计方式旨在通过人文主题的引领，让学生在阅读和学习中感受到文化的魅力和人生的智慧。学习任务群的设置则注重培养学生的实际操作能力和探究精神，让学生在完成任务的过程中，深入理解文本，提升语文能力和素养。在人文主题的选择上，教材注重培养学生的"理想信念""文化自信""责任担当"等核心素养。这些主题贯穿整个教材体系，使学生在学习语文的同时，也能够接收到正确的价值观和人生观的熏陶。例如，通过选择具有时代意义的文章，让学生感受到国家的发展和进步，增强对国家的认同感和归属感；通过选择具有深刻思想内涵的文章，让学生思考人生的意义和价值，树立正确的世界观和人生观。教材还设计了多个独立的"古诗词诵读"板块，以丰富学生的文化积淀和审美能力。这些板块不仅收录了经典的古诗词作品，还配备了详细的注释和赏析，帮助学生更好地理解和欣赏古诗词。通过诵读古诗词，学生可以感受到中华文化的博大精深和独特魅力，增强对传统文化的认同感和自豪感。

（五）多元化布局与核心素养培养的新篇章

在新课标的指引下，统编版高中语文教材的课文一共包含了必修两册、选修三册。统编版高中语文教材在整体布局上的观感呈现着较为明显的单元主题概念，统编版高中语文教材的总体编写格式也尝试了全新的知识体系。统编版高中语文教材中，每一个独立的单元都有着特定的教学主题，为教师提供了充分的研究课题，为学生提供了多元的学习任务。在统编版高中语文教材中，阅读教学与写作教学进行了有机的整合，符合当前语文新课标中提出的读写结合教学方针。从教材的整体布局上看，统编版高中语文教材的结构多元化，其中包含了扩散式、循环式、开放式等。在不同的教学结构中，教师应用的教学理念也存在鲜明的差异。总之，统编版高中语文教材的包容性更强，教学呈现为多元化的态势。单元结构是统编版高中语文教材最为显著的优势与特点。统编版高中语文教材的教学中心围绕着核心素养进行，因此统编版高中语文教材的编写突出了学生的人文主题与学习任务两个方向。根据对统编版高中语文教材的单元结构分析，可以看到人文主题的教学方向更加突出，编写者将其划分为各个相应的小主题格式，来辅助教师完成高质量的教学。学习任务的方向比较隐性地埋藏于各个单元之中，由浅及深地培养了学生的核心素养。单元结构突破了传统教材的单篇学习局限，学生的语文思维得到了强化，强调了学生的主观探究能力培养。统编版高中语文教材在课文的选择上突出了经典性。根据对统编版高中语文教材的分析观察，可以看到在统编版高中语文教材中，中国传统文化类文章增加，同时与革命相关的具有时代意义的文章也得到增加。统编版高中语文教材的选文与编排立足于时代，面向于未来，注重培养学生的文化意识和社会意识，有助于保障高中生未来的长远发展。

二、高中语文统编教材的特点和对教学的指导意义

（一）高中语文统编教材的特点

1. 思想性

高中语文统编教材坚持正确的政治方向和价值导向，这是其首要特点。教材在内容选择上，注重选取具有正面导向、文质兼美的文章，以培养学生的道德品质和人文素养。这些文章不仅包含了丰富的语文知识，更蕴含了深刻的思想内涵和人生哲理，能够引导学生形成正确的世界观、人生观和价值观。教材还强调了对社会主义核心价值观的融入，让学生在阅读和学习中自觉践行社会主义核心价值观，增强对国家和民族的认同感和归属感。

2. 综合性

高中语文统编教材在编写过程中，注重提升学生的语文学科核心素养，这体现了其综合性的特点。教材不仅涵盖了传统的语文知识点，如语言运用、文学鉴赏等，还融入了跨学科的知识元素，如历史、哲学、社会科学等。这种综合性的设计，有助于学生拓宽视野，增强综合素质，为未来的学习和发展打下坚实的基础。教材还注重整合各种语文实践活动，如深度阅读、读写结合等，让学生在实践中提升语文能力和素养。

3. 实践性

高中语文统编教材在实践性方面也做得非常出色。它摒弃了传统的"填鸭式"教学方式，而是通过设计丰富的语文实践活动，引导学生自主、合作、探究学习。这些实践活动不仅让学生在实际操作中运用所学知识，解决实际问题，还培养了学生的实践能力和创新精神。教材还注重学生的情感体验和审美体验，让

学生在阅读和学习中感受到语文的魅力和美好。

4.创新性

高中语文统编教材在创新方面也做出了积极的尝试。它在坚持守正的基础上进行创新，采用新的教材体系设计和组织方式。例如，教材采用人文主题和学习任务群双线组织单元的方式，注重培养学生的核心素养。教材还设计了多个独立的"古诗词诵读"板块，丰富学生的文化积淀和审美能力。这种创新性的设计，使教材更加符合新时代语文教育的要求，为学生的全面发展提供了有力的支持。

（二）高中语文统编对教学的指导意义

1.明确教学目标

高中语文统编教材在编写过程中，特别注重教学目标的明确性和具体性。这种明确性不仅体现在宏观的教学目标上，即语文知识的传授和语文能力、素养的培养，更体现在微观的、每一单元、每一课的教学目标上。这种明确的教学目标对于教师的教学实践具有重要的指导意义。明确的教学目标有助于教师准确把握教学方向。在教学准备阶段，教师可以根据教材中的教学目标，明确本节课或本单元的教学重点、难点和关键点，从而有针对性地设计教学方案、选择教学方法和教学手段。在教学过程中，教师也可以根据教学目标随时调整教学策略，确保教学活动始终围绕核心目标展开。明确的教学目标有助于教师评价学生的学习成果。在教学实施过程中，教师可以通过观察、提问、讨论等方式，检测学生对知识点的掌握情况和对语文能力、素养的培养情况。通过对比教学目标和学生的学习成果，教师可以了解学生的学习效果，发现教学中的问题和不足，进而为下一步的教学提供改进方向。高中语文统编教材中的明确教学目标对于教师的教学实践具有重要的指导意义。它有助于教师准确把握教学方向、评价学生的学习成果和为学生提供有针对性的指导，从而提高教学效果和促进学生的全面发展。

2.提供丰富的教学资源

　　高中语文统编教材为教师提供了丰富的课文、学习任务和实践活动案例。这些资源不仅具有文学价值和教育意义，而且贴近学生的生活实际，能够激发学生的学习兴趣和探究欲望。教师可以通过深入挖掘教材中的教学资源，设计出富有创意和实效的教学活动，提高课堂教学的质量和效率。基于语文新课标的理念，高中语文教师需要在教学过程中充分地凸显学生的学习主体地位，并且高中语文教师需要保证统编版高中语文教材的教学价值可以得到更加全面的发挥，所以教师需要积极地为学生开展活动。创设教学情境是有效的教学活动。比如，在学习统编版高中语文必修一教材第四单元时，高中语文教师可以围绕"家乡文化生活"开展相关的课外活动，激发学生的学习兴趣，进而提高教学质量。

　　3. 引导教学方式转变

　　高中语文统编教材注重整合学习情境、学习内容和学习方法，这种设计理念引导教师转变传统的教学方式。在统编教材的指导下，教师可以采用更多元化的教学方法和手段，如合作学习、探究学习等，以促进学生自主学习和合作探究。教材还鼓励教师运用现代信息技术手段，创新教学方式，提高教学效果。单元结构是统编版高中语文教材的主要内涵，因此高中语文教师在明确教学内容的过程中需要将单元结构的主题进行全面分析，保障单元结构的主题内容得到全面发挥，为学生确立更加科学合理的学习内容。高中语文教师应当将单元结构的主题和方向进行提炼，为学生明确人文主题和学习任务两个方向的详细内容。比如，在进行统编版高中语文教材必修一第三单元的教学时，教师根据单元结构明确教学内容，本单元的教学主题是古诗词，如《短歌行》《归园田居（其一）》《登高》等，因此教师可以将此单元的人文主题设定为"鉴赏古诗词"，学习任务在于引导学生完成对古诗词中的情感理解，同时熟练地背诵古诗词的内容。将单元结构进行充分发掘，明确了教学内容，提升了高中生的学习效率。

　　4. 强化学生的核心素养

　　高中语文统编教材通过设计人文主题和学习任务群等方式，强化了学生的理想信念、文化自信和责任担当等核心素养的培养。在教学过程中，教师可以根据教材中的相关内容和要求，引导学生深入理解文本、挖掘文化内涵、感悟人生哲理，从而培养学生的思维品质、情感态度和道德观念。教师还可以通过组织实践活动、开展课题研究等方式，让学生在实践中体验、感悟和成长，进一步巩固和提升他们的核心素养。为了保障统编版高中语文教材的价值更好地发挥出来，高中语文教师首先需要明确教学目标，以此为高中语文教学指明方向。在当前的教育环境中，核心素养成了高中语文教师最为重要的教学方向。因此，高中语文教师需要基于核心素养来明确课堂的教学目标。核心素养的内涵在于培养高中生全面综合的语文素养，因此教师需要结合统编版高中语文教材的整体结构和内容编排来制定相应的教学目标。比如，在统编版高中语文教材必修一第一单元的教学过程中，第一单元的课文包括《沁园春长沙》《立在地球边上放号》等文章，因此教师结合教材的文章内容，可以为学生明确德育相关的教学目标。德育是核心素养重要的内涵之一，通过德育的培养，高中生可以得到全面的发展。

第二节　高中语文统编教材的使用方法与建议

当我们拥有了高中语文统编教材这一重要的教学资源后，如何科学合理地使用它，以及怎样最大程度地发挥其在教学中的作用，便成了关键所在。在这一节中，我们将具体探讨使用高中语文统编教材的有效方法与切实可行的建议，深入剖析如何让教材与教学完美融合，切实提升教学质量与效果。

一、高中语文统编教材的重要性

高中语文统编教材是教育部根据国家教育目标和语文课程标准，组织专家精心编写的教学用书。它不仅体现了国家对语文教育的期望和要求，也承载了传承和弘扬中华优秀传统文化的重任。高中语文统编教材是依据国家教育目标和语文课程标准编写的，它直接反映了国家对语文教育的要求和期望。通过这套教材，学生能够在系统的学习中掌握语文基础知识，提升语文能力，培养人文素养，为未来的学习和生活打下坚实的基础。语文不仅是语言的工具，更是文化的载体。

高中语文统编教材在内容选择上注重中华优秀传统文化的传承和弘扬，通过选取经典篇目、诗词歌赋等，让学生在学习的过程中感受中华文化的博大精深，增强文化自信和民族自豪感。高中语文统编教材注重培养学生的语文核心素养，包括语言建构与运用、思维发展与提升、审美鉴赏与创造、文化传承与理解等方面。通过这套教材的学习，学生能够掌握语言运用的基本规律，提升思维品质和创新能力，形成正确的审美观念和文化价值观。高中语文统编教材在编写过程中充分考虑了时代发展和学生需求的变化，注重与时俱进。教材内容贴近现实生活，反映社会热点和时代变迁，能够激发学生的学习兴趣和积极性。教材也注重培养学生的实践能力和创新精神，以适应未来社会的需求。高中语文统编教材为教师提供了丰富的教学资源和教学思路，有助于促进教师的专业发展。通过深入研究教材内容和教学方法，教师可以不断提升自己的教学水平和专业素养，为学生提供更加优质的教学服务。

二、高中语文统编教材的使用方法

（一）了解教材整体结构和设计理念

在深入探索一本教材时，了解其整体结构和设计理念是至关重要的。这不仅有助于我们全面把握教材的内容，还能让我们更好地理解教材编者的意图和期望。引言部分是教材的开场白，通常包含了教材的编写背景、目的和整体结构等重要信息。通过阅读引言，我们可以对教材有一个初步的了解。例如，可以了解到这本教材是为了满足什么教学需求而编写的，它的目标读者是谁，以及它期望达到什么样的教学效果。在引言部分，可以找到关于教材整体结构的描述。这通常包括教材的章节划分、主题安排以及各章节之间的逻辑关系。这些信息有助于我们建立起对教材内容的整体框架，为后续的深入学习打下基础。教材的设计理念是编者在编写过程中遵循的指导思想。这些理念通常反映了编者的教育观、教学观和人才观。例如，"立德树人"这一理念强调在传授知识的同时，更要注重培养学生的品德和素养；"守正创新"则要求在继承传统的基础上，不断探索新的教学方法和手段。把握教材的设计理念，有助于我们更深入地理解教材的内容和形式。例如，如果教材的设计理念是"立德树人"，那么我们在阅读教材时，就要特别注意其中蕴含的德育元素，以及这些元素是如何与学科知识相结合的。同样，如果教材的设计理念是"守正创新"，那么我们在学习过程中，就要勇于尝试新的学习方法和手段，不断提高自己的学习效率和效果。

（二）深入解读课文，理解文章主旨和结构

在深入学习教材的过程中，逐篇阅读课文并理解其主旨和结构是至关重要的。这不仅有助于我们掌握文章的核心内容，还能提高我们的阅读理解能力。文章的主旨是文章的灵魂，是作者通过文字所要传达的主要观点或信息。在阅读课文时，我们要通过理解文章的主题句、段落大意以及全文的总结，来把握文章的主旨。这需要我们认真阅读、思考和归纳，将文章的各个部分联系起来，形成一个完整的理解。我们还需要注意文章中的关键词汇和句子，这些往往能够直接反映文章的主旨。通过关注这些关键词汇和句子，我们可以更快地把握文章的核心内容，提高阅读效率。文章的结构是文章的组织形式，是作者为了表达主旨而采用的布局方式。在阅读课文时，我们要注意分析文章的结构，了解各个部分之间的关系和联系。这有助于我们更好地理解文章的逻辑关系和层次结构，从而更深入地理解文章的内容。常见的文章结构包括总分总、分总、并列、递进等。在阅读时，我们要根据文章的具体内容，判断其采用的结构类型，并理解这种结构是如何服务于文章主旨的。除了理解文章的主旨和结构外，我们还需要关注课文中的关键信息、修辞手法和句式结构等。这些元素不仅能够丰富文章的表现力，还能够提高我们的阅读理解能力。关键信息是指文章中对于理解主旨和结构具有重要意义的词汇、句子或段落。我们要通过标注、画线或记笔记等方式，将这些关键信息记录下来，以便后续回顾和复习。修辞手法是作者在写作过程中为了增强表达效果而采用的一种语言技巧。常见的修辞手法包括比喻、拟人、排比等。通过关注这些修辞手法，我们可以更好地理解作者的写作意图和表达效果，提高阅读鉴赏能力。句式结构是指句子的组成方式和排列顺序。不同的句式结构可以产生不同的表达效果。在阅读时，我们要注意分析句子的结构特点，理解其表达效

果，并尝试在写作中运用这些句式结构，提高自己的语言表达能力。

（三）注重阅读指导和思考问题

在学习每篇文章时，仅仅阅读文字内容是不够的。注重阅读指导和思考问题是加深文章理解、培养思维能力和表达能力的重要方法。阅读指导通常是由教材编写者或教师提供的，旨在帮助学生更好地理解和分析文章。这些指导可能包括阅读前的提示、阅读中的注解、阅读后的讨论问题等。在阅读过程中，我们应当密切关注这些指导，并按照其建议进行阅读。阅读指导可以帮助我们明确阅读目的，了解文章的重点和难点，掌握阅读的策略和技巧。通过遵循阅读指导，我们可以更加高效地阅读文章，减少不必要的困惑和误解。在阅读文章时，我们应该积极思考问题，与文章内容进行深入的对话和交流。这些问题可能来自教材本身，也可能是教师提出的讨论题。通过思考问题，我们可以更深入地理解文章的主旨和结构，发现文章中的关键信息和细节。思考问题还可以激发我们的思考能力和创造力，培养我们的思辨性思维和问题解决能力。在思考问题的过程中，我们可以采取多种方法，如小组讨论、个人反思、写作练习等。通过与他人交流和分享，我们可以更全面地理解文章，并从不同的角度和层面进行思考。通过思考和讨论，我们可以培养自己的思维能力和表达能力。思维能力包括分析、综合、判断、推理等能力，而表达能力则是指将思考结果用语言或文字清晰、准确地表达出来的能力。在思考问题的过程中，我们需要对文章进行深入的分析和综合，判断文章的价值和意义，推理出文章中的逻辑关系。这些过程都需要我们运用思维能力。在表达思考结果时，我们需要用准确、清晰的语言或文字进行表达。这需要我们具备良好的表达能力，能够将自己的思考结果清晰地传达给他人。注重阅读指导和思考问题不仅有助于我们加深对文章的理解，还可以培养我们的思维能力和表达能力，提高我们的综合素质。

（四）结合课后练习进行思考和总结

课后练习是学习过程中不可或缺的一部分，它不仅是巩固知识、加深理解的有效手段，还是检验学习效果的重要途径。在学习每篇文章后，结合课后练习进行思考和总结是至关重要的。课后练习能够帮助我们巩固知识。通过完成练习，我们可以回顾和复习刚刚学过的内容，确保自己对文章的理解准确无误。练习中的题目往往涵盖了文章的重点和难点，通过解答这些题目，我们可以进一步加深对知识点的掌握和理解。课后练习能够检验我们的学习效果。通过练习，我们可以发现自己的不足和错误，了解自己在理解文章和掌握知识方面存在的问题。这有助于我们及时纠正错误，弥补不足，提高学习效果。在完成课后练习后，进行总结和反思也是非常重要的。总结是对所学知识的梳理和归纳，它可以帮助我们建立知识框架，形成系统的知识体系。通过总结，我们可以更加清晰地了解文章的主旨、结构和关键信息，以及自己在学习过程中的收获和进步。反思是对自己学习过程和效果的深入思考。我们可以思考自己在完成练习时遇到的问题和困难，分析原因并寻找解决办法。通过反思，我们可以不断改进自己的学习方法和策略，提高学习效率和质量。在总结和反思的过程中，我们还可以结合自己的实际情况进行个性化的思考。每个人的学习背景、兴趣和能力都有所不同，在总结和反思时，我们应该结合自己的实际情况，思考如何更好地将所学知识应用到实际生活中，如何更好地发挥自己的优势和特长。

（五）保持积极的学习态度，与同学、老师交流

在使用统编教材进行学习时，保持积极的学习态度是确保学习效果和持续进步的关键。与同学和老师进行积极的交流讨论，也是提升学习效率和深化理解的重要途径。积极的学习态度是学习的基石。当面对复杂或难以理解的内容时，积极的态度能够帮助我们保持耐心和毅力，不断尝试和探索。这种态度会让我们更加愿意投入时间和精力去学习和思考，从而取得更好的学习效果。与同学交流讨论是学习的有效方式。在学习过程中，我们难免会遇到一些问题和困惑。与同学交流讨论，可以让我们从不同的角度和思路去思考问题，找到解决问题的新方法。通过分享自己的学习心得和体会，我们可以相互启发、相互学习，共同进步。与老师的交流讨论同样重要。老师在教学过程中积累了丰富的经验和知识，他们的指导和建议对我们的学习具有极大的帮助。当我们遇到难题或困惑时，及

时向老师请教，可以让我们更快地找到问题的症结所在，并找到解决的方法。老师的鼓励和支持也是我们保持积极学习态度的重要动力。

为了保持积极的学习态度并与他人有效交流，设定明确的学习目标，并为之付出努力。明确的目标可以让我们更加有动力和方向地学习。培养良好的学习习惯，如定时复习、积极思考等。良好的学习习惯可以让我们更加高效地学习。主动参与课堂讨论和小组活动，与同学分享自己的学习心得和体会。通过参与讨论和活动，我们可以更加深入地理解知识，并提升自己的表达能力。及时与老师沟通，寻求帮助和指导。当我们遇到问题时，不要害怕向老师请教，他们的经验和知识可以帮助我们更快地解决问题。

三、使用高中语文统编教材的建议

（一）深入研读教材

当教师深入研读教材时，这是一个至关重要的教学准备环节，它有助于教师全面理解教材的编写意图、教学目标，以及为教学过程的顺利进行做好充分准备。全面研读教材意味着教师不应只关注教材中的某一章节或知识点，而是应该通读整个教材，从整体上把握教材的结构和内容。了解教材是在什么时代背景下编写的，以及它反映了哪些教育理念和政策。了解教材的编写团队由哪些专家组成，以及他们在各自领域内的专业水平和贡献。掌握教材的整体结构，如各章节之间的关系、各知识点的层次等。细致研读教材要求教师对教材中的每一个细节都进行深入地分析和思考，以便更好地理解和把握教材。分析每个单元的主题、内容、重点和难点，以及单元之间的逻辑关系和衔接点。探讨课文的选择标准和依据，理解每篇课文在单元中的地位和作用，以及它们之间的内在联系。研究练习的类型、难度和目的，理解练习在巩固知识、提高能力方面的作用，以及如何根据学生的实际情况进行选择和调整。

深入研读教材的核心目标是理解教材的编写意图和教学目标。理解教材在编写过程中所遵循的教育理念、教学原则和方法，以及它所希望达到的教学效果。明确教材所设定的教学目标，包括知识目标、能力目标和情感态度价值观目标等，并思考如何在教学过程中有效地实现这些目标。在全面、细致地研读教材之后，教师应根据自己对教材的理解和分析，为教学做好充分的准备。这包括制定教学计划、设计教学方案、准备教学资源和选择教学方法等。教师还应根据学生的实际情况和学科特点，对教材进行适当的调整和补充，以确保教学过程的有效性和针对性。

（二）明确教学目标

在教学过程中，明确教学目标是确保教学质量和效果的关键步骤。教学目标不仅是教师教学的指南，也是学生学习方向的指引。根据教材内容和课程标准，教师应精心设定每节课的教学目标，并确保这些目标与教材要求和学生实际紧密结合。教材是教师教学的主要依据，其中包含了丰富的教学内容和知识点。教师应根据教材内容，提炼出每节课的核心知识点和难点，并据此设定教学目标。这些目标应涵盖学生对知识点的理解、掌握和应用等方面，确保学生能够全面、深入地学习。课程标准是教育行政部门制定的关于课程性质、目标、内容、实施和评价的指导性文件。教师应深入研究课程标准，理解其对学生知识和技能的要求，以及对学生情感态度和价值观的培养目标。在设定教学目标时，教师应将课程标准的要求融入其中，确保教学目标与课程标准保持一致。学生是教学的主体，教学目标应充分考虑学生的实际情况。教师应了解学生的年龄、认知特点、学习基础和学习兴趣等，根据学生的实际情况设定教学目标。教师还应关注学生的个体差异，为不同学生设定不同的教学目标，以满足他们的个性化需求。为了确保教学目标的达成，教师应设定具体、可衡量的教学目标。这些目标应具有明确的指向性，能够指导教师的教学和学生的学习。教学目标应具有可衡量性，教师可以通过观察、测试等方式检验学生的学习成果，评估教学目标的达成情况。

（三）灵活组织教学

在教学过程中，灵活组织教学是保证教学效果的关键环节。这需要教师根据学生的实际情况，合理安排教学内容和进度，采用多种教学方法和手段，以激发学生的学习兴趣和积极性。每个学生都是独一无二的，他们的学习背景、知识基础和兴趣爱好各不相同。因此，教师在组织教学时，应充分考虑学生的实际情况，确保教学内容和进度与学生的认知水平相匹配。这要求教师在课前进行充分的学情分析，了解学生的知识掌握情况、学习需求和兴趣点，从而有针对性地安排教学内容和进度。在教学内容的选择上，教师应根据教学目标和学生的实际情况，选择具有代表性、典型性和启发性的教学内容。教师还应关注学生的学习反馈，及时调整教学内容和进度，确保学生能够跟上教学节奏，逐步掌握知识点。采用多种教学方法和手段激发学生的学习兴趣和积极性，为了激发学生的学习兴趣和积极性，教师应采用多种教学方法和手段。例如，教师可以利用多媒体教学工具，通过图片、视频、音频等形式展示教学内容，使知识更加直观、生动。此外，教师还可以采用情境教学、案例教学、小组合作等教学方法，让学生在实践中学习，提高他们的动手能力和实践能力。教师应关注学生的情感需求，营造轻松、愉悦的学习氛围。教师可以通过鼓励、表扬等方式激发学生的学习兴趣和自信心，让他们更加积极地参与到学习中来。此外，教师还应关注学生的个体差异，为不同学生提供个性化的教学指导，帮助他们更好地掌握知识点。在教学过程中，教师可能会遇到各种挑战和困难。例如，学生可能对某个知识点难以理解，或者学生对教学内容不感兴趣等。面对这些挑战，教师应灵活调整教学策略，以应对教学中的问题。教师可以根据学生的反馈和课堂表现，及时调整教学内容和进度。如果学生对某个知识点难以理解，教师可以采用更加生动、形象的教学方法进行解释；如果学生对教学内容不感兴趣，教师可以尝试引入一些有趣的案例或故事，激发学生的学习兴趣。教师还应关注学生的学习状态，及时发现并解决学生在学习过程中遇到的问题。教师可以通过课堂讨论、作业批改等方式了解学生的学习情况，为学生提供及时的帮助和指导。

　　灵活组织教学需要教师根据学生的实际情况和教学目标，合理安排教学内容和进度，采用多种教学方法和手段激发学生的学习兴趣和积极性。教师还应灵活调整教学策略，应对教学中的挑战和困难，以确保教学过程的顺利进行和教学效果的达成。

（四）注重课文教学

课文教学是语文教学中的重要组成部分，它不仅有助于学生积累语言知识，还能提高学生的阅读理解和表达能力。教师应注重课文教学，深入解读课文，引导学生理解文章的主旨、结构和语言特点，并通过朗读、讨论、写作等活动，提高学生的阅读理解和表达能力。在进行课文教学时，教师应首先深入解读课文，把握文章的主旨、结构和语言特点。这包括理解文章的中心思想、作者的写作意图以及文章所传递的情感态度。教师还应分析文章的结构和段落布局，帮助学生理解文章的逻辑关系和层次结构。在解读课文的过程中，教师应注重培养学生的思辨性思维。鼓励学生提出问题、发表观点，引导他们从不同角度理解文章，培养他们的独立思考能力。教师应通过有效的教学策略，引导学生理解文章的主旨和结构。例如，教师可以通过设置问题、引导学生讨论等方式，帮助学生明确文章的中心思想。教师还应指导学生分析文章的段落布局和逻辑关系，帮助他们理解文章的层次结构。课文教学不仅要关注文章的主旨和结构，还要关注课文的语言特点。教师应引导学生注意课文中的修辞手法、句式结构、词汇选择等语言现象，帮助他们理解这些语言特点在表达上的作用。教师还应鼓励学生模仿课文中的语言表达方式，提高他们的语言表达能力。为了提高学生的阅读理解和表达能力，教师应开展多样化的教学活动。例如，教师可以通过朗读课文的方式，帮助学生感受文章的语言魅力和情感表达。教师还可以组织学生进行讨论、辩论等活动，激发他们的思考能力和口头表达能力。此外，教师还可以布置写作任务，让学生在写作中巩固所学知识，提高他们的书面表达能力。课文教学的最终目的是培养学生的阅读兴趣和习惯。因此，在教学过程中，教师应注重培养学生的阅读兴趣，让他们爱上阅读。教师可以通过推荐好书、分享阅读心得等方式，激发学生的阅读兴趣。教师还应帮助学生养成良好的阅读习惯，如定时阅读、做读书笔记等，让阅读成为他们生活中不可或缺的一部分。

注重课文教学需要教师深入解读课文，引导学生理解文章的主旨、结构和语言特点，并通过多样化的教学活动提高学生的阅读理解和表达能力。教师还应培养学生的阅读兴趣和习惯，让他们在阅读中不断成长和进步。

第三节　高中语文统编教材中的文学经典与解读

高中语文统编教材中的文学经典内容涵盖了多个领域和时期，既有中国古代的诗文佳作，也有近现代的文学名篇，还包括了国外的经典文学作品。这些经典作品不仅具有高度的文学价值和审美价值，更是中华优秀传统文化的重要载体。

一、高中语文统编教材中文学经典的精选内容

（一）古代诗文

普通高中语文教材在编排选文时，充分考虑了古代诗文的重要性，共选入古代诗文 67 篇（首），这一数量占据了全部选文数的 49.3%。其中，古诗词占据了 33 首，古文占据了 34 篇，两者共同构成了高中语文教材中古代文学的重要组成部分。古代诗文在高中语文教材中的选题广泛，涵盖了从古风、民歌、绝句、律诗到词曲的各个时代和流派的佳作。这种题材的多样性为学生提供了丰富的阅读选择，也使他们能够从中领略到古代文学的多彩魅力。语文教材中的古代诗文不仅注重题材的多样性，还注重体裁的覆盖面。从诸子散文到历史散文，从两汉论文、魏晋辞赋到唐宋明清古文，各种体裁的诗文都被精心挑选并纳入教材中。这种全面的覆盖使学生能够全面了解古代文学的各种形式，增强他们的文学素养。高中语文教材中的古代诗文不仅具有高度的文学价值，还体现了古代文学的审美追求。这些诗文通过优美的语言和独特的艺术手法，展现了古代文人墨客的情感世界和审美观念。这些诗文也承载了中华民族丰富的历史文化和精神内涵，如爱国、忠诚、孝道、友情等，这些主题和价值观对于培养学生的道德情操和人文素养具有重要意义。高中语文教材中的古代诗文不仅是文学的经典之作，更是中华优秀传统文化的重要载体。通过学习这些诗文，学生可以更好地了解和传承中华民族的优秀文化传统，增强他们的文化自信和民族自豪感。这些诗文也为他们提供了宝贵的精神财富和人生智慧，使他们在成长过程中受益匪浅。

高中语文教材中的古代诗文具有举足轻重的地位，它们不仅丰富了教材的内容，也为学生提供了宝贵的文学资源和精神食粮。通过学习这些诗文，学生可以更好地领略古代文学的魅力，了解中华民族的文化传统，增强他们的文学素养和人文素养。

（二）近现代文学

高中语文教材在近现代文学方面展现出了极为丰富的涵盖范围，不仅包括了传统意义上的小说、散文、戏剧等文学类型，还涵盖了近现代文学史上的重要流派、思潮和作家作品。这样的设计旨在为学生提供多元、全面的文学视野，帮助他们更好地理解和欣赏近现代文学的魅力。《红楼梦》作为中国古代小说的巅峰之作，虽然其创作背景并非近现代，但其在高中语文教材中的地位依然不可动摇。这部小说以其深刻的主题、复杂的人物关系和优美的语言，成为高中语文教学的经典之作。通过阅读《红楼梦》，学生可以领略到中国古代社会的风貌，感受作者对人性、命运和社会的深刻洞察，也提升了对文学作品的鉴赏能力。除了《红楼梦》外，高中语文教材还精选了众多近现代文学作品，其中不乏具有独特文学魅力和深刻社会意义的佳作。《骆驼祥子》这部作品是现代小说的代表作之一，通过描绘一个普通人力车夫的悲惨命运，揭示了当时社会的黑暗面和人性的复杂。学生可以通过阅读《骆驼祥子》，深入了解近现代中国的社会背景，感受作者的深刻人文关怀。《茶花女》是一部著名的外国文学作品，讲述了一个妓女的爱情悲剧。通过这部作品，学生可以领略到外国文学的独特魅力，思考爱情、社会阶层等普遍性问题。此外，高中语文教材还选入了其他许多优秀的近现代文学作品，如鲁迅的《呐喊》《彷徨》，巴金的《家》《春》《秋》等。这些作品不仅具有高度的文学价值，还蕴含着深刻的社会意义和历史内涵。

高中语文教材在近现代文学方面的涵盖范围和选文质量都体现出了其深度和广度。通过对这些作品的学习，学生可以深入了解近现代社会的历史和文化背景，提升文学素养和人文素养。这些作品所蕴含的深刻思想和人文关怀也将对学生的人生产生积极的影响。

（三）社会主义文化

在高中语文教材中，社会主义文化内容占据了重要的一席之地。这些作品不仅体现了社会主义建设的伟大成就，还深入反映了改革开放的辉煌历程。通过选入如《哦，香雪》《青蒿素：人类征服疾病的一小步》等作品，教材旨在展现社会主义制度下人民的生活变迁和科技进步，以及改革开放对社会发展的深远影响。这些作品通过真实、生动的案例，让学生了解在社会主义制度下，国家能够集中力量办大事，推动社会经济的快速发展。社会主义制度也注重保障人民的权益，让人民共享发展的成果。这种优越性不仅体现在经济建设上，还体现在社会文明、文化繁荣等方面。改革开放是中国历史上的重要转折点，它带来了经济社会的巨大变革和人民生活的显著改善。教材中的这些作品让学生深刻感受到改革开放的历史意义，认识到只有不断改革、开放创新，才能推动国家的发展进步。这些作品也让学生了解到改革开放中遇到的困难和挑战，以及全国人民为实现中华民族伟大复兴而付出的努力。通过学习这些反映社会主义建设和改革开放的作品，学生能够更加深刻地认识到自己所处的时代背景和历史使命。他们意识到作为新时代的青年，应该肩负起全面建设社地主义现代化强国的重任，为实现中华民族伟大复兴的中国梦贡献自己的力量。这种时代责任感和使命感将激励他们更加努力地学习、实践和创新。

高中语文教材中注重选取反映社会主义建设和改革开放时期的作品，不仅丰富了教材内容，也为学生提供了深入了解社会主义制度和改革开放历史意义的机会。这些作品具有深刻的教育意义，能够培养学生的时代责任感和使命感，激发他们为实现中华民族伟大复兴的中国梦而努力奋斗的热情和信心。

（四）国外优秀文化

高中语文教材在注重传承本土文学文化的时候，也积极引入国外优秀文化，以拓宽学生的国际视野。教材中选入了十多篇外国文学文化经典作品，如《复活》《百年孤独》《哈姆雷特》等，这些作品代表了不同国家和地区的文学最高成就，为学生提供了丰富的阅读选择。通过引入国外文学经典，学生可以接触到不同国家的文学作品和文化特色，了解不同地域、不同民族的文化传统和思想观念。这种跨文化的阅读体验有助于培养学生的国际视野，增强他们的全球化意识。这些入选的国外文学作品，都是各自国家文学史上的重要作品，具有极高的文学价值。通过阅读这些作品，学生可以深入了解不同国家的文学成就和文学特色，提高他们的文学素养和审美能力。学习国外文学不仅是对文学知识的积累，更是对跨文化交流和理解能力的培养。学生可以通过阅读不同国家的文学作品，理解不同文化背景下的思想观念和生活方式，为未来的国际交流和合作打下坚实基础。引入国外文学经典可以丰富高中语文教材的内容，使其更具多元性和包容性。这种多样性有助于学生全面、客观地认识世界文学和文化。国外文学经典往往具有独特的艺术魅力和思想深度，能够激发学生的阅读兴趣。通过阅读这些作品，学生可以感受到不同文化的魅力，培养他们的阅读爱好和习惯。学习国外文学不仅是对文学知识的积累，更是对综合素质的提升。通过阅读不同国家的文学作品，学生可以锻炼自己的思维能力、思辨能力和创新能力，培养自己的综合素质和竞争力。

以《复活》《百年孤独》《哈姆雷特》等作品为例，它们分别代表了不同国家和地区的文学最高成就。《复活》是俄国作家列夫·托尔斯泰的代表作之一，通过描写主人公的复活过程，反映了人性的复杂和社会的黑暗。这部作品不仅具有很高的文学价值，也为学生提供了深入了解俄国文学和文化的机会。《百年孤独》是哥伦比亚作家加西亚·马尔克斯的代表作之一，通过讲述一个家族的传奇故事，展现了拉丁美洲的历史变迁和文化特色。这部作品以其独特的魔幻现实主义风格吸引了众多读者，为学生提供了一个全新的文学视角。《哈姆雷特》是英国剧作家莎士比亚的代表作之一，讲述了丹麦王子哈姆雷特为父报仇的故事。这部作品以其深刻的人性探讨和精湛的戏剧技巧成为世界文学的经典之作，为学生提供了了解英国文学和文化的窗口。这些作品的引入不仅丰富了学生的阅读选择，也让他们能够领略到不同国家的文学魅力和文化特色，为他们的全面发展奠定了坚实基础。

二、高中语文统编教材中文学经典的解读方法

（一）文本细读

文本细读是文学解读的基础和关键。它要求读者对作品进行细致、深入的阅读，从文本的细节中发掘出作品的深层含义。文本细读能够帮助我们捕捉到作品中的关键词汇、句子和段落，理解它们的具体含义和在整体结构中的作用。通过对这些细节的剖析，我们可以更好地理解作品的主题、情感以及作者的写作意图。文本中的关键词汇和句子，以及它们所传达的具体含义。文本的结构和布局，包括段落、章节的划分以及它们之间的逻辑关系。文本的修辞手法，如比喻、拟人、排比等，以及它们在增强文本表现力方面的作用。文本中的意象和象征，以及它们所承载的深层含义。

（二）作者生平与背景研究

了解作者的生平经历和创作背景对于理解作品具有重要意义。它能够帮助我们更准确地把握作品的主题和情感，理解作者的写作意图和创作动机。通过了解作者的生平经历和时代背景，我们可以更好地理解作品中所反映的社会现实、历史背景和文化传统。它还能够让我们更深入地理解作者的思想观念、价值观念以及创作风格。介绍作者的生平和时代背景，包括家庭背景、教育经历、政治立场等方面。引导学生查阅相关资料，如作者传记、历史文献、评论文章等，以增进对作者和作品的理解。分析作品与作者生平、时代背景的关联，探讨它们对作品主题、情感和艺术特色的影响。

（三）文学批评理论应用

文学批评理论是解读文学作品的重要工具。通过运用文学批评理论，我们可以更系统地分析作品的艺术特色、主题思想等方面，提高解读的准确性和深度。文学批评理论为我们提供了丰富的分析工具和视角，使我们能够更全面地理解作品的艺术特色和深层含义。它还能引导我们关注作品中的文学元素和文学手法，提高我们的文学鉴赏能力。教师可以引导学生运用以下文学批评理论来解读作

品，分析作品中的象征和隐喻手法，探讨它们所传达的深层含义和主题思想。关注作品中的社会现实和历史背景，分析作品对现实生活的反映和思辨。探讨作品中的情感表达和个性张扬，分析作品所追求的理想和美好。分析作品的结构和布局，探讨它们对作品整体意义的影响和作用。

（四）文化语境解读

文学作品作为文化的载体，往往是在特定的历史、社会、地理等文化语境中诞生的。这种文化语境不仅为作品提供了生长的土壤，还深深影响着作品的主题、情节、人物塑造以及表达方式。在解读高中语文统编教材中的文学经典时，文化语境解读是一种非常重要的方法。将文学作品置于特定的历史背景中进行考察，可以帮助学生理解作品所反映的社会风貌和时代精神。例如，在阅读《红楼梦》时，学生需要了解清朝中期的社会制度、家族结构、女性地位等历史背景，才能更好地理解小说中家族兴衰、爱情悲剧等情节所蕴含的深层含义。文学作品中的价值观念往往与当时的文化传统紧密相连。通过对作品中所体现的价值观念进行解读，学生可以更加深入地理解作品的文化内涵和作者的创作意图。例如，在解读《论语》时，学生需要了解儒家文化的核心思想，如仁、义、礼、智、信等，才能理解孔子及其弟子们所追求的道德境界和人生理想。文学作品对后世文化的影响也是文化语境解读的一个重要方面。通过对作品在文学史上的地位和影响进行评估，学生可以更加全面地认识作品的价值和意义。例如，在阅读《诗经》时，学生需要了解它在中国文学史上的重要地位，以及它对中国古代诗歌、散文等文学形式的影响，才能更好地理解它的艺术价值和历史意义。

（五）跨学科解读

跨学科解读是一种将文学作品置于多个学科视角下进行综合分析的方法。这种解读方式打破了传统文学研究的界限，将文学作品视为一个多维度、多层次的复杂系统，从而更加全面、深入地理解作品的意义和价值。从历史的角度解读文学作品，可以帮助学生深入理解作品所处的时代背景和社会环境。文学作品往往反映了当时社会的政治、经济、文化等方面的状况，通过对历史背景的研究，学生可以更好地理解作品中的人物、事件和情节，以及它们所承载的社会意义。例如，在阅读《红楼梦》时，结合清朝中期的历史背景，可以更加深入地理解贾、史、王、薛四大家族的兴衰历程，以及封建社会的种种弊端。从哲学的角度解读文学作品，可以帮助学生思考作品所蕴含的哲学思想。文学作品不仅仅是文字的堆砌，更是作者对于人生、社会、自然等问题的思考和探索。通过对作品中所体现的哲学思想进行解读，学生可以更加深入地理解作品的主题和深层含义。例如，在阅读《哈姆雷特》时，结合存在主义哲学的观点，可以更加深入地理解哈姆雷特对于生死、命运等问题的思考和挣扎。从心理学的角度解读文学作品，可以帮助学生解析人物的心理活动和内心世界。文学作品中的人物形象往往具有丰富的内心世界和复杂的情感变化，通过对人物心理活动的分析，学生可以更加深入地理解人物的性格特点、行为动机以及他们在作品中的作用。例如，在阅读《边城》时，结合心理学中关于人性、情感等方面的理论，可以更加深入地理解翠翠、傩送等人物的情感纠葛和内心世界。还可以从艺术学、社会学、人类学等其他学科的角度对文学作品进行解读。这些学科为文学作品的研究提供了丰富的理论和方法，有助于我们更加全面、深入地理解作品的意义和价值。跨学科解读它不仅可以帮助学生形成跨学科的知识体系，提高综合运用知识的能力，还可以帮助我们更加全面、深入地理解文学作品的意义和价值。在高中语文统编教材的文学经典解读中，教师应该引导学生运用跨学科的知识和方法，从多个角度对作品进行深入地剖析和理解。

三、高中语文统编教材中文学经典的教学策略

（一）梳理文章脉络，落实关键语句解读

把握关键语句的语境意，梳理文本框架结构是解读经典文本的基础。教师要引导学生形成宏观上把握文本结构，微观上细读关键字词的意识。将作者在文本中的个性言语表达转化为学生个体言语经验，落实学生语言建构与运用素养的培养。呈现文本召唤结构：文本留白和连接"空缺"会成为学生阅读障碍，教师要有意识地引导学生关注文本内容空白和结构"空缺"，激发学生想象力，鼓励学

生进行创造性的多元解读。例如在《背影》中，朱自清详细地描写了父亲攀爬月台的背影，而对自己当时的情感描写却只是极其简略地写道"眼泪很快地流下来了。"丰满叙事和简洁抒情构成了鲜明对比，展现了情感描写上的巨大留白，给读者留下了广阔的多元解读空间。在描写父亲背影的段落，文本并没有直接告诉读者，彼时车站送别的父亲，一方面正处于家破人亡，祸不单行的境地；另一方面又寄希望于读北大的儿子，认为天无绝人之路。透过父亲费力攀爬月台的背影，朱自清看到了中年父亲陷入世事纠葛的颓唐境遇和疼爱儿子并寄予儿子厚望的深沉父爱。学生对文中"背影"进行多元解读，需要整体梳理《背影》文本框架，充分调动文本信息，清晰还原文中父亲的立体形象，体会朱自清在"背影"中传达的复杂情感，才能读懂文中深刻的父子之情。《荷塘月色》中写荷叶时写道："叶子出水很高，像亭亭的舞女的裙。"文本中的荷叶，通过朱自清的巧妙表达，透过文字充满着灵性的律动。通过引导学生仔细品读关键词句，能让学生的多元解读更有深度，感受到文字饱满的生命力，形成良好的语感，逐渐获得既符合规范又富有个性的言语表达能力。

（二）调动学生主体参与意识，提升学生思维品质

学生和教师在阅读中都有一个共同的身份—读者，理想的文本解读方式是师生共同参与。教师发挥引导作用，学生充分发挥主体参与意识，在师生合作探究中发展学生多种思维，提升学生思维品质。落实学生主体地位：充分调动学生已有生活经验和阅读经验。莎士比亚说"一千个读者就有一千个哈姆莱特"，正是肯定了读者对文本内容的再创造价值。读者在阅读文本时一边在接受，一边又在创造，经典文本的生命力在读者的阅读中得到不断延续，在不同时代发挥着永恒艺术价值，实现常读常新的阅读效果。教师和学生都是以读者的身份参与文本解读，结合自身生活经验和阅读经验感受文字，还原文本信息，对文本空白和结构缺失进行创造性填补和想象。教学中，教师要设置学生自主阅读的环节，尊重每一位学生的独特体验，针对学生的解读要善于追问和总结话题，在师生交流中提炼课堂主问题，形成师生合作探究的文本解读方式。经典文本的表层是感性文

字表达，深层则是严密的逻辑结构，文本解读需要将感性认知和理性思辨相结合。教师引导学生凭借感性认识进入文本，逐步将感性认识上升到对文本的理性分析，最终落实到创造性的表达。此时，学生才能把对常春藤形象的感性认知上升到理性分析，进行深入的文本解读和创造性的多元表达，逐渐提升自身思维品质。

（三）探究多元审美特质，实现视野融合

语文教材中的经典文本具有丰富审美价值，挖掘其中的审美特质是培养学生审美鉴赏与创造素养的重要途径。在文本多元审美解读中，教师要让学生感受到文字表达之美，文本审美对象之美，享受多元审美过程。以审美感知为主线，进行多方视野融合，培养学生发现美的意识，掌握发现美的方法。在微尘中看到大千，在刹那间体会终古，达到忘记物我之别的理想审美境界。在课堂教学中，部分师生解读文本时没有专注于审美对象本身的形象特征，完全秉持实用态度介入审美活动，教师没有清晰地引导学生将多元阅读感受上升到审美范畴，难以实现学生审美鉴赏能力质的提升。例如在解读朱自清的《春》时，有的学生说自己不喜欢春雨，因为春雨一下就是好几天，让人烦闷。学生说春雨让他感到烦闷，教师说春雨滋养万物，二者本质上都是持实用态度在对春雨进行价值判断。师生放弃感受春雨"像牛毛，像花针，像细丝，密密地斜织着，人家屋顶上全笼着一层薄烟"的形象特征，忽视春雨在文本中独特的审美特质，强行遵从文本价值导向，在文本解读中逐渐磨灭了学生审美感知能力。每一位学生都有感知美的潜力，关键是教师要引导学生形成发现美的意识。在文本解读中以审美感知为主线，让学生经历一个寻美历程。文本解读中既要尊重学生个性审美体验，也要注重拓宽学生自身审美视野，让学生掌握视野融合的审美方法。发挥移情作用，入乎其内的感受。每一个人都有对外界的感知能力，能够实现自身和审美对象在一定程度上的审美认同和情感共鸣。每个人都有自己独特的审美直觉和审美着眼点，对经典文本审美特质的感悟不会完全相同。将自身审美视野和作者、其他读者审美视野进行融合，在不同审美视野中求同存异，将自己当前审美视野进行

纵向深化和横向拓宽，提高自身审美能力。在经典文本多元解读中，教师要尝试在学生深入鉴赏文本后，恰当引用课外具有代表性的解读观点，拓宽学生审美视野。让学生既保持自身审美视野的独特个性，也能结合历代读者的审美经验，沿流溯源，追溯作者写作时的心境，探究被自己忽视的审美点。

（四）注重文化熏陶，把握经典文本核心生命力

语文课本中的经典文本经历了时间的淘洗和大量读者的阅读选择，承载着丰富的优秀民族文化。对经典文本进行多元解读的过程，就是在理解和传承文化，构建个人价值取向的过程。还原经典文本的文化语境，理解经典文本承载的文化内涵。文学即人学，任何经典作品都离不开作家所处的社会文化背景。课本中的一些经典文本具有鲜明的时代烙印，如《阿Q正传》《故乡》《祝福》等，都深刻地反映了鲁迅所处时代的社会文化背景。解读这几篇文本时，教师要让学生课外阅读完整原著，整体把握鲁迅创作思想。经典文本的根本价值是涵养人的精神，慰藉人的心灵。经典文本的多元解读，重在让学生对文本中的价值取向和文化理念进行思考、判断和选择，最终落实到自身价值观、人生观、世界观的建立。教育要培养完整的人，不能只是教师单向传授知识、技能，更重要的是让学生学会独立思考，能从经典文本中解读出自己真正认同的文化要素，内化到自身精神建设。经典文本中的儒家思想、道家思想、佛家思想，为学生提供了不同人生观的选择；陶潜回归自然的悠然自得，李白寄情山水的豪放洒脱，范仲淹"先天下之忧而忧，后天下之乐而乐"的仁人志士操守，为学生展现了不同的人生追求和生活态度。经典文本多元解读中，教师要引导学生将师生合作探究的解读成果进行升华，落实经典文本的现实写照，从经典文本中汲取丰富多元的精神养料，理解我们民族丰富悠久的传统文化，成为优秀文化的传承者。

第八章　高中语文阅读与写作教学

在高中语文的教学领域中，阅读与写作占据着至关重要的地位。它们犹如语文学习的两翼，相辅相成，共同推动着学生语文素养的提升。阅读是知识的输入，通过对各类文本的解读，学生能够开阔视野、丰富情感、积累素材；而写作则是知识的输出，是学生运用语言文字表达自我、展现思想的重要途径。在这第八章中，我们将深入探讨高中语文阅读与写作教学的各个方面。从阅读教学策略的详细阐述到教学实践中成功案例的深入分析，我们旨在为高中语文教师提供全面而深入的指导，帮助他们更好地开展阅读与写作教学工作，引领学生在语文的天地中翱翔，不断提升语文能力，为未来的发展奠定坚实的基础。

第一节　高中语文阅读教学策略与实践

高中语文阅读教学，犹如一把开启知识宝库的钥匙，其重要性不言而喻。当学生们沉浸在文字的海洋中，每一个策略的运用都可能成为他们深入理解文本、提升阅读能力的关键。在这一节中，我们将聚焦于高中语文阅读教学策略，探索如何通过有效的方法引导学生领略阅读的魅力，从精心设计的策略到鲜活生动的实践案例，逐步揭开阅读教学的神秘面纱。

一、高中语文阅读教学策略

（一）激发阅读兴趣

在高中语文阅读教学中，激发学生的阅读兴趣是至关重要的第一步。只有当学生对阅读内容产生浓厚的兴趣时，他们才会主动投入时间和精力去深入理解和探索。创设情境是指在阅读教学过程中，教师根据文本内容，通过语言描述、图片展示、视频播放等方式，为学生构建一个与文本内容紧密相关的虚拟场景。这种策略能够迅速将学生带到特定的情境中，使他们对文本内容产生更加直观和深刻的理解。例如，在阅读一篇关于古代战争的文本时，教师可以先为学生播放一段相关的历史纪录片片段，展示战争的残酷和士兵的英勇。这种视觉和听觉的冲击能够迅速吸引学生的注意力，使他们仿佛置身于战场之中，感受到战争的紧张氛围。随后，教师可以引导学生思考："如果你是那位将军，你会如何指挥这场战争？"这样的问题能够激发学生的想象力，使他们更加投入地阅读文本，寻找答案。引入话题是指在阅读教学过程中，教师选择与文本主题相关的话题，通过提问、讨论等方式，引起学生的好奇心和兴趣，从而激发他们阅读的欲望。这种策略能够使学生对文本内容产生浓厚的兴趣，主动投入阅读和学习。例如，在阅读一篇关于环境保护的文本时，教师可以先提出一个引人深思的问题："你认为我们现在的环境状况如何？有哪些问题需要解决？"这个问题能够引起学生对环境问题的关注和思考，使他们意识到环境保护的重要性。接着，教师可以引导学生思考："如果我们不采取行动保护环境，未来会面临怎样的后果？"这样的问题能够进一步激发学生的好奇心和求知欲，使他们更加迫切地想要了解文本中关于环境保护的内容。

（二）指导阅读方法

1.略读和浏览

略读和浏览是快速获取文本大致信息的有效方法。教师首先要教会学生如何快速扫视文本，注意标题、副标题、段落开头和结尾等关键信息点。通过这些信息点，学生可以迅速了解文本的主题、结构和主要内容。略读：略读是指快速阅读全文，了解文章大意和整体结构。教师可以引导学生通过快速浏览各个段落的首尾句，或者跳过不重要的细节，快速把握文章的主要观点和脉络。

浏览：浏览则是更加快速和表面的阅读方式，主要用于查找特定信息或确认某个细节。教师可以训练学生在短时间内快速翻阅文本，寻找关键词或短语，以便快速定位所需信息。

2. 精读和细读

精读和细读是深入理解文本的关键方法。在精读和细读过程中，学生需要关注文本的细节，理解作者的意图和表达方式。精读：精读要求学生逐句逐段地仔细阅读文本，深入理解每个句子和段落的含义。教师可以引导学生关注文本中的关键词、修辞手法、句式结构等，帮助他们把握文本的核心思想和作者的写作风格。细读：细读则是在精读的基础上，对文本进行更加细致的分析和解读。教师可以引导学生关注文本中的隐喻、象征、暗示等深层含义，帮助他们挖掘文本背后的深层信息和作者的深层意图。

（三）拓宽阅读视野

在高中语文阅读教学中，拓宽学生的阅读视野是促进学生全面发展、提升文学素养的重要途径。通过推荐优秀读物和组织读书活动，可以帮助学生接触更广泛的文学作品，培养他们的阅读兴趣和鉴赏能力。

1. 推荐优秀读物

推荐优秀读物是拓宽学生阅读视野的基础。教师需要根据学生的年龄、阅读水平和兴趣爱好，精心挑选适合的文学作品进行推荐。经典作品具有深厚的文化底蕴和艺术价值，可以为学生提供丰富的阅读体验和思考空间。教师可以推荐国内外经典的小说、散文、诗歌等作品，引导学生深入品读。除了经典作品外，教师还可以推荐不同类型的文学作品，如科幻、悬疑、历史等，以满足学生多样化的阅读需求。这样可以帮助学生拓展阅读领域，培养他们的阅读兴趣和阅读习惯。每个学生都有自己的阅读偏好和兴趣点，教师可以根据学生的阅读历史和反馈，为他们提供个性化的阅读推荐。这样可以让每个学生都能在阅读中找到自己的兴趣所在，提升阅读体验。

2. 组织读书活动

组织读书活动是拓展学生阅读视野的有效手段。通过举办读书分享会、阅读沙龙等活动，可以让学生在交流中拓宽阅读视野，提高阅读兴趣。读书分享会是一种集阅读、交流和思考于一体的活动形式。教师可以定期举办读书分享会，让学生分享自己最近阅读的书籍和心得体会。在分享过程中，学生可以互相交流阅读感受和见解，共同探讨书籍的主题、情节和人物塑造等方面。这样不仅可以加深学生对书籍的理解，还可以激发他们的阅读兴趣和创造力。阅读沙龙是一种更加自由、轻松的阅读交流形式。教师可以邀请学生自由组队，选择自己感兴趣的书籍进行阅读并分享。在沙龙中，学生可以畅所欲言地发表自己的观点和看法，与同伴进行深入的交流和讨论。这种形式的阅读活动可以帮助学生更加深入地理解书籍内容，也可以培养他们的团队协作和沟通能力。教师还可以组织以特定主题为中心的阅读活动，如"名著赏析""诗歌朗诵"等。在这些活动中，学生可以通过阅读相关书籍、撰写赏析文章或准备朗诵材料等方式参与进来。这样不仅可以帮助学生深入了解某一领域的文学作品，还可以培养他们的文学鉴赏能力和表达能力。

（四）强化主题意识

高中语文深度阅读教学中，注重主题意识是非常关键的一点。在开展深度阅读教学时，教师首先要明确作品的主题，并且让学生了解和理解主题的内涵、背景以及与自身或社会发展的联系；帮助学生建立与主题相关的知识储备，如历史、文化、社会知识等，以好地理解文章中的隐含信息；鼓励学生从不同角度去思考问题，通过多种角度的分析和比较来发现主题的内涵和意义。只有明确了主题，学生才能更好地全面理解文章的意义和逻辑，并且深入挖掘作者想要传达的思想和情感。以《红楼梦》为例，这部小说涉及人性、家庭、爱情等多个方面的主题，就拿爱情主题来说，宝玉和黛玉的爱情代表了真挚而忠贞的爱，但其悲剧命运也预示了这个爱情难以得到社会的理解和认可，体现了作者对爱情本质的思考。宝钗一生都在追求真爱，但最终还是没有获得幸福，她的悲剧命运反映了当时的社会环境下个体命运的悲哀。总结全书中不同人物的爱情或婚姻生活，寻找其共性——都难以得到真正的幸福，这体现了作者对情感的思考与哀叹。在阅读这类作品时，不仅要关注其中的情节和故事，更重要的是从中发现主题，挖掘出小说真正想要表达的深层含义。

（五）鼓励个性化阅读

不同的学生有不同的阅读习惯和方式，在教学中教师应该鼓励学生根据自身情况进行个性化阅读，注重学生选择读物的自由和学习的兴趣，鼓励学生根据自己的特长和喜好进行深度阅读，并通过阅读不同类型、不同难度、不同风格的文章来积累经验和提高能力。个性化阅读不仅仅是单方面的阅读，还包括深入思考和分享。高中生应该在阅读后对所学内容展开讨论，分析书中的思想和观点，发表自己独特的见解和看法，这样有助于提高阅读能力和思考水平。例如对于《红楼梦》这种大部头小说个性化阅读，需要考虑到学生的兴趣爱好、文化背景、情感需求等方面因素，以此为基础，通过个性化推荐为学生提供更加贴近其需求和喜好的阅读体验。对于喜欢古典文学作品的学生来说，整部小说都可能是他们感兴趣的内容，我们可以给他们推荐其他相关的古典文学作品；对于其他学生来说，如果他们比较关注小说中所描绘的封建社会文化、家族关系、爱情故事等方面的内容，则可以推荐类似的历史书籍、古代戏剧等经典作品。

（六）实施多元化评价

在深度阅读教学中，多元化的评价方式可以帮助学生全方位地提高阅读和分析能力，培养核心素养，激发阅读兴趣。教师可以采用不同的评价方式，如论文写作、口头表达、小组讨论、读书笔记等方式，以考查学生在不同方面的表现。教师可以要求学生根据自己选择的阅读材料，撰写相关的论文或综述，并针对论文的结构、内容、语言表达等方面进行评价。学生在文本理解、分析和应用等方面的表现，以及思辨能力、创新能力等方面的考量。多样的评价方式，可以全方位地衡量学生的阅读水平和核心素养，从而更好地促进阅读教学的有效开展。语文阅读教学应拒绝浅薄，有深度的阅读才能给文本以厚重，给思考以深刻，给生命以启迪；有深度的阅读才能让学生在充盈着思想与审美的阅读世界中徜徉，让学生以更宽广深刻的视角看待世界与人生。

二、高中语文阅读教学实践案例

（一）案例名称：《红楼梦》人物关系与主题探究阅读教学案例

在高中语文阅读教学中，《红楼梦》作为一部经典的文学作品，其复杂的人物关系和深刻的主题思想一直是教学的难点和重点。本案例旨在通过引导学生深入探究《红楼梦》中的人物关系和主题思想，提高学生的阅读理解能力、分析能力和文学鉴赏能力。

掌握《红楼梦》中主要人物之间的关系，理解人物性格对情节发展的推动作用。分析并理解《红楼梦》中的主题思想，如封建社会的衰落、人性的复杂等。

培养学生的文学鉴赏能力和思辨性思维。教师通过展示《红楼梦》的封面、作者介绍和时代背景，激发学生对小说的兴趣。提出引导性问题，如："你认为《红楼梦》中最重要的人物是谁？为什么？"教师提供《红楼梦》主要人物关系图，引导学生梳理人物之间的家庭关系、社会关系等。通过小组讨论，让学生分析人物性格对情节发展的推动作用，并举例说明。教师引导学生分析小说中的关键情节和人物对话，探讨其中蕴含的主题思想。通过课堂讨论和辩论，让学生阐述自己对主题思想的理解，并与其他同学交流。教师引导学生欣赏小说中的文学手法，如肖像描写、心理描写等，并举例说明。鼓励学生撰写读后感或人物分析，表达自己的阅读体验和见解。教师推荐与《红楼梦》相关的研究资料、批评文章等，引导学生进一步深入了解小说。组织读书分享会或阅读沙龙，让学生在交流中拓宽阅读视野。

通过本案例的教学实践，学生逐步掌握《红楼梦》中的人物关系和主题思想，提高阅读理解能力、分析能力和文学鉴赏能力。学生还能够通过拓展阅读和交流讨论，拓宽阅读视野，提升阅读兴趣。引导学生深入探究《红楼梦》中的人物关系和主题思想，实现了教学目标，取得了良好的教学效果。在今后的教学中，教师可以继续探索更加有效的教学方法和手段，如利用多媒体教学资源、开展角色扮演等，进一步提高学生的阅读能力和文学素养。

（二）案例名称：《边城》情感体验与文学鉴赏阅读教学案例

《边城》是沈从文先生的代表作之一，以其独特的湘西风情和深刻的人物情感著称。在高中语文阅读教学中，选择《边城》作为教学案例，旨在引导学生深入体验作品中的情感世界，提升他们的文学鉴赏能力。引导学生通过阅读《边城》，理解作品所展现的湘西风土人情和人物情感。培养学生通过文学作品体验和理解情感的能力，提升他们的情感认知和情感共鸣。提升学生的文学鉴赏能力，学会从文学手法、主题思想等方面对作品进行鉴赏。展示《边城》的封面和插图，介绍作品的基本情况和作者沈从文。引导学生谈谈对"边城"的理解，激发他们的阅读兴趣。指导学生通读全文，注意作品中的人物关系、情感纠葛以及环境描写。分组讨论，分享自己在阅读过程中体验到的情感，如爱情、亲情、友情等，并举例说明。引导学生思考作品中的情感与自己生活中的情感有何异同，产生共鸣。指导学生分析作品中的肖像描写、心理描写等文学手法，并探讨这些手法对表达情感的作用。引导学生探讨作品所表达的主题思想，如湘西的自然美、人性的真善美等。鼓励学生撰写读后感或作品评价，从文学手法、主题思想等方面对作品进行评价。推荐其他描写湘西风情的文学作品，如《湘行散记》等，进行比较阅读，体会不同作品的风格特点。引导学生探究湘西地区的文化特色和民俗风情，了解作品背后的文化背景。

通过本案例的教学实践，学生能够在教师的引导下，深入体验《边城》中的情感世界，提升他们的文学鉴赏能力。在今后的教学中，教师可以继续探索更多有效的教学方法和手段，如利用多媒体教学资源、开展角色扮演等，进一步提高学生的阅读能力和文学素养。

三、高中语文阅读教学未来的发展趋势

（一）个性化与差异化教学

在教育改革不断深入的今天，高中语文阅读教学正面临着前所未有的挑战与机遇。传统的"一刀切"教学模式已经无法满足学生日益多样化的学习需求，因

此，个性化与差异化教学成为未来高中语文阅读教学的重要发展方向。随着教育理念的更新，个性化教学逐渐受到教育界的广泛关注。个性化教学强调以学生为中心，尊重每个学生的独特性和差异性，通过深入了解学生的兴趣、能力和需求，为他们量身定制适合的教学方案。在高中语文阅读教学中，个性化教学的实施可以极大地激发学生的学习兴趣，提高阅读效率，培养他们的思辨性思维和创新能力。教师会根据学生的兴趣爱好和阅读能力，为他们选择适合的阅读材料。这些材料既可以是经典文学作品，也可以是时事新闻、科普文章等，旨在拓宽学生的视野，提高他们的阅读素养。针对不同学生的特点和需求，教师会采用灵活多样的教学方法。例如，对于阅读能力较强的学生，教师可以引导他们进行深度阅读和思辨性思考；对于阅读能力较弱的学生，教师可以采用更加直观、生动的教学方式，如角色扮演、情景模拟等，帮助他们更好地理解文本内容。在个性化教学中，每个学生都有自己独特的学习路径。教师会根据学生的学习进度和反馈，及时调整教学策略，确保每个学生都能在适合自己的学习轨道上取得进步。差异化教学与个性化教学密切相关，但更加强调针对不同学生的差异性进行有针对性地教学。教师会根据学生的阅读能力水平，将他们分为不同的层次或小组，针对不同层次的学生制定不同的教学目标和教学内容。这样可以确保每个学生都能在适合自己的学习环境中得到充分的关注和指导。在评价学生的阅读成果时，教师会采用差异化的评价标准和方法。对于不同层次的学生，教师会设置不同的评价标准，以鼓励他们根据自己的实际情况进行努力和提高。教师还会采用多种评价方式，如口头评价、书面评价、同伴评价等，以全面了解学生的学习情况和发展潜力。为了满足不同学生的需求，教师会积极开发和整合多元化的教学资源。这些资源可以来自网络、图书馆、博物馆等渠道，旨在为学生提供更加丰富、多样的阅读材料和学习体验。

（二）数字化与智能化教学

随着科技的迅猛发展，数字化与智能化教学正在逐步成为高中语文阅读教学的新趋势。这一变革不仅为教学带来了前所未有的便利，更为学生的阅读体验和学习效果带来了显著提升。科技的进步使得数字化教学资源更加丰富多样。电子书籍、在线阅读平台、虚拟现实阅读体验等为学生提供了更广阔的阅读空间。这些资源不仅包含了传统书籍的内容，还融入了声音、视频、动画等多媒体元素，使得阅读变得更加生动有趣。大数据技术的应用使得教师可以更精准地分析学生的阅读行为和偏好。通过收集和分析学生的阅读数据，教师可以了解学生的阅读习惯、兴趣点和阅读难点，为教学提供有力的数据支持。这种精准分析使得教师能够根据学生的实际情况进行有针对性的教学，提高教学效果。人工智能技术在高中语文阅读教学中的应用，为学生提供了更加个性化的学习体验。教学平台可以根据学生的学习情况和需求，推荐适合的阅读材料和学习路径。这种个性化学习不仅提高了学生的学习兴趣，还使得学生能够根据自己的实际情况进行高效学习。虚拟现实技术的应用使得阅读体验更加丰富多样。学生可以通过虚拟现实设备，沉浸在虚拟的阅读环境中，感受不同的阅读场景和氛围。这种沉浸式的阅读体验不仅提高了学生的阅读兴趣和参与度，还使得学生能够更加深入地理解文本内容。

（三）跨学科与综合性教学

跨学科教学强调以某一学科为中心，选择具有共性的主题或问题，通过整合不同学科的知识、方法和技能，进行综合性的教学。传统的高中语文阅读教学往往局限于语文学科本身，而跨学科教学则突破了这一界限，将语文与其他学科相联系，形成综合性的教学体系。跨学科教学需要整合不同学科的教学资源，如文学作品、历史资料、哲学思想、艺术作品等，为学生提供更加丰富的阅读材料和学习体验。跨学科教学不仅关注学生的语文能力，还注重培养学生的综合素养，如语言表达能力、逻辑思维能力、审美能力等。语文和历史学科有着密切的联系。通过结合历史事件进行文学赏析，可以帮助学生更好地理解文学作品的历史背景和文化内涵，也有助于学生更好地认识历史、理解历史。语文学科中的政治思想教育对于培养学生的政治素养和公民意识具有重要意义。通过语文阅读教学，可以引导学生关注社会热点、思考政治问题，培养他们的政治觉悟和思辨性思维。语文学科中的地理知识可以帮助学生更好地了解自然环境和人文景观。通过跨学科教学，可以将地理知识与文学作品相结合，让学生在阅读中感受不同地域的文化特色和人文风情。跨学科教学可以帮助学生打破学科壁垒，形成全面的知识体系，提高综合素养。通过整合不同学科的知识和方法，学生可以更好地理解和运用所学知识，提高解决问题的能力。跨学科教学注重培养学生的思辨性思维，引导学生独立思考、判断和分析问题。在阅读教学中，教师可以引导学生探讨作品的主题、观点、形式等方面，激发他们的思辨意识和思辨精神。跨学科教学可以为学生提供更加丰富多样的学习内容和体验，激发他们的学习兴趣和动力。通过与其他学科的交叉融合，学生可以更加深入地理解文学作品和学科知识，增强学习的主动性和积极性。

（四）终身学习与自主阅读能力培养

高中语文阅读教学也将更加注重培养学生的终身学习和自主阅读能力，为学生的未来学习和生活打下坚实的基础。终身学习强调个体在一生中持续不断地学习，以适应社会的变化和发展。在高中语文阅读教学中，终身学习的理念意味着教师不仅要关注学生的短期学习成果，更要注重培养他们的长期学习能力和阅读习惯。通过阅读教学，教师将引导学生认识到学习是一个永无止境的过程，需要不断地探索、学习和成长。自主阅读能力是指个体能够根据自己的兴趣和需求，自主选择阅读材料，进行独立阅读和学习的能力。这种能力对于个人的终身发展具有重要意义。在高中语文阅读教学中，培养学生的自主阅读能力可以帮助他们更好地适应未来的学习和生活，提高他们的综合素质和竞争力。教师可以通过课堂教学和课外阅读指导，引导学生养成良好的阅读习惯和方法。例如，教师要求学生定期阅读，并做好阅读笔记，以便回顾和总结阅读内容；鼓励学生分享阅读心得和体会，进行交流和讨论，以促进彼此之间的学习和成长。为学生提供丰富的阅读材料，如书籍、报纸、杂志、网络文章等，并鼓励学生根据自己的兴趣和需求自主选择阅读材料。这样可以帮助学生拓宽阅读视野，培养阅读兴趣，提高阅读能力和素养。通过阅读教学，培养学生的阅读策略和方法。例如，教师可以教授学生如何快速浏览、筛选和提取信息，如何理解和分析文本内容，如何运用思辨性思维进行阅读等。这些策略和方法可以帮助学生更加高效地进行阅读，提高阅读质量和效果。培养学生的自主阅读能力可以帮助他们更好地适应未来的学习和生活。无论是在学校学习还是在职场工作，都需要不断地进行阅读和学习，以获取新的知识和信息。自主阅读能力是个人成长和发展的重要保障，它不仅可以帮助学生更好地掌握学科知识，还可以提高他们的综合素质和竞争力。通过阅读，学生可以拓宽知识视野、提高思维能力、增强文化素养和审美能力等，这些素质和能力对于个人的未来发展具有重要意义。培养学生的自主阅读能力可以让他们养成终身学习的习惯。在阅读过程中，学生可以不断地探索新的知识和领域，保持对学习的热情和兴趣。这种习惯可以帮助学生不断地成长和进步，为未来的学习和生活奠定坚实的基础。

第二节　高中语文写作教学面临的挑战及对策

高中语文写作教学，作为语文教学的关键一环，对学生语文素养的提升有着深远影响。但在实际教学过程中，却暴露出不少值得我们高度关注和深入思考的问题。这些问题不仅制约着学生写作水平的进一步发展，也对高中语文写作教学的整体成效产生了一定阻碍。那么，当前高中语文写作教学究竟存在着哪些主要问题呢？让我们在这一节中展开详细分析。

一、高中语文写作教学面临的挑战

（一）教学内容与方法单一

在高中语文写作教学中，一个显著的问题是教学内容过度依赖教材和现成的模板。这导致学生在写作时缺乏独立思考和创新能力。他们往往被局限在教材或模板的框架内，难以跳出既定的思维模式，写出具有个性化和创新性的文章。此外，过度依赖教材和模板还容易让学生产生写作上的惰性，不愿花时间去深入思考和挖掘写作的主题。在教学内容上，高中语文写作教学往往缺乏创新性和多样性。很多教师为了追求教学进度和考试成绩，往往采用固定的教学模式和教学内容，忽视了学生个性化和多元化的需求。这导致学生在写作时缺乏灵感和创意，难以写出有深度和广度的文章。缺乏创新性和多样性的教学内容也会让学生感到枯燥无味，失去对写作的兴趣和热情。在教学方法上，高中语文写作教学也存在单一化的问题。很多教师仍然采用传统的讲授式教学方法，即教师讲解写作技巧和方法，学生被动地接受和模仿。这种教学方法缺乏有效互动和实践机会，难以激发学生的主动性和创造性。学生往往只是机械地记忆和模仿，无法真正掌握写作的核心技能和方法。除了教学方法单一外，高中语文写作教学还缺乏有效互动和实践机会。很多教师只注重知识的传授和讲解，忽视了学生在写作过程中的实际需求和问题。他们很少与学生进行交流和互动，了解学生的写作困惑和难点，并给予及时的指导和帮助。此外，写作实践机会也相对较少，学生往往缺乏足够的练习和反思机会，难以真正提高写作水平。

（二）学生写作兴趣和动力不足

学生写作兴趣和动力不足是在高中语文写作教学中普遍存在的问题，这不仅影响了学生的写作质量和效果，也阻碍了他们写作能力的进一步提升。兴趣是推动学习的重要动力，但在写作领域，许多学生却对写作缺乏兴趣。他们往往将写作视为一项枯燥无味的任务，而非一种表达自我、抒发情感的乐趣。这种缺乏兴趣的状态导致学生不愿意投入时间和精力去深入学习和探索写作的技巧和方法，从而影响了他们的写作水平和能力。造成学生对写作缺乏兴趣的原因有很多。一方面，传统的教学方式往往过于注重应试技巧和分数，忽视了对学生写作兴趣和情感的培养。这种教学方式让学生感到写作只是为了应付考试，而不是为了表达自我和享受写作的过程。另一方面，学生的写作经验和阅读量有限，缺乏足够的素材和灵感，导致他们在写作时感到无从下手，难以产生浓厚的兴趣。除了缺乏兴趣外，学生对写作还缺乏自信。他们往往害怕犯错和受到批评，因此在写作时表现得畏手畏脚、瞻前顾后。这种缺乏自信的状态让学生难以在写作中展现自己的才华和潜力，也让他们错失了提升写作能力的机会。学生对写作缺乏自信的原因同样复杂多样。一方面，他们可能对自己的写作能力没有正确的认识，过于低估自己的实力。另一方面，他们可能受到过往失败经历的影响，对写作产生了恐惧和抵触心理。此外，教师的批评方式和态度也可能对学生产生负面影响，让他们更加害怕犯错和受到批评。为了激发学生的写作兴趣和动力，我们需要从多个方面入手。首先，我们应该转变教学方式，注重培养学生的写作兴趣和情感，让他们感受到写作的乐趣和价值。其次我们应该提供足够的写作素材和灵感，帮助学生积累经验和提高写作水平。还应该关注学生的写作过程，给予他们及时的指导和帮助，让他们在写作中逐渐建立自信。

（三）写作技能培养不足

在高中阶段，学生需要掌握一系列的写作技巧和方法，包括构思、选材、立意、表达、修改等。然而，在实际教学中，由于种种原因，学生往往对这些技巧和方法掌握不够，缺乏系统训练。一方面，部分教师在写作教学中可能过于注重理论知识的灌输，而忽视了实践操作的训练。学生虽然能够理解写作技巧和方法的基本概念，但在实际写作中却难以运用自如。另一方面，由于课时限制和教学进度的影响，教师可能无法为学生提供足够的写作训练机会，导致学生缺乏必要的练习和反思。为了解决这个问题，教师需要调整教学策略，注重实践操作的训练。可以通过案例分析、小组讨论、写作练习等方式，让学生在实践中掌握写作技巧和方法。教师还需要根据学生的学习情况和反馈，及时调整教学内容和方法，确保学生能够系统地掌握写作技能。除了写作技巧和方法掌握不够外，学生写作内容空洞、缺乏深度和广度也是一个常见的问题。部分学生在写作时缺乏明确的主题和中心思想，导致文章结构松散、内容杂乱无章。他们往往只是随意堆砌素材和观点，而没有进行深入的思考和整合。部分学生在写作时缺乏必要的背景知识和文化素养，导致文章内容肤浅、缺乏深度。他们可能只是简单地描述事物的表面现象，而没有深入挖掘事物的本质和内涵。部分学生在写作时缺乏思辨性思维和创新能力，导致文章内容缺乏新颖性和独特性。他们往往只是重复已有的观点和论述，而没有提出自己的见解和思考。

（四）教师指导与反馈不足

教师指导与反馈不仅影响了学生写作技能的提升，也影响了学生写作兴趣和动力的培养。在写作过程中，教师的有效指导对学生而言至关重要。然而，在实际教学中，部分教师可能未能给予学生足够的写作指导，导致学生在写作过程中迷失方向，无法有效地运用所学的写作技巧和方法。个性化辅导是提升学生写作能力的重要手段。然而，由于教师工作量大、时间紧张等原因，很多教师难以对每个学生进行深入的个性化辅导。这导致学生在写作中遇到的问题无法得到及时解决，影响了他们的写作进度和效果。为了改善这一状况，教师应加强对学生写作过程的关注，提供及时的指导和帮助。教师可以通过观察学生的写作过程，发现他们存在的问题，并给出具体的改进建议。教师还可以通过定期的个别辅导或小组讨论，为学生提供个性化的写作指导，帮助他们更好地掌握写作技巧和方法。作文批改是写作教学中不可或缺的一环。然而，在实际教学中，部分教师可能由于工作量大、时间紧张等原因，对学生作文的批改不够细致，反馈也不及时。细致的批改能够帮助学生发现自己的不足，并给出具体的改进建议。然而，如果批改不够细致，学生可能无法准确地了解自己的问题所在，也难以得到有效的改进。此外，反馈的及时性也对学生写作技能的提升有着重要影响。如果反馈不及时，学生可能无法及时纠正自己的错误，也无法及时获得教师的指导和帮助。为了改善这一状况，教师应加强对学生作文的批改和反馈。教师可以采用多种批改方式，如面批、书面批改、电子批改等，确保批改的细致性和及时性。教师还应在批改中注重发现学生的优点和进步，给予他们及时的鼓励和表扬，激发他们的写作兴趣和动力。教师还可以通过定期的作文讲评或分享会等方式，让学生相互学习、相互借鉴，共同提高写作水平。

（五）评价方式单一且不科学

在目前的写作评价体系中，分数往往被作为主要的评价标准。教师通常通过给学生的作文打分来评估他们的写作水平，但这种单一的评价方式存在很大的局限性。分数评价往往只关注写作成果的最终表现，而忽视了学生在写作过程中的思考、努力和进步。过程性评价关注的是学生在写作过程中的表现，包括他们的思考过程、写作态度、合作精神等。这种评价方式能够更全面、更准确地反映学生的写作能力和潜力。多元评价也是必要的，它可以通过多种评价方式和标准来评估学生的写作水平，如自我评价、同伴评价、教师评价等。这种评价方式能够更全面地了解学生的写作情况，提供更有针对性的指导和帮助。除了评价方式单一外，评价标准模糊也是当前写作评价中存在的一个问题。很多教师在评价学生作文时，往往缺乏明确、具体的评价标准，导致评价结果的公正性和准确性受到影响。明确的评价标准能够为学生提供清晰的写作指导，让他们知道自己的作文在哪些方面需要改进。一致的评价标准也能够确保评价的公正性和客观性，避免因为不同教师的主观因素导致评价结果出现偏差。为了改善这一状况，教师应制定明确、具体的评价标准，并在评价过程中保持一致。评价标准可以包括语言表达、内容质量、结构条理、创新思维等方面，并根据不同年级和阶段的学生特点进行调整和完善。教师还应加强评价方法的培训和学习，提高评价的科学性和准确性。

二、高中语文写作教学的改进对策

（一）打破传统教学理念的制约，更新、优化写作教学理念

写作教学理念是开展写作教学的基础和关键，直接决定了写作教学的质量。只有树立科学正确的作文写作教学理念，才能指导教师形成正确的教学思路，选择合适的教学手段等，从而不断提升写作教学的有效性。一方面，教师要转变作文写作教学模式。基于新课程理念下的写作教学要求，教师不仅要意识到写作教学的重要性，还要转变传统的写作教学思维模式，关注学生的写作技能培养，同时充分借助写作教学情境、社会经验等激活学生的写作欲望，并促使学生在这一过程中树立正确的写作理念，引领学生借助简明、生动、形象的语言，将内心的情感、自己的观点和想法等表达出来。另一方面，教师要转变教学中的师生角色。传统的高中语文写作教学模式下，教师是课堂的主体，对学生进行片面的知识、技能灌输。而在新课程理念下，为了提升学生的写作能力，教师应立足于学

生的中心地位，结合学生的实际情况，精心设计出能够体现学生主体地位的写作教学模式，最终使学生在多元化的写作教学中，高质量地完成文章写作。

（二）科学设置写作教学内容

科学选择写作教学内容，是保障写作教学有效开展的基础，也是提升学生写作能力的重要保障。新课程改革的背景下，为了最大限度地提升写作教学的有效性，教师应从以下几个方面，对写作教学的内容进行整合、优化。首先，结合考试大纲的要求，合理安排写作教学内容。教师在开展写作训练之前，可对历年高考中出现的作文类型及新课程标准等，对写作教学内容进行科学、合理划分，并据此对学生进行有针对性的专项写作训练。其次，立足于学生的实际情况，丰富写作教学内容。教师在科学选择写作教学内容的时候，应结合高中阶段学生的年龄、认知特点等，充分借助电视、网络等渠道，搜集丰富多样的写作内容，还可以结合学生的喜好、认知情况等，选择多样化的写作训练内容，更好地满足学生的写作需求。最后，对具体的写作教学内容进行重新设计。为了提升写作教学的有效性，教师可结合具体写作课程，对教学内容进行科学合理的分配，采取每周一次或两次的教学频率，给学生选择一个特定的话题，通过教师的合理引导，引导学生自由发挥，围绕教学内容开展写作。

（三）实施多样化的写作教学，强化写作教学效果

传统教学模式下，千篇一律的写作形式束缚了学生思维的发展。新课程改革背景下，为了全面提升写作教学质量，教师要从写作主题出发，根据写作内容和学生差异因势利导，采取与之相适应的教学方法，以呈现写作的多样化和语言的艺术性，从而强化写作效果。具体可以采用以下教学方式。情境可以让学生以积极的状态参与到写作训练中，教师在强化写作教学时，不仅要关注学生的写作基础知识、写作技能，还要结合写作教学内容，立足高中阶段学生的实际情况，精心设计写作教学情境，引领学生体验特定的写作情境，唤醒学生的内在写作欲望，促使学生积极主动地参与到写作训练中。写作来源于生活又高于生活，优秀的经典作品基本上都来源于生活。基于此，为了真正提升写作质量，教师应从实

际生活出发，引领学生注意留心身边的现象和事件，抒发自己的体会、感悟，写出自己的新发现，将生活与写作紧密联系起来。一方面，教师可以引导学生做生活的有心人，指导学生准备一个写作素材积累本，将自己在实际生活中的所见、所闻等积累起来，使其成为写作的素材；另一方面，教师还可以定期将时事热点、社会现象等整理出来，引导学生结合社会热点发表自己的观点。如此一来，学生在长期的生活化写作训练中，不仅获得了丰富的写作素材，并且能够将自己的思维、情感等融入写作之中，使得写作出来的文章具备"灵魂"，从而显著提升文章质量。传统的高中语文写作训练中，基本上都是学生自我钻研，忽视了学生与学生、学生与教师之间的交流。在这种情况下，学生的写作思路常常无法被打开，致使写作训练中面临诸多问题。基于此，教师在优化写作教学时，应全面激活课堂氛围，注重学生的感悟与互动，让学生在交流中不断完善写作思路，互相分享素材，丰富写作的资源，这样才能够开阔学生视野，训练学生的写作能力。为了最大限度地提升写作教学质量，教师可借助微写作这一新型的写作训练模式，在日常教学中挖掘出具有写作价值的观点、论题等，引导学生围绕中心论点、中心话题等，开展简短的写作训练。如此坚持下去，学生的写作能力就会随之提升。

（四）强化阅读训练，积累写作素材

正所谓"巧妇难为无米之炊"，要想真正提升写作能力，必须具备丰富的素材知识。而要想实现这一点，阅读是最佳的选择。学生在广泛的阅读中，可以最大限度地吸取他人的写作经验，积累写作素材，从而在开展写作的时候产生灵感，有话可说，有感可发。因此，教师在日常的写作教学中，必须认识到阅读的重要性，积极鼓励学生开展广泛阅读。一方面，教师在开展课堂教学的时候，要适当放手引导学生自主阅读课文、分析课文，不断提升学生的阅读能力；另一方面，在课下的时候，教师要给学生推荐一些优秀的文学著作，指导学生利用闲暇的时间开展阅读；此外，教师还可以借助网络信息等途径，在班级群中，给学生转发一些优秀的文章，给学生提供自主学习的平台，以提高学生的时间利用效率。

（五）改进传统的作文评价方式

作文评价是写作教学中最为重要的组成部分，以往作文评价并不出彩，主要由打分、简单的评语构成，并且在评价的过程中以教师为主，忽视了学生的参与感，这种评价模式很难从根本上提升学生的写作水平。高中语文新课程标准中明确指出，写作教学评价的最终目的就是提升学生的整体素质。针对这一要求，教师在开展写作教学评价时，要明确学生在写作中存在的问题，并对问题类型、原因等进行诊断，结合实际情况，提出有针对性的解决策略。因此，教师必须努力构建一套健全的、科学的写作教学评价。一方面，遵循公平、激励、针对性的评价原则，对学生的文章进行全面、客观评价，明确提出存在的问题，不能泛泛而谈。教师在评价的时候，还要合理利用激励性的话语，不断激发学生的写作兴趣。另一方面，实施多样化的评价方式，不仅要借助教师评价的模式，还要在此基础上引导学生积极参与到评价中，充分利用小组评价、自我评价等模式，使学生在评价参与的过程中，认识到自己写作中的不足，并能够借鉴他人的优点等，从而在潜移默化中不断提升自身的写作能力。

第三节　阅读与写作的相互促进关系研究

本文旨在深入探讨阅读与写作之间深刻且多元的相互促进关系。通过对大量相关文献的研究以及实际案例的分析，详细阐述阅读如何从词汇积累、思路拓展、素材提供以及语言感知能力培养等方面，有力地促进了写作水平的提升，也揭示了写作又是如何在深化阅读理解、锻炼思辨性思维以及激发阅读兴趣等方面反哺阅读，以明确两者相互作用、相互促进对于个人语言能力发展和知识体系构建的重要价值及深远影响。

一、阅读对写作的促进作用

（一）积累词汇和表达方式

阅读是扩大词汇量的重要途径。随着阅读的深入，我们会不断遇到新的词汇，这些词汇的积累将逐渐丰富我们的语言库。通过反复阅读和实践，我们能够逐渐掌握这些新词汇，并在写作中灵活运用。阅读不仅能帮助我们积累词汇，还能让我们了解词汇在不同语境下的用法。通过阅读不同领域的书籍和文章，我们可以学习到词汇的多种用法和搭配，从而更加准确地使用词汇，提高表达的准确性。优秀的文学作品常常运用独特的表达方式和修辞手法，如隐喻、象征、排比等。这些表达方式不仅增加了作品的艺术魅力，也为读者提供了学习的机会。通过阅读这些作品，我们可以学习到这些表达技巧，并在自己的写作中加以运用，使文章更具文采和深度。阅读还能够激发我们的创新思维，启发我们尝试新的表达方式。当我们读到某个独特或新颖的表达方式时，可能会受到启发，进而在自己的写作中尝试使用类似的表达方式，以丰富文章的表达手法。通过阅读，我们可以接触到不同的语言风格和表达方式。这些不同的表达方式可以为我们提供借鉴和参考，使我们在写作时能够根据不同的情境和需要选择合适的表达方式，提高语言表达的丰富性和多样性。阅读各类书籍和文章，我们可以不断扩充自己的词汇量，了解词汇的用法，学习独特的表达技巧，并受到启发尝试新的表达方式。这些都将有助于提高我们的写作水平，使文章更具文采和深度。

（二）拓展写作思路和想象力

阅读让我们有机会接触到不同文化、历史背景和社会观点的作品。这些作品往往承载着作者独特的见解和思考，能够为我们打开全新的思考视角。当我们接触到这些多元的思想和文化时，我们的写作思路也会得到极大的拓展，能够产生更多新颖、独特的观点。优秀的作品常常能够引发读者的深度思考。通过阅读，我们可以学会如何对文本进行思辨性分析，理解作者的观点和论证过程，并发展自己的思辨性思维。这种思维方式能够让我们在写作时更加严谨、有条理，也能够激发我们产生新的观点和想法。阅读还为我们提供了丰富的素材和案例，这些都可以成为写作的有力支撑。通过学习和理解不同领域的知识，我们能够在写作时更加灵活地运用这些素材，使文章更加具有说服力和深度。文学作品中的虚构元素是拓展想象力的绝佳素材。通过阅读，我们可以学习如何构建一个丰富多彩的虚构世界，包括设定背景、塑造角色、构建情节等。这些技巧可以帮助我们在写作时更好地运用想象力，创造出独特而引人入胜的故事。优秀的文学作品中的角色往往具有鲜明的个性和特点。通过阅读这些作品，我们可以学习如何塑造具有深度和复杂性的角色，让他们成为推动故事发展的关键力量。这种能力对于写作来说至关重要，因为它能够增强文章的吸引力和感染力。阅读能够激发我们的创意思考能力。当我们读到某个引人入胜的情节或角色时，可能会受到启发并产生自己的创意和想法。这种创意思维对于写作来说至关重要，因为它能够帮助我们打破常规思维框架，创造出新颖而独特的作品。广泛阅读不同类型的作品，我们可以接触到多元的思想和文化，激发深度思考并拓展写作思路；学习构建虚构世界、塑造鲜明角色以及激发创意思考的能力，从而提高自己的写作水平并创造出更具吸引力的作品。

（三）提供写作素材和灵感

通过阅读历史书籍和人物传记，我们可以了解到不同历史时期的社会背景、文化特色以及人物的生活经历。这些素材对于写作历史小说、传记文章或是论述社会变迁的议论文都非常有用。文学作品中对自然风光的描绘常常令人陶醉。通过阅读，我们可以了解到世界各地的自然景观、地理特征和风土人情。这些素材对于写作游记、散文或是描绘自然景色的诗歌都极为宝贵。当代文学作品往往关注社会现象和热点问题，如科技进步、环境保护、教育问题等。通过阅读这些作品，我们可以获取最新的社会动态和观点，为写作提供有力的支撑。这些素材的积累和运用，可以使我们的写作更加丰富多彩、具有深度和广度。阅读不仅是素材的源泉，更是灵感的触发器。当我们陷入写作困境时，阅读一篇优秀的文章或书籍可能会为我们打开新的思路。优秀的文学作品往往具有引人入胜的故事情节和独特的叙事方式。通过阅读这些作品，我们可以学习到如何构建故事框架、设置悬念和推动情节发展。这些技巧可以激发我们的创作灵感，让我们在写作时更加得心应手。阅读不同作者的作品，我们会接触到各种各样的观点和思想。这些观点和思想之间的碰撞和交融，可能会激发我们产生新的思考和见解。这些新的思考和见解可以成为我们写作的灵感来源，使我们的文章更加具有深度和独特性。阅读过程中，我们可能会被某个情节、角色或情感打动，产生强烈的共鸣。这种共鸣体验可以激发我们的创作欲望，让我们想要通过写作来表达自己的情感和思考。通过广泛阅读不同类型的作品，我们可以不断积累素材、拓展思路并激发创作灵感，从而提高自己的写作水平。

（四）培养对语言和文学的感知能力

阅读不仅仅是为了获取信息或娱乐，它更是一种对语言和文学的深度感知过程。通过这个过程，我们可以培养对语言的敏感度和文学的鉴赏能力，进而在写作中更加精准地表达自己的思想和情感。阅读优秀的文学作品，我们可以学习到语言的精妙之处。不同的词汇、句式和修辞手法在表达上会有微妙的差别，这些差别在日常生活和日常写作中往往被忽视。但通过阅读，我们可以逐渐培养对语言细微差别的感知能力，从而在写作中更加精准地运用语言。阅读诗歌和散文等文学作品，我们能够感受到语言的节奏和韵律之美。这种对语言节奏和韵律的感知能力，有助于我们在写作中运用语言的韵律美，使文章更加生动、富有感染力。阅读文学作品时，我们需要深入理解作品的主题和情感。通过作者的叙述和描绘，我们可以感受到作品中的人物、事件和情感，理解作者的意图和创作目的。这种对文学作品主题和情感的感知能力，可以帮助我们在写作中更好地把握主题和情感，使文章更加具有深度和感染力。文学作品中的结构和技巧是作者用来表达主题和情感的重要手段。通过阅读，我们可以学习到不同的文学结构和技巧，如叙事结构、人物塑造、情节安排等。这种对文学作品结构和技巧的感知能力，可以让我们在写作中更加注重细节和技巧的运用，提高文章的质量和水平。当我们培养了对语言和文学的感知能力后，在写作中就能够更加准确地表达自己的思想和情感。我们能够选择合适的词汇、句式和修辞手法来表达自己的意思，使文章更加清晰、生动。拥有了对语言和文学的感知能力后，我们在写作中会更加注重细节和技巧的运用。我们会关注文章的节奏、韵律、结构和技巧等方面，使文章更加完整、丰富和引人入胜。广泛阅读不同类型的文学作品，可以逐渐培养对语言的敏感度和文学的鉴赏能力，进而在写作中更加精准地表达自己的思想和情感，提高文章的质量和水平。

二、写作对阅读的促进作用

（一）加深阅读理解

写作在提升阅读理解方面扮演着至关重要的角色。当我们通过写作来回应、分析或总结所读内容时，实际上是在进行一种深层次的思考和理解过程。这个过程不仅能够帮助我们巩固和加深对阅读材料的理解，还能提升我们的阅读效果。写作要求我们提炼要点。在阅读一篇文章、一本书或是一段资料时，我们会接触到大量的信息和观点。然而，并非所有的信息都是同等重要的。通过写作，我们需要筛选出阅读材料中的关键信息，提炼出要点，这有助于我们更加聚焦并深入理解材料的主题和核心内容。写作促进了对阅读材料的深入思考。在提炼要点的基础上，我们需要对阅读材料进行进一步的分析和解读。这包括理解作者的意图、评估论点的合理性、分析论据的充分性等。通过写作，我们可以将这些思考过程记录下来，形成自己的观点和见解。这种深入思考不仅有助于我们更全面地理解阅读材料，还能培养我们的思辨性思维能力。写作还能够帮助我们回顾和巩固所读内容。当我们开始写作时，我们的大脑会开始回顾和整理所读材料的信息。这种回顾过程有助于我们巩固记忆，确保我们真正掌握了阅读材料的内容。通过写作，我们还可以发现自己在阅读过程中可能忽略或误解的地方，从而及时进行纠正和补充。

（二）提高阅读质量

写作是一个对知识和信息深度加工的过程，这个过程自然要求读者具备高质量的输入，即高质量的阅读材料。因此，写作不仅能够促进读者对阅读内容的深入理解，还能推动他们提高阅读质量，培养更好的阅读习惯和兴趣。为了写出有深度、有质量的文章，读者需要有选择性地筛选阅读材料。在众多的书籍、文章和资料中，找到那些具有深度、广度和独特见解的作品，对于提升写作质量至关重要。这个过程要求读者具备一定的鉴赏能力和判断力，能够识别出哪些材料值得深入阅读和思考。高质量的写作需要对阅读材料进行深入的阅读和思考。这意味着读者需要花费更多的时间和精力去阅读和理解所选材料。他们不仅要理解作者的观点和论证过程，还要分析作者的写作技巧和表达方式。通过深入的阅读和思考，读者能够更全面地理解阅读材料，掌握其中的精髓和要点。提高阅读质量还需要培养良好的阅读习惯。阅读不仅仅是为了获取信息或知识，更是一种享受和学习的过程。通过写作来推动阅读，读者会更加注重阅读的过程和质量，而不是仅仅追求数量。他们会选择适合自己的阅读时间和环境，保持专注和耐心，享受阅读带来的乐趣和收获。提高阅读质量还能够培养读者的阅读兴趣。当读者能够深入理解和欣赏阅读材料时，他们会更加热爱阅读，愿意投入更多的时间和精力去阅读和学习。这种兴趣会促使他们不断寻找新的阅读材料，扩展自己的知识领域和视野。

（三）激发阅读兴趣

写作确实具有强大的力量，能够极大地激发读者的阅读兴趣。当我们开始尝试写作时，往往会发现自己对某些主题或领域的了解并不如想象中的那么深入。这种"知识缺口"的感知，会自然地驱使我们去寻找并阅读相关的材料，以满足我们的好奇心和求知欲。写作让我们更加清晰地认识到自己的知识局限。当我们试图就某个主题或观点展开论述时，可能会发现自己的论据不够充分，或者对某个概念的理解还不够深刻。这种自我认知的过程会让我们意识到，阅读和学习是提升写作质量的关键。寻找和阅读相关的材料会成为一种自发的学习行为。我们会开始关注与写作主题相关的书籍、文章、报告等，并通过阅读来丰富我们的知识储备。这种过程不仅能够帮助我们完善论点、增强论证的力度，还能让我们在阅读中发现新的观点、新的见解，从而进一步拓宽我们的视野和思维。通过阅读来补充知识也会让我们更加享受阅读的过程。当我们发现阅读材料中的某个观点或故事与我们的写作主题密切相关时，会产生一种"找到宝藏"的喜悦感。这种喜悦感会进一步激发我们的阅读兴趣，让我们更加热衷于寻找和阅读更多的相关材料。

写作和阅读的这种相互促进的关系会形成一个良性循环。我们通过写作发现自己的知识不足，然后通过阅读来补充知识；而阅读又能够为我们提供更多的写作灵感和素材，进一步提升我们的写作水平。这种循环不仅能够帮助我们不断提升自己的知识和能力，还能够让我们在阅读和写作的过程中找到乐趣和成就感。

（四）提升阅读品味

写作与阅读品位之间存在着密切的关系。通过写作，读者会不断地接触、学习和借鉴优秀的文学作品和表达方式，这种过程会潜移默化地提升他们的阅读品位和审美标准。写作促使读者对文学作品进行更深入的解读。在创作过程中，读者会不自觉地关注文学作品中的语言运用、情节构建和主题表达等方面。他们会思考作者如何巧妙地运用语言来塑造人物、描绘场景，如何设计情节来推动故事发展，以及如何深刻地表达主题思想。这种对文学作品细致入微的解读，会让读者更加珍视和欣赏优秀的文学作品，从而提升他们的阅读品位。写作激发读者对高质量阅读材料的追求。在创作过程中，读者会发现自己的知识储备和表达能力有限，这会促使他们去寻找和阅读更高质量的文学作品来丰富自己的知识和提升表达能力。他们会选择那些具有深刻思想、独特见解和优美语言的作品来学习和借鉴，逐渐培养出对高质量文学作品的敏感度和判断力。写作还能够培养读者的思辨性阅读能力。通过深入地解读文学作品、追求高质量的阅读材料和培养思辨性阅读能力，读者会逐渐形成自己独特的阅读品位和审美标准，从而选择更加优秀的文学作品进行阅读和学习。

三、在教学中实现阅读与写作结合的策略

（一）深入挖掘教材，探索读写契机

通过调查分析不难看出，在语文教学中，教师未能深入挖掘教材本身，抓住读写结合的契机，从而对阅读与写作的有机结合造成负面影响。因此，教师应充分挖掘语文教材内容，通过了解不同单元知识的编写特点，明确阅读与写作的教学方向、教学目标。对于高中教材来说，阅读内容以经典选段为主，具有非常强

的可挖掘性，教师应立足教材探索阅读与写作的结合契机，即可展现出教材本身应有的教育属性。在完成一篇课文的阅读学习后，可以让学生将其中描写优美的词语、句子记录下来，把文章中的写作手法吃透，运用掌握的词句和写作手法，写一段话或写一篇短文，将阅读过程中掌握的知识应用到写作中，写出更加优美的语句，提高读写结合的教学效果。

（二）优化阅读空间，打好写作基础

高中语文教学中阅读与写作的有机结合，需要把控好阅读这一点，以往阅读与写作的联系不够紧密，关键原因在于阅读场景少。由于高中语文课堂时间有限，在教学过程中阅读环节被压缩，并且学生接触阅读的机会少，写作素材的积累自然不足。因此想要实现读写结合目标，教师应重视阅读空间的打造，虽然部分学生的阅读量非常大，但高效阅读才是促进写作能力提升的关键，教师必须拓宽课内外阅读空间，为读写结合奠定扎实基础。首先教师应发挥自身的组织、引导作用，根据学生的需求打造完善的阅读方案，避免学生出现盲目阅读的问题，导致阅读效率较低。教师可以在课后收集适合高中生阅读的素材，并做好统计和整理，尊重学生的发展规律，完成对阅读素材的严格筛选。在阅读素材筛选后制定详细的书目单，所有阅读素材都是基于学生兴趣，也具备教育功能的内容，建立周期性的阅读计划和方案，定期更新书目或直接制定多套书目单，保证学生的阅读量足够。其次打造读书角，营造浓厚的阅读氛围，包括班级角落、学校走廊角落等，读书角是开放共享的，面向所有热爱阅读的学生，阅读素材丰富多样，学生可以根据自身兴趣选择，养成主动阅读的良好习惯，为写作能力的提升打好基础。

（三）适当点拨学生，做好读写指引

无论是阅读还是写作都不能缺少教师的引导，除了要为学生安排相应的阅读、写作任务，也要做好读写指引，让学生真正汲取到其中的知识，不断提升读写水平。高中语文教师除了提供阅读书目、写作主题外，必须引导好学生深入阅读素材，挖掘其中最精髓的内容。另外，教师应积极地与学生积极沟通交流，在互动过程中为学生答疑解惑，确保学生能够真正理解文章中的内涵。除了阅读方面的点拨，写作方面应加强错别字纠正、语病标注，尽量采用幽默的语气指导，这样更符合高中生的心理认知，尤其是评语会直接影响学生的写作热情。

（四）加强阅读效果，积累写作素材

教师要加强阅读效果，遵循以读促写的原则，改善以往教学中读写结合不紧密的问题。对于高中语文课程来说，教师应引导学生提高阅读量、掌握正确的阅读方法，从中汲取优秀词汇、写作技巧等。在学生阅读文章后，可以要求他们在"优美句子收集册"上记录自己感兴趣的语句，积累更多优秀的写作素材。在学生记录优秀词汇后，要求学生以景观为主题进行写作，将掌握的词汇、语句应用其中，创作出优秀的作品，促进阅读与写作的统一。

（五）增强读写意识，融入日常教学

高中语文课程中无论阅读还是写作，都要融入日常教学环节，让学生在潜移默化中获得提高。另外，读写结合不能局限在课堂范围，应该朝着日常教学拓展延伸，促使学生形成良好的阅读与写作习惯。在教学过程中除了引导学生掌握字词、梳理文章思路外，还应明确文章中的精神内涵，教师可以将文章带入日常生活，帮助学生加深理解。在写作过程中，有的学生会想到父母接送自己上学、放学，还有的学生想到父母每天辛勤劳作就是为了自己能够有更好的生活。通过融入日常生活实现就近取材，记录生活中最美好的瞬间、事件，切实增强学生的读写意识。当下教师应引导学生在阅读中积累写作素材，通过写作深化阅读过程中掌握的知识，双管齐下打破阅读与写作的界限，帮助学生养成良好的阅读与写作习惯，为学生的语文核心素养生成奠定良好基础。

阅读与写作是中学语文课程中不可或缺的内容，在教学实践中不难发现两者之间存在着密切关系。阅读是积累知识的过程，而写作是深化知识的过程，将阅读时形成的感触记录于稿纸，或将自身观点与见解记录下来，会给学生种下文学素养的种子，这也是读写结合教学的精妙之处。因此在教学实践中两者相互促进、有机统一，才有利于学生的语文综合素养的提高，解决以往为读而读、为写而写的问题。

第九章 高中语文教育中的文化素养培育

在高中语文教育的广袤领域中，文化素养的培育占据着至关重要的地位。本章将着重深入剖析高中语文教育中的文化素养培育这一关键议题。传统文化犹如历史长河中闪耀的明珠，通过多种方式悄然渗透进高中语文教育，其意义深远而重大；而现代文化意识的培养，也成为当今高中语文教育不可忽视的重要方面。更为关键的是，文化素养培育与语文教育教学之间存在着千丝万缕的联系，两者的融合对于学生的全面发展和语文素养的提升有着决定性作用。

第一节 高中语文教育中的传统文化渗透

高中语文，作为培养学生语言文字能力、人文素养和审美情趣的重要学科，肩负着传承和弘扬传统文化的重任。在这一过程中，如何将传统文化的精髓融入课堂教学，使学生在领略古代文学魅力的同时，深刻理解传统文化的内涵和价值，成为我们探索的重要课题。

一、传统文化在高中语文教育中渗透的具体方式

（一）通过经典文学作品

经典文学作品是传统文化宝库中的瑰宝，它们不仅以其独特的艺术魅力吸引着读者，更以其深刻的文化内涵和丰富的思想哲理，成为传承和弘扬传统文化的重要载体。以《红楼梦》为例，这部中国古典文学巅峰之作，不仅以其宏大的叙事结构和复杂的人物关系令人叹为观止，更以其对封建社会家族伦理、人情冷暖的细腻描绘，为我们展现了一个真实而复杂的封建社会画卷。在阅读和讲解《红楼梦》的过程中，教师可以引导学生关注其中的家族制度、人际关系、婚姻观念等文化元素，让学生从中了解封建社会的特点及其历史局限性。通过分析书中人

物的命运和故事，学生还能对人性、命运等哲学问题进行深入地思考，从而领悟人生的真谛。再以《论语》为例，这部儒家经典之作，以其简洁而深邃的语言，阐述了儒家思想的精髓。在高中语文教育中，教师可以通过引导学生阅读、理解《论语》中的格言警句，让学生领略儒家思想的博大精深。例如，"己所不欲，勿施于人"这句格言，不仅告诉我们应该尊重他人的感受，更体现了儒家思想中的"仁爱"精神。通过学习和理解这些格言警句，学生能够更好地理解儒家思想的价值观，从而在自己的言行中践行这些价值观。

（二）借助传统节日与习俗

传统节日与习俗是传统文化的生动体现，它们不仅承载了丰富的文化内涵，还蕴含了深厚的民族情感。借助传统节日与习俗进行教学，不仅能够让学生更加直观地了解传统文化的魅力，还能增强他们的文化体验和参与感。端午节有着丰富的习俗和活动，在端午节期间，教师可以组织学生进行包粽子活动。通过亲手制作粽子，学生能够了解到粽子这一传统食品的制作过程，感受到端午节独特的饮食文化。教师还可以介绍端午节的历史背景和屈原的故事，让学生了解到端午节不仅仅是一个简单的节日，更是一个承载着深厚文化内涵和民族情感的节日。再来看中秋节，这个象征着团圆和美满的节日，同样蕴含着丰富的文化内涵。在中秋节期间，教师可以引导学生赏月、吟诗。赏月是中秋节的传统习俗之一，通过赏月，学生可以感受到中秋节的浪漫和美好。教师还可以引导学生欣赏和创作与中秋节相关的诗歌，让学生用诗歌来表达对中秋节的感悟和体验。这不仅能够提升学生的语言表达能力，还能够培养他们的审美情趣和人文情怀。除了端午节和中秋节之外，还有许多其他的传统节日和习俗可以引入到高中语文教学中。例如，在春节期间，教师可以引导学生了解春联、年画、鞭炮等传统文化元素；在清明节期间，教师可以组织学生进行扫墓、踏青等活动，让学生了解到清明节的历史和习俗。

（三）利用历史典故与人物

在高中语文教育中，为了更好地传承和弘扬传统文化，教师可以通过巧妙地融入历史典故与人物的故事，为学生展现一幅幅生动的历史画卷，从而深化他们对传统文化的理解和感悟。历史典故，如"卧薪尝胆"的故事，不仅讲述了越王勾践在战败后卧薪尝胆、奋发图强的历程，更传递了坚韧不拔、奋发向上的精神。教师在讲解时可以结合时代背景，分析这一典故对后世的影响，引导学生思考如何将这种精神应用到自己的学习和生活中。历史人物则更为丰富多彩，他们的事迹和品质能够为学生树立榜样。例如，在介绍杜甫时，教师可以讲述他忧国忧民、关注民生的情怀，以及他"诗史"般的作品如何反映了当时社会的真实面貌。这样的教学方式不仅能够让学生更加深入地了解历史人物，还能让他们从中汲取精神力量，培养自己的家国情怀。教师还可以结合教材中的相关课文，引导学生挖掘课文背后的历史典故和人物故事。例如，在学习《出师表》时，教师可以讲述诸葛亮为蜀汉国家鞠躬尽瘁、死而后已的忠诚与智慧，让学生更加深入地理解这篇文章的内涵。这种教学方式不仅能够激发学生的学习兴趣，还能够培养他们的历史意识和文化自信心。

二、高中语文教育中传统文化渗透的意义

（一）增强文化认同感与民族自豪感

传统文化作为中华民族的瑰宝，不仅仅是一系列古老的故事、习俗和艺术品，更是我们这个民族共同的历史记忆、信仰体系和生活方式的集中体现。在高中语文教育中，当我们深入探讨和渗透传统文化时，学生有机会与这些古老而珍贵的文化元素进行亲密接触，从而增强他们对中华文化的认同感与民族自豪感。通过学习传统文化，学生能够更加深入地了解中华民族的悠久历史和灿烂文明。从夏商周到秦汉唐宋，从诗词歌赋到戏曲小说，中华文化的博大精深让学生感受到作为一个中国人的自豪。他们开始认识到，这片土地上孕育出的文化不仅丰富多彩，而且具有独特的魅力和价值。传统文化中的价值观念、道德观念和人生观念，对学生的精神世界产生深远的影响。儒家思想强调的仁爱、诚信、礼义廉耻等道德观念，成为学生们行为准则的重要参考。他们开始意识到，这些道德观念不仅是古人智慧的结晶，也是现代社会所必需的精神财富。这种对传统文化的认

同，使得学生们更加珍视自己的文化根脉，更加自觉地传承和弘扬中华文化。随着对传统文化的深入了解，学生的民族自豪感也得以增强。他们开始意识到，中华文化不仅是中国人的宝贵财富，也是全人类的共同财富。他们开始为自己的文化感到骄傲和自豪，愿意为传承和弘扬中华文化贡献自己的力量。这种民族自豪感不仅激励着他们在学业上不断进取，也激励着他们在生活中不断践行中华文化的精髓。这不仅有助于培养学生的爱国情怀和民族精神，也有助于提升他们的文化素养和人文精神。

（二）丰富学生的精神世界

传统文化是一座博大精深的精神宝库，其中蕴含的哲学思想、道德观念、审美情趣和人生智慧，对于学生的成长和发展具有深远的影响。通过在高中语文教育中渗透传统文化，我们可以引导学生探索这座宝库，从而丰富他们的精神世界。传统文化中的哲学思想能够为学生提供深邃的思考和独特的视角。从儒家的"仁爱"到道家的"无为而治"，从墨家的"兼爱非攻"到法家的"依法治国"，这些思想流派不仅代表着不同的哲学观点，也体现了古人对宇宙、自然、社会和人生的深刻思考。学生在学习这些思想的过程中，能够培养自己的思辨能力和思辨性思维，形成更加全面和深刻的认知。传统文化中的道德观念能够引导学生形成正确的价值观和人生观。古人所倡导的"仁爱""诚信""礼义廉耻"等道德观念，不仅是我们为人处世的基本准则，也是构建和谐社会的基石。通过学习这些道德观念，学生能够更加自觉地规范自己的行为，树立正确的价值导向，成为有道德、有修养的人。传统文化中的审美情趣能够提升学生的艺术鉴赏能力和审美水平。从古代的诗词歌赋到现代的书法绘画，从传统的戏曲音乐到现代的影视艺术，传统文化中的艺术元素无处不在。学生在学习这些艺术作品的过程中，能够感受到传统文化的独特魅力和深厚底蕴，提升自己的艺术鉴赏能力和审美水平。传统文化中的人生智慧能够帮助学生更好地理解生活、面对挑战。古人所总结的"天将降大任于斯人也，必先苦其心志，劳其筋骨"等人生哲理，不仅是对生活的深刻洞察，也是对人生的智慧指引。学生在学习这些人生智慧的过程中，能够学会如何面对困难、如何调整心态、如何追求梦想，从而更好地适应社会和实现自我价值。

（三）提升语言表达与理解能力

在高中语文教育中，融入传统文化的经典文学作品和格言警句，无疑为学生提供了一个提升语言表达与理解能力的宝贵机会。这些作品和警句不仅承载着深厚的文化底蕴，更以其独特的艺术魅力和深邃的思想内涵，为学生的语言学习提供了丰富的素材和灵感。经典文学作品的语言表达堪称典范，无论是古诗文的韵律之美，还是现代散文的流畅自然，都为学生提供了学习语言表达的绝佳范例。通过学习这些作品，学生可以学习到如何运用恰当的词汇、精准的修辞和生动的比喻来丰富自己的语言表达，使自己的话语更具感染力和说服力。格言警句以其短小精悍、寓意深刻的特点，成为提升学生理解能力的有力工具。这些警句往往蕴含着古人对人生、社会、自然的深刻洞察和独到见解，通过学习和品味这些警句，学生可以逐渐培养出对语言的敏锐感知和深入理解能力。这种能力不仅有助于学生更好地理解文学作品，更有助于他们在日常生活中准确理解他人的意图和情感，促进人际沟通和交流。传统文化中的文学作品和格言警句还为学生提供了丰富的文化背景和语境。在学习这些作品和警句的过程中，学生需要了解相关的历史背景、文化习俗和思想观念，这种跨文化的学习经历能够帮助学生拓宽视野，增强跨文化理解和交流能力。这种深入的文化学习和理解也能够为学生的语言表达增添更多的文化底蕴和内涵。提升语言表达与理解能力对于学生的全面发展至关重要。在现代社会，良好的语言表达和理解能力已经成为一个人综合素质的重要组成部分。通过学习传统文化中的经典文学作品和格言警句，学生不仅能够提升自己的语言表达和理解能力，还能够培养自己的文化素养和人文精神，为未来的学习和生活打下坚实的基础。在高中语文教育中渗透传统文化，学生可以接触到经典文学作品和格言警句，从而提升自己的语言表达与理解能力。这种能力的提升不仅有助于学生更好地表达自己的思想和情感，还有助于他们更好地理解他人的思想和情感，促进人际沟通和交流，这种学习经历还能够为学生的全面发展提供有力的支持。

三、高中语文教育中传统文化的渗透策略

（一）古诗文教学中注重文本回归

古诗文教学属于高中语文课程的重点，该方面教育工作的主要目标体现在培养学生古诗文阅读理解能力、文化传承等方面。相对于普通课文，古诗文的词句运用表现出一定的独特性，因此，在传统语文课堂中，很多语文教师将重点教育工作放在古诗文逐字逐词的讲解方面。在传统文化渗透中，教师需要适当转移教学侧重点，在古诗文字词分析的基础上，对文本所体现的传统文化进行介绍，增强高中生对我国传统文高中化的了解，从而获得独特的学习体验。比如，在宋词中，教师一方面需要对文中词句进行逐个分析和讲解，使学生对其内容有一个全面的了解高中。另一方面，教师可以其文学风格进行分析，以此剖析文本所体现的传统文化。比如，针对《雨霖铃·秋别》《念奴娇·赤壁怀古》两首词，教师一方面需要通过逐句翻译的形式引导学生了解文中的内容，另一方面则可以对宋词风格进行对比。其中，前者属于婉约派，后者属于豪放派。通过古代文学风格对比，使学生能够对《雨霖铃·秋别》中的依依惜别以及《念奴娇·赤壁怀古》中的慷慨激昂有一个更为深刻的理解，在了解不同词风的基础上深刻感受宋词中所包含的传统文化之美。由此可见，传统文化的恰当渗透，能够使学生从不同的角度了解所学的文本，引导学生更加深刻理解文章的内涵，并从中感受我国传统文化的魅力。

（二）在语文课程中挖掘传统文化

语文教材是进行教学工作的重要参考依据，目前，语文教材的编排包含了不同类型的文学经典。因此，语文教师要通过对教材中相关内容的深入挖掘，达到传统文化渗透的教育目标高中。比如，在《劝学》《师说》的教学中，一方面教师要对教材中的课文内容进行常规性分析和讲解；另一方面，则需要由教材延伸至《论语》《孟子》内容的分享，进而使学生对教材课文中所体现的"尊师重

道"思想有一个更为深刻的理解。又如，在《边城》一课的学习中，教师可以引领学生通过对教材内容的深入挖掘，使学生对湘西地区的民俗文化有一个更为全面的了解。再如，在鲁迅文章的学习中，教师可以通过对教材内容的深入挖掘，使学生对鲁迅文章所包含的乡土民情有一个更为全面的了解，以此丰富语文课程内容。

（三）在传统文化渗透中提升思想认知

语文教育的主要目标之一是提升学生的思想认知。为此，高中语文教师可以通过传统文化渗透的形式来传递正确的价值理念，并在教师的正确指引下不断提升学生的思想认知。比如，在有关亲情文章的中，语文教师可以对课文内容进行适当的拓展，在课堂上向学生分享历史上关于感恩父母的故事，如"江革负母""扼虎救父"等。借助上述故事，不论外部社会环境发生了怎样的变化，都应该学会感恩。语文教师要利用传统文化，将感恩教育活动恰当融入课文教学中，以此触动学生的内心情感，使其懂得感恩父母，以此突显传统文化渗透教学的积极影响。

（四）借助多元化的语文活动进行传统文化渗透

在常规性课文讲解的基础上，语文教师要结合课文向学生分享我国传统文化的相关内容，增加学生对传统文化的理解。在此基础上，教师可以围绕传统文化的学习为学生组织多元化的语文活动，比如，围绕《论语》《诗经》《弟子规》等文学经典为学生组织朗诵比赛。为了对学生的国学经典朗诵比赛进行助力，教师还可以抽出专门一节课对上述作品进行分析讲解。通过课外活动的开展，进一步丰富学生的语文学习活动，减少学生对语文学习的枯燥感，激发学生的学习兴趣，还可以使学生在活动中受到传统文化的熏陶，感受其魅力。随着此类活动的多次进行，能增强学生的文学积淀，提升其文学鉴赏能力，并为学生文学修养的提升提供支撑。另外，语文教师可以围绕我国的传统节日为学生组织趣味性活动，比如，围绕我国的元宵佳节为学生组织猜灯谜的活动；在临近端午节时，安排班内学生以作文的形式表达对这一传统节日的情感；在临近中秋节时，教师则可以安排学生通过网络或其他多种渠道搜集关于中秋节的古诗词，并在语文课上与同学分享。借助多样化的语文课外活动，将我国优秀传统文化从不同的层面渗透于语文教育中，使语文学习朝着多元化方向发展，并在这一学习过程中不断增强学生的文学素养。

（五）通过课外阅读渗透传统文化

阅读是提升学生语文素养的重要途径，为此，教师不妨将课外阅读与传统文化的学习相互融合，以此完成传统文化在语文教学中的渗透。对此，教师可以结合课程教材内容向学生推荐一些课外读物。比如，在名著类课文学习的基础上，教师可以向学生推荐四大古典进行阅读；在有关春秋战国课文教学的基础上，教师可以向学生推荐《孙子兵法》或相关课外读物；在推荐课外读物的基础上，教师还可以传授学生一些高效的阅读方法，帮助学生在相对有限的时间内得到更多收获。比如，在四大古典名著片段的阅读中，需要采用精读的方式，仔细品味作者的写作风格，学习作者在写作中对故事的呈现方式；而在《孙子兵法》的阅读中，主要采用速读的方式，只需大致了解其中每一项计策的内容即可，无须细细品味其语言的运用方式。另外，在阶段性学习活动结束后，教师可以为学生开设专门的课外阅读学习交流课。在课上，首先要求学生对这一阶段课外阅读学习的内容进行简要总结；其次，向同学分享课外阅读中的收获，表达对特定文学作品的看法；再者，通过了解学生的课外阅读现状，教师进行适当的补充，以此引导学生更加全面而深入地了解相关文学作品。之后则安排学生进行自主交流，在这一过程中，一方面是进行阅读经验分享，另一方面是针对阅读方法的运用进行相互学习、取长补短，从而为其后期的阅读学习提供帮助。

（六）改革学习考核制度

学习考核制度的改革，可以帮助学生调整学习的方向。为此，语文教师可以将传统文化学习情况作为学生考核的一部分，通过这一方面的改革，增加学生对传统文化学习的重视程度，并在传统文化学习中投入更多精力。围绕传统文化学习所进行的考核中，应该以开放性考题为主，比如，考查学生对特定文学作品中某一人物形象的看法，以此评估学生对该文学作品的了解程度。通过学习考核制度的调整，使学生加大对传统文化的学习力度，并在这一学习过程中逐步感受到传统文化对语文学习的积极影响，增强其学习获得感，进而更加主动参与到传统文化的学习中。

第二节　高中语文教育中的现代文化意识培养

在文化变革与科技进步中，现代文化意识的培养已经成为教育不可或缺的一环。尤其是在高中语文教育中，现代文化意识的植入和强化显得尤为重要。它不仅是学生适应社会、理解世界的必要素养，更是他们未来创新发展的基石。因此，本节将深入探讨如何在高中语文教育的各个环节中，有效地培养学生的现代文化意识。

一、现代文化意识的定义与特征

（一）现代文化意识的定义

现代文化意识是个体或群体对自身文化及其他文化的深入理解与敏感度，它包括对文化的历史、习俗、价值观、思维方式、艺术表现和社会规范的认知与尊重。对其他文化的理解：同样涵盖历史、习俗、价值观等多个方面，强调对其他文化的开放包容态度。在全球化背景下，现代文化意识强调培养跨文化交际能力，以适应多元文化环境。通过增强文化意识，个体能够更好地理解和接纳不同的文化观念，从而促进文化交流和和谐共处。文化意识的培养有助于提升人们的审美能力和心理素质，使人们能够欣赏和认同优秀文化。文化意识不仅是个人的素质和修养的体现，也是国家和民族形象的重要标志。加强文化意识的发展，有助于提升国家的文化软实力。

（二）现代文化意识的主要特征

1. 开放性

现代文化意识强调对不同文化形式的接受和包容。在一个文化开放性较高的社会，人们会接触到来自各个国家和地区的不同文化，并主动去探索和学习这些文化，从而实现文化的交流和融合。开放性的文化意识有助于不同文化之间的交流和合作。通过开放的文化交流，不同文化可以相互借鉴、学习和融合，从而丰富各自的文化内涵，并推动全球文化的共同发展。一个具有开放性文化意识的社会或国家，能够更好地展示其文化魅力和吸引力，提高文化软实力。这样的社会或国家更容易吸引外来人才和投资，促进经济、政治和文化等领域的全面发展。

2. 创新性

现代文化意识鼓励文化的创新和发展。在全球化背景下，文化创新成为推动文化发展的重要动力。通过引入新的文化元素、创新文化表达方式等，可以推动文化的创新和发展，使文化更加丰富多彩。在现代企业中，文化创新也显得尤为重要。企业文化创新包括协作文化、速度文化和学习文化等方面。协作文化强调团队成员之间的协作和合作；速度文化则强调快速响应和快速决策的能力；学习文化则鼓励持续学习和不断进步。这些文化创新有助于提高企业的竞争力和适应市场变化的能力。现代文化意识本质上也是超越的文化。它不仅仅是对过去文化的继承和发展，更是对未来文化的创新和超越。通过不断推动文化创新和发展，现代文化意识能够引领人们面向未来，创造更加美好的文化生活。

二、高中语文教育培养现代文化意识的策略

（一）教学内容的选择与更新

在现代教育中，教学内容的选择与更新是教育适应社会发展、满足学生需求的关键环节。特别是在文学教学中，引入具有现代文化特色的文学作品以及结合现代热点问题和社会现象进行文本解读，对于培养学生的文化意识、思辨性思维和社会责任感具有重要意义。选择那些能够反映当代社会变迁、体现现代文化精神的文学作品，有助于学生更好地理解当代社会现象，增强对现代文化的认同感。在引入文学作品时，应注重展现多元文化的交融，包括不同地域、不同民族、不同国家的文化特色。这有助于学生拓宽文化视野，培养跨文化交流的能

力。现代文学作品往往具有新颖独特的表达方式和思想内涵，引入这样的作品可以激发学生的创新意识，培养他们的创新精神和表达能力。将文学作品与现代热点问题和社会现象相结合进行解读，可以使学生更深刻地理解作品所表达的思想内涵，也增强了作品与现实世界的关联度。通过对现代热点问题和社会现象的解读，引导学生对文学作品进行思辨性思考，分析作品中的价值观念、社会现象以及人性问题等，培养学生的独立思考能力和思辨性思维。将文学作品与现代社会问题相结合，可以引导学生关注社会问题，思考个人在社会中的责任和作用，激发他们的社会责任感和使命感。

根据学科发展和时代变化，定期更新教材，确保教学内容的前沿性和时代性。推荐学生阅读具有现代文化特色的课外书籍，拓宽他们的阅读视野和知识储备。结合现代热点问题和社会现象，组织学生进行课堂讨论，激发他们的思考能力和表达能力。利用多媒体资源展示现代文化现象和文学作品，提高学生的学习兴趣和参与度。在文学教学中引入具有现代文化特色的文学作品以及结合现代热点问题和社会现象来进行文本解读，有助于培养学生的文化意识、思辨性思维和社会责任感，为他们未来的成长和发展奠定坚实的基础。

（二）教学方法的创新

在当前的教育环境中，采用多媒体、网络等现代教学手段，并鼓励学生进行自主学习、合作学习和探究学习，已经成为提高教学效果、培养学生综合素质的重要途径。利用多媒体设备，如投影仪、电子白板等，将文本、图像、音频、视频等多种信息形式结合起来，呈现丰富多样的教学内容。这不仅可以吸引学生的注意力，提高学习兴趣，还能帮助学生更直观地理解知识点，增强记忆效果。利用网络资源，如在线课程、电子书籍、学术数据库等，为学生提供广阔的学习空间和丰富的学习资源。学生可以根据自己的兴趣和需求，自主选择学习内容，拓宽知识视野。利用互动式教学平台，如在线讨论区、在线测验、虚拟实验室等，为学生提供实时互动的学习环境。通过平台上的交流讨论、协作完成任务，可以增强学生的合作意识和团队协作能力。在教学过程中，教师应注重培养学生的自主学习能力。通过提供学习指导、学习资源和学习任务，引导学生制定学习计划，独立完成学习任务。教师还应关注学生的学习进度和效果，及时给予反馈和指导。鼓励学生进行合作学习，通过分组讨论、协作完成任务等方式，培养学生的团队协作能力和沟通能力。在合作学习的过程中，学生可以相互学习、相互借鉴，共同解决问题，提高学习效果。引导学生进行探究学习，通过提出问题、查阅资料、分析数据等方式，培养学生的独立思考能力和创新能力。在探究学习的过程中，学生可以主动探索知识，发现问题的本质和规律，形成自己的见解和观点。

（三）渗透传统文化，培养学生文化意识

文化是一个国家、一个民族的灵魂。文化是一个民族保持独立，实现自强与发展的精神动力。新时代背景下，高中语文的教学方面要求教师把教材与传统的文化相结合起来，教师在平时的授课过程中要向学生灌输传统的文化，首先，教师就要注意培养学生的文化意识，带领着学生在教材中挖掘文化精神，最后创设一个具体的文化情境，让学生在传统文化的熏陶下进行语文学习。汉语言是中华文化的重要载体之一，是我们民族文化的结晶。中华文化的传承就需要目前每一位学生的共同努力。但是，在现代社会发展中，中西方文化冲突日益激烈，西方国家以强大的经济实力，进行文化输出，而传统文化在适应现代社会中呈现出一定的劣势，一些人在意识层面对传统文化缺乏认可，甚至在崇洋媚外中妄自菲薄，失去了对本民族文化的认同。在这一背景下，高中语文课程教学应承担起民族文化传承的责任，教师在教学指导中，应引导学生认真挖掘课内外的传统文化内涵，感受民族文化底蕴，理解民族精神，提升文化传承的责任感。在语文课程教学中，教师可以教材中古代诗歌，渗透传统文化，例如教师可以以唐代诗人李白、杜甫作为传统文化学习的切入点，为学生提供两位大诗人的经典诗作，感受两种不同诗词风格中体现出的传统文化的魅力，一种是飘逸浪漫，一种是沉郁顿挫，其中蕴含了传统文化中道家、儒家的思想内涵，这样学生才能在诗词文化的熏陶中涵养心性，提升对传统文化的认可和理解。此外，教师还应组织课外实践

活动，例如教师可以组织学生进入当地文化馆参观，了解当地的非物质文化遗产，参观这些传承千百年的文化形式，与手工匠人互动交流，了解"非遗"中蕴含的智慧和精神，从而培养学生的文化传承精神，提升学生的文化意识。

（四）引入现代文化，培养学生文化意识

文化的魅力在于不断地创新发展。现代社会呈现出多元化的特点，许多不同类型的文化在社会中找到了立足之处，在高中语文教学指导中，教师应注重现代文化体现出的时代精神，汲取文化精髓，提升学生的文化判断力，引导学生主动摒弃文化糟粕，在先进的文化熏陶中健康发展。教师首先要做的工作就是发掘教材中的文化素材，在实际的高中语文教学中将教材与文化相结合起来，教师可以运用多种教学工具，在引入现代文化的时候，利用互联网渠道寻找教材中有关的文化知识，在传授文化知识的同时，也要将价值观与科学的历史观科普给学生，深化教学的内涵，达到教书育人的最终目的。在课程改革背景下，语文教材在文本选择上更加开放，学生能够从多种类型的文化中更好地接受现代文化的熏陶。学生朗诵、演唱的过程中，能够清晰地感受到作者传递的民族精神，从而激发学生强烈的爱国主义热情。

（五）学习国外优秀文化，培养学生文化意识

在文化多元的背景下，社会对人才的跨文化交往能力提出了更高的要求。因此，了解、学习国外优秀文化，则成为学生提升文化意识，适应跨文化社会环境的必然选择。不同国家、地域之间的文化是互相包容的，学生在学习到我国的传统文化时，也要学习国外优秀的文化，学生在具备良好的知识基础上，还要具备一个国际视野，使得学生的学习方向也变得多元化，学生的眼界也变得多元化。随着我国对外交往的不断深入，国外的一些优秀文化也进入了我国教育体系之中，人教版高中语文教材中增选了一些外国尤其是当代外国的文学作品，这些作品着重培养学生对社会的观察、感受、理解等能力，对蕴含在神话传说、童话寓言中的人类与民族基本想象、智慧、精神的领悟，以及自我想象力的开发；着重于基本的美好人性的开发与启蒙，引导学生通过美文的阅读，认识个体生命的尊

严、价值与美，并以更加积极的态度对待自我、对待他人、对待世界。

三、教师角色的转变与提升

（一）教师是现代文化意识的传播者

在现代教育体系中，教师不仅是知识的传递者，更是现代文化意识的传播者。他们肩负着传递现代文化价值、展示现代文化特色的重要使命，教师应成为现代文化价值的传递者。在教学过程中，教师应积极传播现代文化的核心理念和价值观，如创新、开放、包容等。这些价值观不仅是现代社会的基石，也是培养学生成为未来社会有用之才的关键。通过讲解、讨论、案例分析等多种方式，教师可以帮助学生深入理解这些价值观的内涵和意义，引导他们树立正确的世界观、人生观和价值观。教师应积极展示现代文化的独特魅力。现代文化是一个多元、开放、包容的体系，涵盖了科技、艺术、社会等多个领域。在教学过程中，教师应结合课程内容，展示现代文化在这些领域的新进展和新成就。例如，在科技领域，教师可以介绍最新的科技发明和创新成果；在艺术领域，教师可以展示现代艺术的多样性和创新性；在社会领域，教师可以分析现代社会现象和问题，引导学生关注社会热点和民生问题。这些展示不仅可以让学生感受到现代文化的活力和魅力，还可以激发他们的学习兴趣和好奇心，促进他们的全面发展。为了更好地实现这一角色转变，教师需要不断提升自己的现代文化素养和教育教学能力。他们应积极参与各类培训和学习活动，了解最新的文化动态和教育理念；他们还应关注学生的个性差异和兴趣需求，采用多样化的教学方法和手段，满足学生的不同学习需求。通过这些努力，教师可以更好地履行现代文化意识传播者的职责，为学生的全面发展贡献自己的力量。

（二）教师需具备深厚的现代文化素养

在现代社会中，教师的角色不再仅仅局限于知识的传递者，更是现代文化的重要传承者和推动者。因此，教师必须具备深厚的现代文化素养，以更好地适应时代的发展，满足学生的需求。教师应通过广泛的阅读和学习，不断提升自己的现代文化素养。这意味着教师不仅要关注本学科领域内的最新进展，还要拓宽视野，了解其他领域的知识和信息。只有如此，教师才能全面地把握现代文化的内涵和外延，为学生提供更为丰富和深入的学习内容。广泛阅读和学习包括阅读各类书籍、期刊、报纸，参加学术研讨会、讲座等。通过这些途径，教师可以了解现代文化的起源、发展、特点以及在社会中的作用。教师还可以关注社会热点和时事新闻，了解现代社会的发展趋势和问题，以便将这些内容融入教学中，让学生更好地理解和应用所学知识。现代文化涉及多个领域，包括科技、艺术、经济、政治等。因此，教师应具备跨学科的知识融合能力。这要求教师在掌握本学科知识的基础上，能够与其他学科的知识进行有机结合，形成综合性的知识体系。例如，在教授历史课程时，教师可以结合政治、经济、文化等方面的知识，帮助学生更全面地理解历史事件和现象；在教授科学课程时，教师可以融入人文社会科学的视角，培养学生的科学精神和人文素养。为了培养跨学科的知识融合能力，教师可以参加跨学科的教学和研究项目，与不同学科的教师进行合作和交流。通过这些活动，教师可以了解其他学科的知识和方法，拓宽自己的学术视野和思路。教师还可以尝试将不同学科的知识融入自己的教学中，创新教学方法和手段，为学生提供更为全面和深入的学习体验。教师具备深厚的现代文化素养是适应时代发展的需要，也是满足学生全面发展的需求。通过广泛的阅读和学习以及跨学科的知识融合能力的培养，教师可以不断提升自己的文化素养和教学能力，为学生的成长和发展做出更大的贡献。

（三）教师需关注现代文化动态，不断更新教学内容

在现代快速发展的社会中，文化的变迁和更新速度也日新月异。作为教育工作者，教师不仅要教授学生知识，更要引导他们理解和适应这个快速变化的世界。因此，教师需要密切关注现代文化的发展动态，不断更新和优化教学内容，确保学生接受的是最前沿、最符合时代需求的知识。关注文化前沿是教师的一项重要职责，教师应时刻保持对现代文化发展的敏感度，通过阅读新闻、参加研讨会、浏览专业网站等途径，了解最新的文化趋势和热点问题。这些前沿信息不仅

包括科技、艺术等领域的最新成果，还包括社会、经济、政治等方面的新动态。将这些信息及时融入教学内容中，可以帮助学生更好地了解世界，培养他们的全球视野和跨文化交流能力。案例和实例是教学中常用的教学手段。教师应关注现实生活中的热点问题，将这些热点问题作为案例和实例引入教学中，帮助学生更好地理解和应用所学知识。现代文化涉及多个领域，教师应尝试将不同领域的知识进行融合，形成综合性的教学内容。这不仅可以帮助学生更全面地了解现代文化，还可以培养他们的跨学科思维能力和解决问题的能力。更新教学内容还需要教师具备创新精神和实践能力。教师需要敢于尝试新的教学方法和手段，勇于挑战传统的教学模式。教师还需要积极参与教学研究和实践活动，不断探索适合学生的教学方法和策略。只有这样，教师才能真正做到关注现代文化动态，不断更新教学内容，为学生的全面发展提供有力支持。

（四）为了实现教师角色的转变与提升，应采取的措施

定期举办专业发展研讨会，定期组织教师参加专业发展研讨会，聚焦现代文化意识、教学方法创新和跨学科知识融合等主题，让教师有机会与同行交流经验，共同探索新的教学理念和模式。提供在线和混合学习培训，利用网络平台提供在线和混合学习培训，使教师能够灵活地安排学习时间，学习最新的教学技术和现代文化知识，并能在实践中不断尝试和应用。鼓励跨学科合作，积极推动不同学科教师之间的合作，组织跨学科的教学和研究项目，鼓励教师跨越学科界限，共同开发和实施综合性、创新性的教学方案。构建一个教学资源共享平台，提供丰富的教材、教案、教学视频等，让教师可以方便地获取和使用这些资源，从而丰富教学内容，提高教学效果。营造持续学习和自我提升的文化氛围，鼓励教师不断学习新知识、新技能，不断提升自己的专业素养和教学能力，以适应不断变化的教育环境和学生需求。

四、学生现代文化意识培养的评价与反馈

在培养学生现代文化意识的过程中，评价与反馈是不可或缺的一环。一个多元化的评价体系能够全面、客观地评估学生在现代文化意识培养方面的进步与不

足，及时的反馈与指导也能帮助学生认识到自己的问题所在，进而进行自我反思和持续改进。

首先，建立多元化的评价体系至关重要。这种评价体系不仅仅关注学生的课堂表现，更要结合学生的作业质量、实践活动参与度等多方面进行评价。课堂表现是评价学生学习态度和方法的重要方面，而作业质量则能够反映出学生对知识的掌握程度和解决问题的能力。此外，实践活动的参与度也是评价学生现代文化意识培养效果的重要指标之一。通过参与实践活动，学生能够更直观地了解现代文化，提高文化素养。

其次，提供及时的反馈与指导是评价体系的重要组成部分。针对学生的表现，教师应给予具体的反馈和建议。这种反馈不应仅仅停留在简单的"好"或"不好"上，而应具体指出学生的优点和不足，并提供改进的建议。例如，在评价学生的课堂表现时，教师可以指出学生发言的亮点，也提出学生在讨论中存在的不足之处，并建议他们如何改进。这样的反馈能够让学生更清晰地认识到自己的问题所在，从而有针对性地进行改进。

最后，鼓励学生进行自我反思和持续改进是评价体系的重要目标。通过教师的反馈和指导，学生应该能够认识到自己的不足，并主动进行自我反思。在反思过程中，学生可以思考自己在学习和实践活动中的表现，找出自己的问题所在，并思考如何改进。教师也应该为学生提供足够的支持和鼓励，帮助他们树立信心，激发他们的学习动力。通过这样的循环过程，学生的现代文化意识将会得到不断提高和完善。

第三节　文化素养培育与语文教育教学的融合

随着时代的发展和教育理念的不断演进，文化素养培育与语文教育教学的融合已成为教育领域中备受瞩目的焦点。在这第三节中，我们将系统地审视文化素养培育与语文教育教学之间的联系。文化素养是个体精神内涵的重要体现，而语文教育教学作为基础教育的核心组成部分，承担着塑造学生人文品格与语言能力的重任。两者相辅相成，共同构建起学生全面发展的坚实基础。对其关系与有效融合的深入探讨，不仅有助于我们深刻理解教育的本质与内涵，更能为推动教育实践的创新与进步指明方向。

一、文化素养培育与语文教育教学的内涵

文化素养是一个多维度的概念，它涵盖了人们在长期的社会实践活动中所形成的知识、能力、态度和价值观的综合体现。文化素养不仅指对文化知识的了解和掌握，更包括了对文化的理解、鉴赏、思辨和创新的能力，以及对于文化价值的认同和追求。

语文教育教学是教育体系中的一门重要学科，其主要目标是培养学生语言文字的运用能力，包括听、说、读、写等各个方面。语文教育教学也是传承和发展文化的重要载体，通过语文教育，学生可以接触到丰富的文化遗产，了解文化历史，培养文化自觉和文化自信。

二、文化素养培育与语文教育教学的关系

（一）语文教育教学是文化素养培育的基础和途径

1. 文化知识的系统学习

通过语文教育教学，学生得以系统地学习语言文字的运用规律，如语法、修辞、篇章结构等。这些基础知识不仅有助于他们准确理解和运用语言，更是进一步探索文化领域的基石。语文课程还涵盖了丰富的文化历史知识，如文学、历史、哲学等，使学生能够在学习过程中不断积累文化知识，构建自己的文化认知体系。

2. 文化鉴赏能力的培养

语文教育教学注重培养学生的文化鉴赏能力。通过阅读文学作品、分析文化现象、探讨文化价值等活动，学生得以学会从不同角度审视和解读文化，从而培养出敏锐的文化感知力和思辨性思维能力。这种文化鉴赏能力对于提升学生的文化素养至关重要，使他们能够在复杂多变的文化环境中保持独立思考和判断。

3. 实践文化能力的机会

语文教育教学不仅限于理论知识的学习，更重视学生的实践能力培养。通过写作、演讲、辩论等语文实践活动，学生得以将所学知识运用到实际中，锻炼自己的思维能力、表达能力和创新能力。这些活动不仅能够加深学生对文化知识的理解，还能够培养他们的文化自信心和传承文化的责任感。

4. 思维与表达能力的提升

在语文教育教学的过程中，学生需要不断运用语言进行思考和表达。这种训练不仅能够提高他们的思维逻辑性和条理性，还能够培养他们的语言表达能力和沟通能力。这些能力的提升对于提升学生的文化素养具有重要意义，使他们能够更好地理解和运用文化知识，更好地融入和参与文化实践。

（二）文化素养是语文教育教学的目标和追求

文化素养的培养首先要求学生能够深入理解文化的内涵。这包括了对文学、历史、哲学、艺术等各个领域的基本认识，以及对于文化多样性和文化交流的深刻理解。通过语文教育，学生将接触到丰富多彩的文化现象，从而开阔视野，形成对文化的全面认知。文化自觉是指个体对于自身所属文化的认识和认同。在语文教育教学中，教师会引导学生认识到自己所属文化的独特性和价值，以及在全球化背景下如何坚守和传承自己的文化。这种文化自觉能够增强学生的民族自豪感和文化自信心，使他们更加坚定地走在文化自觉的道路上。文化自信是在文化自觉的基础上形成的对于自身文化的坚定信念和自信心。在语文教育教学中，我们鼓励学生积极参与文化实践活动，如文学创作、艺术表演、文化传承等，让他们在实践中体验文化的魅力，感受文化的力量。这种实践体验能够增强学生的文化自信，使他们更加勇敢地面对各种文化挑战和竞争。文化素养的培养不仅仅是针对学生的知识层面，更关注他们的全面发展。在语文教育教学中，我们注重培养学生的道德素质、审美素质和创新素质。通过引导学生阅读经典文学作品、欣赏艺术作品、参与社会实践等活动，我们期望学生能够形成健康的人生观、价值观和世界观，具备高尚的道德情操和审美情趣，以及独立思考和解决问题的能力。为了实现文化素养的培养目标，语文教育教学需要整合各种教育资源。这包括了教材内容、课外读物、网络资源、社会实践等多个方面。教师需要不断更新教育观念，创新教学方法，充分利用各种资源来丰富教学内容和形式，为学生提供更加广阔的学习空间和发展机会。

（三）语文教育教学促进学生文化素养的提升

语文教育教学通过系统的课程设置，引导学生学习古今中外的文学作品、历史文献、哲学思想等，帮助学生建立起全面的文化知识体系。这些知识的学习不仅拓宽了学生的视野，还为他们进一步深入理解和鉴赏文化现象奠定了基础。在掌握了丰富的文化知识后，语文教育教学通过引导学生阅读、分析、讨论文学作品和文化现象，帮助他们提升文化鉴赏能力。学生将学会从多个角度审视和解读文化，理解其背后的深层含义和价值，形成自己独特的文化见解和审美观念。语文教育教学鼓励学生独立思考，对文化现象进行思辨性思考。通过讨论、辩论等教学活动，学生将学会辨别文化信息的真伪、优劣，形成自己的判断和评价。这种思辨性思维能力的培养对于学生在复杂多变的文化环境中保持清醒的头脑至关重要。语文教育不仅注重知识的传授，更重视培养学生的创新思维。通过写作、创作、改编等教学活动，学生将学会运用所学知识进行创新性的表达和思考。这种创新思维的培养有助于学生形成独特的文化见解，为文化的传承和发展注入新的活力。语文教育教学通过组织各类实践活动，如文学社团、文化讲座、社会调查等，让学生有机会将所学知识运用到实际中。这些实践活动不仅能够检验学生的学习成果，还能够锻炼他们的实践能力和团队协作能力，为他们未来走向社会打下坚实的基础。

（四）文化素养的培育丰富语文教育教学的内容和形式

1. 教学内容的丰富化

传统的语文教学内容以文学作品为主，但随着文化素养的培育，文学作品的选择范围更加广泛。从古典文学到现代文学，从国内文学到世界文学，各种风格、各种题材的作品都被引入课堂，让学生领略到不同文化的魅力。文化素养的培育不仅仅是文学素养的提升，更是跨学科知识的整合。因此，语文教育教学开始与其他学科如历史、哲学、艺术等进行融合，使学生在学习语文的同时，也能获得其他领域的知识和见解。随着社会的不断发展，新的文化现象和热点不断涌现。语文教育教学紧跟时代步伐，将社会热点和时代变迁作为教学内容的一部分，引导学生关注现实，思考文化与社会的关系。

2. 教学方法的多样化

为了让学生更好地理解和感受文化，语文教育教学采用了情境教学法。通过模拟真实的文化场景，让学生在情境中学习、体验、感悟，使学习更加生动、有趣。文化素养的培育强调学生的主动参与和思考。因此，语文教育教学增加了互动讨论和辩论的环节，让学生在讨论和辩论中表达自己的观点，提高思维能力和思辨能力。为了培养学生的实践能力和团队协作能力，语文教育教学引入了项目式学习和合作学习的方法。通过小组合作完成任务，让学生在实践中学习和成长。

3. 教育资源的整合与利用

随着文化素养的培育，语文教育教学开始更加注重资源的整合与利用。除了传统的教材和教辅资料外，还积极引入网络资源、社区资源等，为学生提供更加丰富、多元的学习材料。还加强了与校外文化机构的合作，如博物馆、图书馆等，为学生提供更多的实践机会和学习平台。

4. 教育理念的更新与发展

文化素养的培育促使语文教育教学在教育理念上进行了更新与发展。传统的教育理念注重知识的传授和应试能力的培养，而现在的教育理念则更加注重学生的全面发展、创新能力和实践能力的培养。也更加关注学生的个体差异和个性化需求，让每个学生都能在语文学习中找到自己的兴趣和价值所在。

三、文化素养培育与语文教育教学的有效融合

（一）教育理念的更新

在教育领域，理念的更新是推动教育进步和适应时代发展的重要动力。针对

语文教育与文化素养培育，我们需要更新教育理念，以更好地满足学生的全面发展需求。我们要树立以人为本的教育理念，这一理念强调教育的核心在于培养和发展人的全面素质，而不仅仅是传授知识。在语文教育中，以人为本意味着我们要关注学生的个体差异，尊重他们的兴趣和需求，让每个学生都能在语文学习中找到自己的价值所在。我们还要关注学生的情感体验和心理健康，让他们在轻松、愉悦的氛围中学习，提高学习的积极性和效果。我们要强调语文教育与文化素养培育的有机结合。语文不仅是学习语言文字的学科，更是传承和弘扬中华文化的重要途径。在语文教育中，我们不仅要教授学生基本的语言知识，更要培养他们的文化素养。这意味着我们需要将文化知识、文化精神、文化价值等融入语文教学中，让学生在学习语言文字的同时，也能领略到中华文化的博大精深和独特魅力。通过语文教育与文化素养培育的有机结合，我们可以更好地培养学生的文化自觉和文化自信，让他们成为具有深厚文化底蕴和广阔文化视野的现代人。

教师是教育理念的执行者，他们的教育理念直接影响到学生的成长，我们需要加强师资培训，提高教师的专业素养和教育理念水平，让他们能够深入理解并贯彻以人为本、全面发展的教育理念，以及语文教育与文化素养培育的有机结合。课程设置是教育理念的具体体现。我们需要优化语文课程设置，增加文化素养培育的内容，让学生在学习中不断感受到文化的魅力。我们还需要关注课程之间的融合与贯通，让学生能够在不同的学科中感受到文化的共性和差异。教学方法是实现教育理念的重要手段。我们需要创新语文教学方法，采用多样化的教学手段和方式，如情境教学、互动讨论、项目式学习等，激发学生的学习兴趣和积极性，提高他们的学习效果和文化素养水平。

（二）教学内容的创新

1. 融入多元文化知识，丰富语文教材内容

随着全球化进程的加快，文化交流变得日益频繁，学生对多元文化的兴趣和需求也在不断增长。为了培养学生的跨文化交流能力和国际视野，语文教材内容需要融入更多的多元文化知识。在语文教材中增加国际文学作品，让学生接触到

不同国家和地区的文学作品，了解不同文化的表达方式和思想内涵。这不仅可以拓宽学生的文学视野，还能培养他们的跨文化理解能力。在教材中设置多元文化主题单元，如"世界文化之旅""跨文化交流"等，让学生通过学习和讨论，深入了解不同文化的特点和魅力。这有助于培养学生的文化自觉和文化自信，增强他们的国际竞争力。在教材中融入地方文化特色，让学生了解和热爱自己的家乡文化。通过讲述家乡的历史、风俗、名人等，让学生感受到文化的魅力和力量，培养他们的家国情怀和文化自豪感。

2. 引导学生通过阅读、写作等活动，深入了解文化内涵

阅读和写作是语文学习的两大核心活动，也是深入了解文化内涵的重要途径。通过引导学生参与阅读、写作等活动，可以让他们更加深入地了解文化内涵，提升他们的文化素养。引导学生阅读经典文学作品，如古代诗词、名著小说等。通过阅读经典作品，学生可以领略到不同文化的独特魅力和思想内涵，提升他们的文学素养和审美能力。设置文化主题作文题目，引导学生通过写作来表达对文化的理解和感悟。在写作过程中，学生需要深入了解文化内涵，思考文化现象背后的深层含义，从而提升他们的文化素养和思维能力。组织学生进行文化实践活动，如参观博物馆、文化遗址等。通过实践活动，学生可以亲身体验到文化的魅力和力量，加深对文化内涵的理解和感悟。这有助于培养学生的实践能力和创新精神，提升他们的综合素养。

（三）教学方法的改进

1. 采用启发式教学方法，激发学生的学习兴趣

启发式教学强调学生的主体性和主动性，教师通过提出问题、引导思考等方式，激发学生的学习兴趣和求知欲。在语文教育中，启发式教学方法可以帮助学生更好地理解语文知识，提高学习效果。教师可以设计一系列与课程内容相关的问题，引导学生自主思考、探究答案。通过问题的引导，学生可以更加主动地参与到学习过程中，提高学习的积极性和效果。教师可以选取一些典型的案例，让学生通过分析案例来理解和掌握知识。案例分析可以帮助学生将理论知识与实际

情境相结合，提高他们的问题解决能力。教师可以组织学生进行小组合作学习，让学生在小组中共同讨论、解决问题。小组合作可以培养学生的团队协作能力和沟通能力，也能激发他们的学习兴趣和创造力。

2. 采用情境教学方法，增强学生的学习体验

情境教学强调将知识融入具体的情境中，让学生在情境中学习和体验知识。在语文教育中，情境教学方法可以帮助学生更加直观地理解语文知识，增强他们的学习体验。教师可以模拟真实的情境，让学生在情境中扮演不同的角色，进行语言交流和表达。模拟情境可以让学生更加深入地了解语言的运用和表达方式，提高他们的语言运用能力。教师可以组织学生进行角色扮演活动，让学生在扮演角色的过程中体验和理解文本中的情感和思想。角色扮演可以让学生更加深入地理解文本内容，提高他们的阅读理解和情感体验能力。教师可以组织学生进行实地考察活动，让学生亲身感受文化遗产、自然景观等。实地考察可以让学生更加直观地了解文化知识和自然环境，增强他们的文化素养和环保意识。

3. 注重学生的实践体验，培养学生的创新精神和实践能力

语文教育不仅仅是知识的传授，更重要的是培养学生的实践能力和创新精神。因此，在教学过程中，教师需要注重学生的实践体验，让他们在实践中学习和成长。教师可以设计一些与课程内容相关的实践项目，让学生参与到项目的实施过程中。实践项目可以让学生将所学知识运用到实际情境中，培养他们的实践能力和解决问题的能力。教师可以通过一些创新思维训练活动，如头脑风暴、创意设计等，来激发学生的创新精神和创造力。创新思维训练可以帮助学生打破思维定式，培养他们的创新能力和创造力。教师需要注重对学生实践活动的评价，及时给予反馈和指导。通过评价，教师可以了解学生在实践活动中的表现和问题，帮助他们改进和提高。评价也可以激励学生更加积极地参与到实践活动中来，教学方法的改进是提高语文教育质量的重要途径。通过采用启发式教学、情境教学等方法，可以激发学生的学习兴趣；注重学生的实践体验，可以培养他们的创新精神和实践能力。这将有助于提高学生的语文学习效果和综合素养。

（四）评价体系的完善

1.建立多元化评价体系，关注学生的全面发展

多元化评价体系强调评价内容的多样性，不仅关注学生的学习成绩，还关注学生的道德品质、学科素养、身体素质、审美情趣、劳动技能等多个方面。多元化评价旨在全面评价学生的综合素质，使评价更加全面、客观。除了传统的学科知识测试，还应包括学生的品德表现、社会实践、艺术创作等多方面的评价。评价不仅来自教师，还应包括学生自评、互评以及家长、社区的评价，使评价更加公正、全面。采用面试、演讲、实践操作、作品展示等多种评价方法，以充分展示学生的特长和综合能力。多元化评价体系能够更加真实地反映学生的全面发展状况，避免"一刀切"的评价方式，为学生提供更加公正、客观的评价结果。促进学生综合素质的提升，引导学生全面发展，适应社会对多元化人才的需求。

2.强调过程性评价，注重学生的文化素养培育过程

过程性评价关注学生在学习过程中的表现，如学习态度、方法、团队协作等，旨在通过评价促进学生的学习和发展。强调过程性评价有助于教师更加关注学生的个体差异和学习过程，为学生提供更加个性化、精准化的指导和支持。教师通过观察学生在学习过程中的表现，记录学生的进步和成就，作为评价的依据。鼓励学生记录自己的学习反思，了解自己的学习状态和需要改进的地方。学生展示自己的学习成果，如作文、艺术作品等，通过展示来评价学生的学习效果。过程性评价能够帮助学生更好地了解自己的学习情况，发现自己的优点和不足，从而调整学习策略和方法。有助于教师更加深入地了解学生的学习需求和困难，为学生提供更加有效的指导和支持。通过关注学生的学习过程，促进学生的文化素养培育，使学生不仅在知识上有所收获，更在情感态度、价值观等方面得到提升。

（五）教师专业素养的提升

1.加强教师培训，提高教师的文化素养和教育教学能力

定期组织教师参加文化讲座、研讨会等活动，了解文化发展的最新动态和前

沿理念。提供多样化的文化资源，如书籍、杂志、网络资源等，鼓励教师自主学习，提升文化素养。加强中国传统文化和西方文化的比较研究，使教师具备跨文化交流的能力，能够更好地引导学生理解不同文化的魅力。定期开展教育心理学、教学方法、课程设计等培训，帮助教师掌握先进的教育理念和教学方法。鼓励教师参加教学观摩、教学比赛等活动，通过实践锻炼提高教学能力。推广现代教育技术，如多媒体教学、网络教学等，使教师能够运用现代技术手段辅助教学，提高教学效果。

2. 鼓励教师参与课题研究，推动教育教学改革

课题研究是教师进行教学反思、总结经验的重要途径，有助于教师发现问题、解决问题，提高教育教学水平。课题研究可以推动教育教学改革，探索新的教育理念、教学方法和评价体系，为教育改革提供实践经验和理论支持。学校应为教师提供课题研究的平台和支持，鼓励教师积极申报课题、参与课题研究。加强课题研究的指导和培训，提高教师的课题研究能力。定期组织课题研究成果交流会、研讨会等活动，分享研究成果和经验，推动教育教学改革的发展。教师参与课题研究可以提高自身的专业素养和教学能力，为学生提供更优质的教学服务。课题研究可以推动教育教学改革，为培养具有创新精神和实践能力的人才提供有力保障。

第十章 高中语文教育创新与发展趋势

在教育不断变革与发展的进程中，高中语文教育占据着至关重要的地位。本章将深入聚焦高中语文教育创新与发展趋势这一关键领域。面对时代的快速变迁和社会对人才培养的新要求，高中语文教育的创新已势在必行。通过对典型创新实践案例的研究，我们能够汲取成功经验，获得宝贵启示，对高中语文教育未来发展趋势的准确预测，以及随之而来的应对策略和建议的提出，推动其不断进步与完善，以适应时代的需求和学生的发展需要。

第一节 高中语文教育创新的必要性与可行性分析

在当今时代的大背景下，教育正处于不断变革与发展之中，高中语文教育亦面临着诸多新的挑战与机遇。第一节聚焦于高中语文教育创新的必要性与可行性分析。随着社会的进步和对人才需求的变化，传统的高中语文教育模式已难以完全满足现实的要求，创新的紧迫性日益凸显。我们也需深入探究高中语文教育创新的可行性，思索如何在现实条件下开辟出切实可行的实施路径，以推动高中语文教育迈向新的高度。

一、高中语文教育创新的必要性

（一）适应时代发展的需要

在当今社会，对人才的需求已经不再是简单地追求知识的积累，而是更加注重创新能力和综合素质的提升。高中语文教育，作为培养学生人文素养和综合素质的重要学科，必须紧跟这一时代发展的步伐，进行创新改革。传统的语文教育往往侧重于知识的传授和应试技巧的训练，忽视了学生的创新能力和综合素质的培养。然而，在当今社会，这样的教育模式已经无法满足社会对人才的需求。为了适应时代发展的需要，高中语文教育需要进行创新。语文教学内容应该更加贴近现实生活，引入更多具有时代特色的文本和话题，让学生在学习语文的同时，能够更好地理解和适应社会。教师应该摒弃传统的"灌输式"教学方法，采用更加灵活、多样的教学方式，如讨论、辩论、案例分析等，激发学生的学习兴趣和积极性，培养学生的创新思维和实践能力。传统的语文评价体系往往以分数为唯一标准，忽视了学生的综合素质和创新能力的评价。为了适应时代发展的需要，应该建立更加全面、多元的评价体系，注重学生的综合素质和创新能力的评价，以更准确地反映学生的学习成果和发展潜力。高中语文教育可以利用网络资源和技术手段，如在线教育平台、数字化教学资源等，为学生提供更加丰富、便捷的学习资源和途径，提高教学效果和学习效率。高中语文教育必须紧跟时代步伐，进行创新改革，以适应社会发展的需要。通过教学内容的更新、教学方法的改进、评价体系的完善和信息技术的融合，可以培养出更多具有创新能力和综合素质的优秀人才，为社会的发展作出更大的贡献。

（二）满足学生个性化需求

在传统的高中语文教育中，教学内容、教学方法和评价方式往往较为统一，缺乏对学生个性化需求的关注和满足。在当今社会，学生之间的差异性日益凸显，每个学生都拥有自己独特的兴趣、才能和学习需求。为了满足学生的个性化需求，高中语文教育必须进行创新和改革。首先，教学内容需要更加多元化。除了传统的文学作品和经典文本外，还应引入更多符合学生兴趣和需求的现代文学作品、网络文学、影视文学等，以满足学生不同的阅读和学习需求。也可以根据学生的兴趣和特长，开设选修课程或兴趣小组，让学生自主选择学习内容，发展自己的特长和兴趣。教学方式需要更加个性化，传统的教学方式往往采用"一刀切"的方式，忽视了学生之间的差异性。为了满足学生的个性化需求，教师应该采用更加灵活多样的教学方式，如小组讨论、合作学习、项目式学习等，让学生能够在互动和合作中发挥自己的主动性和创造性。教师还可以根据学生的学习情况和反馈，及时调整教学策略和方法，以更好地满足学生的个性化需求。评价方式也需要更加多元化和个性化。传统的评价方式往往以分数为唯一标准，忽视了学生的综合素质和创新能力。为了满足学生的个性化需求，应该建立更加全面、多元的评价体系，注重学生的综合素质和创新能力的评价。可以采用自我评价、同伴评价、教师评价等多种评价方式，让学生参与到评价过程中来，更全面地了解自己的学习情况和发展潜力。为了满足学生的个性化需求，高中语文教育必须进行创新和改革。教学内容的多元化、教学方式的个性化和评价方式的多元化，可以为学生提供更加符合自己兴趣和需求的学习环境和机会，促进他们的全面发展和个性化成长。

（三）培养学生的创新能力和思辨性思维

在当今这个信息爆炸、知识快速更新的时代，创新能力和思辨性思维已成为衡量人才的重要标准。高中语文教育作为培养学生人文素养和思维能力的关键学科，应当肩负起培养学生创新能力和思辨性思维的重任。培养学生的创新能力意味着激发学生的创造力和想象力。在高中语文教育中，教师可以通过设计具有启发性的教学活动，如文学创作、角色扮演、辩论演讲等，引导学生从多个角度、多个层面去理解和解读文本，激发他们的创新思维。教师还可以鼓励学生自主思考，勇于提出自己的见解和想法，让学生在思考和表达中锻炼自己的创新能力。培养学生的思辨性思维意味着引导学生独立思考、独立判断。在语文教学中，教师不应仅仅满足于知识的传授，更应注重对学生思维能力的培养。教师可以通过引导学生分析文本背后的深层含义、探究作者的创作意图、评价作品的优劣等方式，培养学生的思辨性思维。教师还应鼓励学生敢于质疑、敢于挑战权威，让学生在思考和质疑中提升自己的思辨性思维能力。为了有效培养学生的创新能力和思辨性思维，高中语文教育需要注意创新和思辨都需要一个宽松、自由的学习环境。教师应鼓励学生表达自己的观点和想法，允许他们犯错误和尝试，让学生在轻松的氛围中自由思考和探索。丰富的学习资源是培养学生创新能力和思辨性思维的重要基础。教师应为学生提供多样化的阅读材料、多媒体资源等，让学生在学习过程中接触到不同的信息和观点，拓宽自己的视野和思路。实践是检验真理的唯一标准。教师可以通过组织文学社团、阅读分享会、写作比赛等实践活动，让学生将所学知识运用到实际中，通过实践锻炼自己的创新能力和思辨性思维。培养学生的创新能力和思辨性思维是高中语文教育的重要任务。通过激发学生的创造力和想象力、引导学生独立思考和判断、提供丰富的学习资源和引导学生参与实践活动等方式，可以有效提升学生的创新能力和思辨性思维，为他们未来的学习和生活奠定坚实的基础。

二、高中语文教育创新的可行性

（一）政策支持与引导

在推动高中语文教育创新改革的过程中，国家教育部门发挥了关键的作用，通过出台一系列政策文件，为高中语文教育的创新提供了有力的政策保障和支持。国家教育部门针对高中语文教育的创新改革，制定并发布了一系列政策文件。这些文件不仅明确了高中语文教育创新的方向和目标，还提出了具体的实施措施和步骤，为高中语文教育的创新提供了明确的指导。政策鼓励各级教育机构和学校利用现代信息技术，建设在线教育平台和数字化教学资源库，实现教学资源的整合与共享，为高中语文教育提供更加丰富、多样的教学资源。政策鼓励教师积极探索新的教学方法和手段，如项目式学习、合作学习、翻转课堂等，以激发学生的学习兴趣和主动性，培养学生的创新能力和思辨性思维。政策强调加强教师的培训和发展，提升教师的专业素养和教学能力。通过组织各种培训活动、研讨会和进修班等，为教师提供专业成长的机会和平台。政策要求建立多元化、全面化的评价体系，改变传统的以分数为唯一评价标准的做法。注重学生的综合素质、创新能力和实践能力的评价，以更准确地反映学生的学习成果和发展潜力。这些政策的出台和实施，为高中语文教育的创新提供了有力的政策保障和支持。它们不仅激发了学校和教师的创新热情，也为学生提供了更加优质、多样化的学习资源和环境。这些政策还有助于推动高中语文教育的国际化交流与合作，提升我国高中语文教育的国际影响力。

（二）资源整合与共享

信息技术的迅猛发展，高中语文教育正迎来教学资源整合与共享的新机遇。这种整合与共享不仅能够有效提升教学质量，还能够为学生提供更加丰富、多样化的学习资源和途径。建设在线教育平台是借助互联网技术，学校和教育机构可以建设在线教育平台，将高中语文课程、教学视频、学习资料等数字化资源集中展示。在线教育平台能够打破时间和空间的限制，使学生随时随地访问学习资源，提高学习的灵活性和自主性。平台还可以提供互动功能，如在线问答、讨论区等，方便学生与教师、同学之间的交流和互动。利用信息技术手段，将传统的纸质教材、教案等教学资源转化为数字化形式，如电子书、教学视频、在线课件等。数字化教学资源具有易于传播、存储和更新的特点，能够极大地丰富学生的学习资源。数字化教学资源还能够支持多种学习方式，如自主学习、合作学习等，满足学生多样化的学习需求。将分散在各个学校、教育机构和个人手中的教学资源进行有效整合，形成一个统一的、互相连接的系统。通过建立教育资源库、教学资源共享平台等方式，实现教学资源的集中管理和共享使用。教学资源的整合可以优化资源配置，避免资源浪费，提高资源利用效率。明确整合与共享的目标：确定需要整合和共享的资源类型和范围，如高中语文教材、教案、教学视频等。利用信息技术手段：如云计算、大数据、人工智能等，将资源上传到云平台进行分类、存储和共享。建立合作机制：与其他学校、教育机构、企业和个人建立合作关系，共同开发和维护教学资源。推广使用：通过宣传、培训等方式，让更多的教师和学生了解和使用整合与共享的教学资源。丰富、多样的教学资源能够激发学生的学习兴趣和主动性，提高学习效果。教师可以通过使用整合与共享的教学资源，借鉴和学习其他教师的教学经验和教学方法，促进自己的专业发展。教学资源的整合与共享有助于推动高中语文教育的创新和发展，提高教育质量和水平。

（三）教师培训与提升

在高中语文教育的创新过程中，教师的角色至关重要。他们的专业素养、教学技能以及创新意识直接影响着教育的质量和学生的成长。加强教师的培训与提升是提高高中语文教育创新能力的关键所在。教师的专业素养是教学质量的基石。要提升教师的专业素养，需要组织教师参加各类专业培训，如教育心理学、语文教学法、文学理论等。这些培训不仅可以帮助教师更新知识结构，掌握新的教学方法和技巧，还能增强他们的教学自信和专业认同感。教学技能是教师将知识有效传递给学生的重要能力。为了提升教师的教学技能，可以组织教师参加观摩课、示范课、教学竞赛等活动。这些活动可以让教师在实践中学习、反思和进步，提高他们的课堂教学能力和组织管理能力。创新意识是推动教育创新的动力源泉。要激发教师的创新意识，需要为他们提供广阔的创新空间和平台。例如，可以组织教师开展课题研究、教学实验等活动，鼓励他们在教学中尝试新的教学方法和手段。还要为教师提供创新成果展示和交流的机会，让他们感受到创新带来的成就感和荣誉感。教师学习共同体是教师之间相互学习、相互支持、共同成长的平台。通过构建教师学习共同体，可以加强教师之间的交流与合作，促进教师之间的知识共享和经验交流。例如，可以组织教师参加学术沙龙、教学研讨会等活动，让教师在轻松愉快的氛围中交流教学心得和体会。根据教师的需求和学校的发展目标，制定详细的培训计划，包括培训内容、培训时间、培训方式等。邀请知名教育专家、学者或一线优秀教师来校授课或指导，为教师提供专业、前沿的教学理念和教学方法。如线上课程、线下讲座、工作坊、案例分析等，以满足不同教师的学习需求和学习风格。为教师提供丰富的在线学习资源和自学时间，鼓励他们自主学习、自我提升。通过加强教师的培训与提升，可以显著提高教师的专业素养和教学技能，激发他们的创新意识和实践能力。这将有助于提高高中语文教育的质量和水平，推动教育的创新和发展。教师的学习和成长也将为学生树立榜样，激发他们的学习热情和创造力。

（四）教学方法与手段的创新

高中语文教育在教学方法和手段上的创新，是激发学生兴趣、培养创新能力和实践能力的重要途径。传统的教学方法已经不能满足现代教育对学生综合素质培养的要求，因此，我们需要借鉴其他学科的成功经验，引入新的教学方法和手段，以推动高中语文教育的创新与发展。项目式学习是一种以学生为中心，通过完成项目来达成学习目标的教学方法。在高中语文教育中，可以引入项目式学习，让学生在实践中学习和探索。例如，教师可以设计一个与课程内容相关的项目，让学生分组进行研究和展示。学生需要自主搜集资料、分析文本、撰写报告，并在课堂上进行展示和交流。这种教学方法能够激发学生的学习兴趣，培养他们的团队合作能力和实践能力。翻转课堂是一种颠覆传统课堂教学模式的教学方法。在翻转课堂中，教师将课堂讲授的内容录制成视频或 PPT，让学生在课前自主观看和学习，课堂上则用于答疑解惑、深入讨论和实践操作。这种教学方法能够让学生在课前就掌握基础知识，课堂上则能够更深入地探讨问题，提高学习效率。翻转课堂还能够培养学生的自主学习能力和独立思考能力。合作学习是一种以小组为单位，通过合作完成学习任务的教学方法。在高中语文教育中，可以引入合作学习，让学生在小组中共同学习和探讨。例如，教师可以让学生分组进行文本解读、角色扮演、辩论等活动，让学生在互动中深入理解文本内容，提高语言表达和沟通能力。这种教学方法能够培养学生的团队合作意识和协作能力，也能够增强他们的学习动力。在选择教学方法时，要充分考虑学生的实际情况和课程内容的特点，选择最适合学生的教学方法。不要拘泥于一种教学方法，可以根据课程内容和学生特点灵活运用多种教学方法和手段，以提高学生的学习兴趣和参与度。教师在运用创新教学方法时，要注重引导学生的思考和探索，鼓励学生提出自己的观点和想法，培养他们的创新能力和实践能力。在教学过程中，教师要及时给予学生反馈和评价，帮助他们了解自己的学习情况和进步程度，激发他们的学习动力。通过教学方法和手段的创新，高中语文教育能够更好地激发学生的学习兴趣和积极性，培养他们的创新能力和实践能力。这些新的教学方法和手段也能够为学生提供更加多样化、个性化的学习体验，促进他们的全面发展。此外，教学方法和手段的创新还能够推动高中语文教育的改革和发展，提高教育的质量和水平。

（五）跨学科教学的尝试

高中语文教育跨学科教学的尝试，旨在打破传统学科的界限，将语文与其他学科进行交叉融合，从而为学生提供更为丰富、全面的学习内容，拓宽他们的知识视野，并培养他们的跨学科思维能力。通过与其他学科的结合，可以将语文教学内容扩展到更广泛的领域，引入历史、科学、艺术等多方面的知识，使语文教学更加生动有趣。跨学科教学有助于学生将不同学科的知识相互联系起来，形成综合性的知识体系，从而拓宽他们的知识视野，提升综合素质。跨学科教学鼓励学生从多个角度思考问题，培养他们的跨学科思维能力，这对于学生未来的学习和职业发展具有重要意义。跨学科教学需要明确教学目标，即确定要培养学生的哪些跨学科能力和素养，以便在教学过程中有针对性地设计教学活动。跨学科教学需要整合不同学科的教学资源，如教材、教学视频、案例等，以便在教学过程中充分利用这些资源，提高教学效果。跨学科教学需要设计跨学科教学活动，如主题研究、项目式学习、综合性实践等，让学生在参与活动的过程中跨学科学习和思考。通过对历史事件、人物等的阅读和解析，帮助学生更好地理解文学作品中的时代背景和社会背景，增强对文学作品的理解和感知。例如，在学习唐代诗人杜甫的《登高》时，可以结合唐代的社会背景进行讲解，让学生更深入地理解诗歌的意境和情感。将科学实验和科学原理运用到文学作品的解读中，使学生在阅读中既能够领略文学的艺术美感，又能够了解科学的知识。例如，在学习科幻小说时，可以引入相关科学知识，帮助学生理解小说中的科学元素和情节。通过学习绘画、音乐、电影等艺术形式，培养学生的审美意识和表达能力，提高写作水平。例如，在学习描写景物的文章时，可以引入绘画技巧和色彩知识，帮助学生更好地描绘景物；在学习诗歌时，可以引入音乐元素，让学生感受诗歌的韵律和节奏。

跨学科教学的效果评估是检验其成效的重要环节。可以通过学生的作业、作品、课堂表现等方式来评估学生的跨学科学习成果。还可以收集学生的反馈意见，了解他们对跨学科教学的看法和建议，以便不断改进和完善跨学科教学实践。

（六）评价体系的改革

在高中语文教育创新的过程中，评价体系的改革是至关重要的一环。传统的以分数为唯一评价标准的做法已经无法满足现代教育对学生综合素质和创新能力培养的需求。因此，建立多元化、全面化的评价体系，注重学生的综合素质和创新能力的评价，成为当前高中语文教育改革的重要方向。多元化的评价体系能够更全面地反映学生的知识掌握、能力发展、情感态度等方面的表现，从而更准确地评价学生的全面发展状况。全面化的评价体系能够关注学生的个体差异和特长发展，鼓励学生发挥自己的优势，提高学习动力和学习兴趣。注重创新能力的评价能够激发学生的创新思维和实践能力，培养学生的创新意识和创新精神。除了传统的考试分数外，还可以引入学生作品展示、课堂表现、实践活动参与、团队合作等多方面的评价指标，以全面评价学生的综合素质。将评价贯穿于整个学习过程中，关注学生的学习过程、思维过程、创新过程等，以更准确地评价学生的学习成果和进步。针对不同学生的个体差异和特长发展，实施个性化的评价策略，以更好地激发学生的潜能和特长。明确评价体系的指导思想和评价目标，制定具体、可操作的评价标准，确保评价的科学性和公正性。根据评价标准设计相应的评价工具，如评价表、评价量规、评价软件等，以便在评价过程中准确、高效地收集信息。组织学生进行自我评价、同伴评价、教师评价等多方面的评价活动，确保评价的全面性和客观性。将评价结果及时反馈给学生和家长，帮助他们了解学生的学习状况和发展方向，为他们的后续学习提供指导。通过多元化的评价体系，能够更全面地关注学生的知识、能力、情感态度等方面的表现，促进学生的全面发展。全面化的评价体系能够关注学生的个体差异和特长发展，激发学生的潜能和兴趣，提高他们的学习动力。通过注重创新能力的评价，能够激发学生的创新思维和实践能力，培养他们的创新意识和创新精神。评价体系的改革是高中语文教育创新的重要方面。建立多元化、全面化的评价体系，注重学生的综合素质和创新能力的评价，我们能够更好地促进学生的全面发展，激发他们的学习动力和创新精神。

第二节 高中语文教育创新实践的案例研究

教育的发展离不开实践的探索与创新，在高中语文教育领域更是如此。第二节着重于高中语文教育创新实践的案例研究。一个个鲜活的案例犹如璀璨星辰，照亮了高中语文教育创新的前行之路。通过精心选取典型的创新实践案例进行深入分析，我们能够挖掘出其中蕴含的宝贵财富，即那些成功经验和具有深远意义的启示，这些都将为高中语文教育的持续创新与优化提供有力的支撑和指引。

一、跨学科整合的语文教学

（一）背景与目的

在当今快速变化的社会中，教育的目标已经不再是单纯的知识灌输，而是更加注重培养学生的综合素养和应对未来挑战的能力。传统的教育模式往往过于强调学科的独立性，导致学生难以将所学知识应用到实际生活中，也难以适应跨学科领域的挑战。因此，跨学科整合教学成为教育改革的重要方向之一。随着知识领域的不断扩展和深入，各个学科之间的界限变得越来越模糊。许多问题和现象需要多个学科的知识来共同解释和解决。这种趋势要求教育者必须打破传统的学科壁垒，采用跨学科的教学方法来培养学生的综合素养。现代学生的需求已经不再是单一的知识学习，他们更加注重知识的应用和实践能力的培养。跨学科整合教学能够满足学生多样化的需求，让他们在更广阔的知识领域中自由探索，发现自己的兴趣和潜力。跨学科整合教学能够培养学生的创新思维和合作能力，使他们能够更好地适应未来社会的需求。

跨学科整合教学通过融合不同学科的知识，让学生在学习过程中形成跨学科的思维模式。这种思维模式能够帮助学生更好地理解和解决问题，提高他们的综合素质和创新能力。跨学科整合教学不仅注重知识的传授，还注重能力的培养和素质的提升。通过跨学科的学习，学生能够更好地掌握不同学科的知识和技能，形成全面的素养和能力体系。跨学科整合教学能够帮助学生建立更加宽广的知识体系和思维框架，为他们未来的学习和生活打下坚实的基础。学生将能够更好地适应未来社会的变化和挑战，实现自身的全面发展。

（二）实践过程

1.选定主题

跨学科整合教学的第一步是选定一个合适的主题。在这个过程中，教学团队需要仔细考虑哪些主题能够横跨多个学科，同时又与学生的实际生活密切相关。例如，"古代文化与现代生活"这一主题，它不仅包含了语文学科的文学、历史内容，也涵盖了历史学科的史实、文化演变，还能与艺术学科中的古代艺术风格、现代艺术创新相联系，甚至与社会学科中的社会变迁、文化传承等议题相结合。这样的主题选择能够确保学生在跨学科学习的过程中，既能够深入了解某一主题的不同侧面，又能够培养跨学科的思考能力。

2.组建跨学科教学团队

跨学科整合教学的成功实施需要一支由不同学科教师组成的强大团队。这个团队不仅需要具备扎实的专业知识，还需要有创新意识和跨学科合作的意愿。在该高中的实践中，教学团队由语文、历史、艺术等学科的优秀教师组成。他们通过定期的会议、研讨会等形式，共同讨论教学计划、分享教学经验、制定跨学科的教学策略。这种团队合作不仅增强了教师之间的沟通与理解，也为跨学科教学的顺利实施提供了有力保障。

3.设计跨学科课程

在选定主题和组建团队之后，跨学科教学团队着手设计具体的课程。他们根据主题的特点和学生的学习需求，将不同学科的知识点进行有机融合，设计出一系列综合性学习任务。这些任务旨在引导学生从多个角度、多个层面去理解和分析主题，培养他们的跨学科思维能力和综合素养。例如，在"古代文化与现代生活"这一主题下，可以设计一些任务让学生探讨古代文学作品中的现代意义、古代艺术风格在现代设计中的应用、古代文化对现代社会的影响等。这些任务能够让学生在实践中感受、体验和探索所学知识，提高他们的学习兴趣和主动性。

4. 实施教学

在教学实施过程中，跨学科教学团队采用了多种教学方法和手段来确保教学的有效性和趣味性。他们充分利用小组讨论、角色扮演、实地考察等形式来引导学生进行探究性学习。这些活动不仅能够让学生更加深入地了解主题内容，还能够培养他们的团队合作能力和实践操作能力。教师应该注重培养学生的自主学习能力和创新精神，鼓励他们提出自己的见解和解决方案。这种教学方式不仅激发了学生的学习兴趣和主动性，还提高了他们的学习效果和满意度。在教学过程中，教师要关注学生的学习情况和反馈，及时调整教学策略和进度。通过与学生互动、解答疑惑、指导实践等方式来帮助学生解决学习中的困难和问题；还要对学生的学习成果进行评价和反馈，以激励他们不断进步和提高。这种全程参与、全程指导的教学方式能够确保跨学科整合教学的顺利实施和有效达成教学目标。

（三）成功经验

跨学科整合教学打破了传统学科的界限，激发学生的学习兴趣和主动性，让学生在更广阔的知识领域中自由探索。这种教学方式激发了学生的好奇心和求知欲，使他们更加主动地参与到学习中来。培养学生的跨学科思维能力和综合素养，让学生在实践中培养跨学科思维能力和综合素养。这种能力不仅有助于他们在未来的学习和工作中更好地应对复杂问题，还有助于他们形成更加全面、深入的知识体系。促进教师之间的合作与交流。跨学科整合教学的实施需要教师之间的密切合作与交流。这种合作与交流不仅有助于教师共同制定教学计划、设计教学方案，还有助于他们相互学习、相互借鉴。这种合作模式不仅提高了教师的教学水平和教学效果，还有助于他们形成更加紧密的团队关系。跨学科整合教学为高中语文教育创新提供了重要的方向。通过打破学科壁垒、融合不同学科的知识，跨学科整合教学能够为学生提供更广阔的学习视野和更丰富的学习体验。这种教学方式还能够培养学生的跨学科思维能力和综合素养，为他们未来的学习和生活打下坚实的基础。

二、网络平台的语文教学

（一）背景与目的

在当今信息化的社会，信息技术的迅猛发展为教育领域带来了前所未有的变革。网络平台凭借其便捷性、互动性和资源丰富性，正逐渐成为学生学习和交流的重要渠道。特别是在疫情期间，线上教学更是成为教育的主流形式，加速了教育信息化的发展进程。某高中紧跟时代步伐，积极探索将语文教学与网络平台相结合的新模式。通过网络平台开展语文教学，不仅可以突破时间和空间的限制，让学生能够随时随地学习，还能为学生提供更加丰富、多样的学习资源和学习方式。网络平台的高度互动性也能有效激发学生的学习兴趣，提高他们的学习积极性和参与度。该高中利用网络平台开展语文教学的目的主要有两个方面：一是提高学生的自主学习能力。网络平台为学生提供了广阔的学习空间和丰富的学习资源，学生可以根据自己的兴趣和需求进行自主选择和学习，从而培养他们的自主学习意识和能力。二是提高学生的信息素养。在网络平台上进行语文学习，学生需要学会如何快速有效地获取、筛选和整合信息，这将有助于提升他们的信息素养和数字化技能，为未来的学习和职业发展打下坚实的基础。

（二）实践过程

1.搭建在线学习平台

为了实施网络平台的语文教学，某高中首先搭建了一个功能齐全的在线学习平台。该平台不仅提供了课文的详细解析和相关学习资料，使学生能够在课前、课中和课后进行自主学习和复习，还具备在线测试功能，帮助学生检验自己的学习效果。平台界面友好，操作简便，使学生能够轻松上手并快速融入网络学习的环境中。该平台还设有学习进度追踪系统，能够记录学生的学习情况，包括学习时间、测试成绩等，以便教师及时了解学生的学习动态，进行个性化的教学指导。

2. 开展在线互动教学

在线学习平台不仅提供了静态的学习资源，还通过直播、论坛、微信等多种方式与学生进行实时互动。教师可以利用直播平台进行在线授课，通过语音、视频等方式与学生进行实时交流，解答学生的疑问。学生也可以在论坛上发表自己的见解和疑问，与其他同学进行讨论和交流。教师还可以通过微信等社交媒体工具与学生进行日常互动，了解学生的学习生活情况，提供个性化的学习建议和指导。这种多元化的互动方式不仅丰富了学生的学习体验，还提高了学生的学习兴趣和参与度。

3. 鼓励学生自主学习

在网络平台的语文教学中，教师注重培养学生的自主学习能力。他们为学生提供了详细的学习计划和丰富的学习资源，引导学生根据自己的实际情况进行自主学习和探究。同时，教师还鼓励学生利用网络平台进行自主学习和合作学习，通过小组讨论、协作任务等方式培养学生的团队合作精神和沟通能力。为了激发学生的学习兴趣和主动性，教师还设计了一些具有挑战性的学习任务和项目，让学生在完成任务的过程中不断挑战自我、超越自我。这种自主学习和探究的方式不仅有助于提高学生的语文水平，还能够培养学生的创新意识和实践能力。

（三）成功经验

通过搭建在线学习平台，学生不再局限于传统的课堂教学，而是可以随时随地访问学习资源。这种灵活性不仅让学生可以根据自己的学习节奏和兴趣点进行学习，还为他们提供了多样化的学习渠道和方式。例如，学生可以通过观看教学视频、参与在线论坛讨论、完成在线测试等多种方式进行学习，从而更加全面、深入地理解知识。这种多渠道的学习方式不仅拓宽了学生的视野，也激发了他们的学习兴趣和动力。网络平台上的语文教学能够根据学生的学习进度和水平提供个性化的学习资源和计划。学生可以根据自己的实际情况选择适合自己的学习路径和难度，从而更加高效地掌握知识。网络平台还提供了实时反馈和评估机制，学生可以随时查看自己的学习进度和成绩，了解自己的不足之处并进行针对性的学习。这种自主学习的方式不仅提高了学生的学习效率，也培养了他们的自主学习能力，为他们未来的学习和职业发展打下了坚实的基础。网络平台为师生之间的交流和互动提供了便利的条件。教师可以通过直播、论坛、微信等多种方式与学生进行实时互动，解答学生的疑问和困惑，提供个性化的学习建议和指导。学生也可以通过这些渠道表达自己的观点和想法，与教师和同学进行讨论和交流。这种互动不仅加强了师生之间的联系和沟通，也提高了学生的学习参与度和主动性。网络平台还为学生提供了展示自己才华和成果的平台，如学生可以将自己的作文、诗歌等作品上传至平台，与更多人分享自己的创作成果，从而激发了学生的创作热情和自信心。

三、项目式学习的语文教学

（一）背景与目的

随着教育改革的深入发展，培养学生的实践能力和创新精神已成为教育的重要目标。在这样的背景下，传统的语文教学方式已不能完全满足学生的需求。为了打破传统教学的局限，激发学生的学习兴趣，培养学生的自主学习能力、合作精神和创新能力，某高中尝试在语文课程中引入项目式学习。项目式学习是一种以学生为中心的教学方式，它强调学生在实际情境中通过合作、探究和创新来解决问题，从而掌握知识和技能。在语文课程中引入项目式学习，可以让学生通过实践来深化对语文知识的理解和运用，提高他们的语文素养和综合能力。通过参与实际项目，学生可以将所学的语文知识应用到实际情境中，从而锻炼他们的实践能力。项目式学习强调学生的自主学习和探究，教师需要为学生提供足够的资源和指导，帮助他们学会自主学习和独立思考。这种自主学习能力的培养对于学生未来的学习和生活都具有重要意义。项目式学习通常需要学生之间进行合作，共同完成任务。这种合作不仅可以培养学生的团队合作精神，还可以让他们学会如何与他人有效沟通和协作。

（二）实践过程

1. 选定项目主题

项目的主题是项目式学习的核心，它应该与学生的生活经验和兴趣紧密相关，同时也要符合语文教学的目标。例如，选定"家乡文化的传承与保护"这样的主题，可以让学生在研究家乡文化的过程中，深入了解并应用语文知识，如语言表达、文学分析、文化传承等。

2. 组建项目小组

学生可以根据自己的兴趣和特长自愿组队，每个小组选定一名组长，明确各自的分工。这样的分组方式可以促进学生之间的合作与交流，同时也能够让他们在合作中互相学习、互相促进。

3. 制定项目计划

在明确项目主题后，学生需要与教师一起制定详细的项目计划。这包括明确项目的目标、任务、时间表和分工等。制定计划的过程中，学生需要充分考虑各种因素，如资源的获取、时间的安排、任务的分配等，以确保项目的顺利实施。

4. 实施项目

在实施项目的过程中，学生需要通过查阅资料、实地考察、访谈等方式来收集信息、分析数据、解决问题。这一过程中，学生需要充分运用所学的语文知识，如文献检索、文本分析、语言表达等。同时，他们还需要学会如何有效地组织和利用资源，如何与他人进行有效的沟通和协作。

5. 展示成果

项目完成后，学生需要通过 PPT、视频、海报等方式来展示他们的成果。这一过程中，学生需要充分展示自己的研究成果和创新能力，同时也要学会如何有效地传达自己的思想和观点。通过展示成果，学生不仅可以得到教师和同学的认可和鼓励，还可以进一步提高自己的表达能力和自信心。

（三）成功经验

项目式学习通过实际项目的开展，使学生能够将理论知识与实践相结合，真正地将语文知识应用到实际情境中。学生在项目的实施过程中，需要进行实地考察、资料收集、数据分析等一系列实践活动，这些活动不仅锻炼了学生的实践能力，还培养了他们的合作精神。在小组合作中，学生学会了分工合作、协调沟通，共同完成任务，形成了良好的团队协作能力。在项目任务的驱使下，学生需要自主寻找解决问题的方法，探索未知的领域。这种学习方式培养了学生的独立思考和自主学习能力，让他们能够在未来的学习和工作中不断探索和创新。学生也学会了如何有效地利用资源，如何制定计划并管理时间，这些能力对于他们的个人发展具有重要意义。项目式学习让学生在实践中学习语文知识，通过实际操作和体验来加深对知识的理解和记忆。学生在项目的实施过程中，需要运用所学的语文知识进行分析、表达和交流，这些活动不仅让学生更好地理解了语文知识的内涵和价值，还促进了他们对知识的深入应用。这种学习方式使语文知识与学生的生活经验相结合，增强了学习的趣味性和实用性。项目式学习是一种创新的教学方式，它能够促进学生的全面发展，提高他们的语文素养和综合能力。教育者应该积极探索和实践这种教学方式，为学生的未来发展创造更多的机会和可能。

通过深入分析高中语文教育中三个典型的创新实践案例——"在线学习平台的搭建""项目式学习的语文教学"以及它们各自的具体实施过程与成功经验，我们不难发现，高中语文教育在创新实践方面已经取得了显著的成果。在线学习平台的搭建为学生提供了更加灵活多样的学习方式和资源，打破了传统课堂的时空限制，极大地提升了学生的自主学习能力和学习效率。该平台还为学生提供了个性化的学习路径和实时反馈机制，有助于他们更好地掌握和应用语文知识。项目式学习的引入则为学生提供了一个将理论知识与实际操作相结合的机会，使他们能够在实践中深化对语文知识的理解和应用。通过项目合作，学生的实践能力和合作精神得到了锻炼，也培养了他们的创新思维和解决问题的能力。这些成功案例不仅为我们提供了宝贵的经验和启示，也为我们指明了高中语文教育创新的方向。未来，我们应继续探索和实践新的教学模式和方法，如混合式教学、翻转课堂等，以满足学生多样化的学习需求，激发他们的学习兴趣和动力。我们还应注重培养学生的自主学习能力、实践能力和创新精神，为他们未来的学习和职业发展奠定坚实的基础。

第三节　高中语文教育未来的发展趋势预测与应对策略

在这个信息爆炸、知识更新迅速的时代，语文教育不再仅仅是传授语言文字知识，更承载着培养学生人文素养、思辨能力和创新精神的重要使命。因此，对高中语文教育未来的发展趋势进行预测，并制定相应的应对策略，显得尤为迫切和必要。本节将对高中语文教育未来发展趋势的一些预测及应对策略的探讨。

一、高中语文教育未来的发展趋势预测

（一）跨学科综合素养培养

在当今这个知识爆炸、信息迅速更新的时代，高中语文教育正面临着前所未有的挑战与机遇。为了适应社会快速发展的需要，高中语文教育将逐渐从传统的文学和语言教学转向跨学科综合素养的培养。这种转变旨在打破学科壁垒，促进学生知识的全面发展和综合素养的提升。跨学科综合素养培养的核心在于将语文教育与其他学科进行深度融合，使学生能够在学习语文知识的同时，也能够接触到其他学科的知识和思想。这种教学方式不仅有助于拓宽学生的知识视野，还能够培养他们的批判性思维、创新思维和跨文化交流能力，使他们成为具备宽广知识面和综合素养的复合型人才。

课程内容上，我们可以增加跨学科的综合性主题学习。例如，可以设置"科技与文化"的主题，让学生在学习文学作品的同时，也了解科技发展的历史、现状和未来趋势，以及科技对文化、社会、人类生活等方面的影响。同样地，我们还可以设置"历史与文学"的主题，让学生在学习文学作品的同时，也了解历

史背景、历史事件和历史人物，以及文学作品在历史中的地位和价值。这些综合性主题学习能够让学生在语文学习中感受到不同学科的魅力和价值，激发他们的学习兴趣和求知欲。教学方法上，我们可以采用项目式学习、研究性学习等模式。这些模式鼓励学生通过跨学科的合作与研究，自主解决问题，提高综合应用能力。例如，在"科技与文化"的主题学习中，我们可以让学生分组进行课题研究，每组选择一个与科技和文化相关的主题进行深入研究，并撰写研究报告或制作展示作品。在这个过程中，学生需要综合运用语文、历史、科学等多个学科的知识和技能，进行跨学科的思考和合作，从而培养他们的综合素养和创新能力。评价体系上，我们需要设置综合性的评价指标。传统的语文评价方式往往只关注学生的文学素养和语言能力，而忽略了他们的跨学科素养和综合能力。因此，我们需要改革传统的评价方式，设置综合性的评价指标，如学生的跨学科知识掌握情况、跨学科问题解决能力、创新能力、合作能力等。这些评价指标能够全面评价学生的综合素养和发展水平，为他们的未来发展提供有力的支持。

（二）数字化、智能化教学

教师是实施数字化、智能化教学的关键力量。因此，提高教师的信息技术能力是实现这一目标的首要任务。教育部门和学校应定期组织教师进行信息技术培训，让他们掌握基本的计算机操作、多媒体教学软件使用、在线教育平台运营等技能。还应鼓励教师积极探索新的教学方法和工具，如利用智能学习系统进行辅助教学，通过大数据分析学生的学习情况，为个性化教学提供支持。数字化教学资源和学习平台是实施数字化、智能化教学的重要基础。针对高中语文教育的特点，我们可以开发一系列适合学生的数字化教学资源和学习平台。例如，电子课本可以让学生随时随地进行阅读和学习，提高了学习的灵活性和便捷性；在线课程可以为学生提供多样化的学习选择，满足不同学生的学习需求；虚拟实验室则可以让学生在虚拟环境中进行实验操作，加深对知识点的理解和掌握。这些数字化教学资源和学习平台不仅丰富了学生的学习内容，还提高了他们的学习兴趣和积极性。大数据和人工智能等技术的应用为高中语文教育的个性化教学和精准评估提供了有力支持。通过分析学生的学习数据，教师可以更准确地了解学生的学习情况和需求，为他们提供定制化的教学方案和辅导服务。教师可以根据学生的学习成绩、兴趣爱好、学习习惯等数据，为他们推荐适合的学习资源和学习路径；同时，还可以利用智能学习系统对学生的学习过程进行实时监控和评估，及时发现问题并提供相应的帮助和指导。这种个性化教学和精准评估的方式能够更好地满足学生的学习需求和发展潜力，提高他们的学习效果和综合素质。

数字化、智能化教学是未来高中语文教育的重要发展方向。通过加强教师信息技术培训、开发适合高中语文教育的数字化教学资源和学习平台以及利用大数据、人工智能等技术手段实现个性化教学和精准评估等措施的实施，我们可以为高中语文教育的创新和发展提供有力支持。

（三）实践与应用导向

随着教育理念的更新和社会需求的转变，未来的高中语文教育将更加注重实践与应用。这种趋势强调知识的实际运用和问题解决能力的培养，旨在使学生能够将课堂上学到的知识运用到现实生活中，从而提升他们的实践能力和解决问题的能力。以下是实践与应用导向在高中语文教育中的具体实施策略及其展开的探讨。高中语文教育应打破传统的"填鸭式"教学，通过设计实践性强、具有挑战性的学习任务和项目，引导学生将所学知识应用到实际情境中。例如，可以组织学生进行社会调查，让他们针对某个社会问题展开深入研究，并撰写调查报告；或者安排学生进行文化研究，探索不同文化的特点和价值，拓宽他们的文化视野；还可以鼓励学生进行文学创作，将自己的思考和感悟通过文字表达出来，培养他们的文学素养和创造力。这些实践性的学习任务和项目能够让学生在实践中体验知识的价值和应用，提高他们的学习兴趣和积极性。为了让学生更好地融入社会、了解社会，高中语文教育应加强与社会的联系，为学生提供更多的实践机会和资源。学校可以积极寻求与社区、企业、文化机构等的合作，建立社会实践基地或志愿服务站点，为学生提供丰富的实践机会。学校还可以邀请社会人士来校开展讲座、分享经验等活动，让学生了解不同领域的知识和行业动态。这些实践机会和资源能够帮助学生更好地了解社会、认识自己，培养他们的社会责任感和公民意识。除了为学生提供实践机会和资源外，高中语文教育还应鼓励学生积极参与社会实践和志愿服务等活动。这些活动能够让学生亲身体验社会的复杂性和多样性，培养他们的团队协作、沟通交流等能力。通过参与这些活动，学生还能够增强自己的社会责任感和公民意识，学会关心他人、服务社会。因此，学校应鼓励学生积极参与各种社会实践活动和志愿服务活动，并为他们提供相应的指导和支持。

实践与应用导向是未来高中语文教育的重要发展方向。通过设计实践性强、具有挑战性的学习任务和项目、加强学校与社会的联系、鼓励学生参与社会实践和志愿服务等活动等措施的实施，我们可以更好地培养学生的实践能力和解决问题的能力，提高他们的综合素质和社会适应能力。

（四）国际化视野

在全球化的时代背景下，高中语文教育需要积极培养学生的国际化视野和跨文化交流能力，以适应日益紧密的国际交流与合作。这不仅有助于学生更好地理解和融入多元文化社会，还能为他们未来的国际职业发展奠定坚实基础。为了实现高中语文教育的国际化发展，我们需要加强与国际教育界的交流与合作。这包括与国外的教育机构建立合作关系，引进国外先进的教育理念和教学方法，如探究式学习、项目式学习等，以丰富和更新我们的教学手段和内容。同时，我们也可以借鉴国际教育的成功经验，结合本土特色，形成具有国际化特色的高中语文教育体系。为了培养学生的国际化视野和跨文化交流能力，我们可以开设国际课程或跨文化交流课程。这些课程可以涵盖不同国家的文化、历史、社会等方面的知识，让学生在学习语文的同时，了解不同文化的特点和价值。通过对比和分析不同文化，学生可以更好地理解和尊重多元文化，培养全球意识。除了课堂学习，亲身参与国际交流活动也是培养学生国际化视野和跨文化交流能力的重要途径。我们可以鼓励学生参加国际游学、国际比赛等活动，让他们亲身体验不同文化的魅力，与来自不同国家的人进行交流。这些活动不仅能够提高学生的语言能力和跨文化交流能力，还能培养他们的国际视野和全球竞争力。在实施这些策略时，我们需要注意的是要充分考虑学生的年龄和兴趣特点，选择适合他们的国际交流活动；要注重活动的质量和效果，确保学生能够从中获得真正的收获；也要加强与家长的沟通和合作，共同推动学生的国际化发展。

培养学生的国际化视野和跨文化交流能力是高中语文教育的重要任务之一。通过加强国际交流与合作、开设国际课程或跨文化交流课程、鼓励学生参与国际交流活动等措施的实施，我们可以有效地推动高中语文教育的国际化发展，为学生未来的国际职业发展奠定坚实基础。

二、应对高中语文教育未来发展趋势的策略和建议

（一）加强教师培训与发展

在跨学科综合素养培养、数字化智能化教学等现代教育趋势的推动下，教师的专业素养和教学能力成为决定教育质量的关键。为了确保教师能够紧跟时代步伐，有效应对这些挑战，加强教师的培训与发展显得尤为重要。

定期举办专题培训活动，我们需要定期为教师举办专题研讨会、工作坊等培训活动。这些活动应聚焦跨学科综合素养培养、数字化智能化教学等热点话题，通过邀请专家学者进行授课，分享最新的教育理念和教学技巧，帮助教师更新知识结构，提高专业素养。通过实践案例的分享和讨论，教师可以学习到如何将新理论应用于实际教学中，提高教学效果。除了定期的培训活动外，我们还应该鼓励教师积极参与教育研究和实践探索。通过参与课题研究、教学实验等活动，教师可以深入研究教育问题，探索新的教学方法和策略。这种参与式的学习过程不仅能够提高教师的专业素养，还能够培养他们的创新精神和实践能力。通过分享研究成果和教学经验，教师可以促进教师之间的交流和合作，共同推动教育事业的发展。为了更好地支持教师的培训与发展，我们需要建立完善的教师发展支持体系。这个体系应该包括个性化的培训和发展计划、丰富的学习资源和工具，以及及时的指导和反馈。通过为教师提供个性化的培训和发展计划，我们可以根据教师的需求和兴趣，为他们量身定制培训课程和学习路径。我们还需要为教师提

供丰富的学习资源和工具，如在线课程、教学软件、学习平台等，帮助他们更好地进行学习和实践。最后，我们还需要为教师提供及时的指导和反馈，帮助他们发现问题、解决问题，不断提高自己的教学水平。在加强教师培训与发展的同时，我们还需要注重教师的职业发展和激励。通过为教师提供晋升机会、薪酬激励、荣誉表彰等方式，激发教师的工作积极性和创造力。我们还需要关注教师的心理健康和职业发展需求，为他们提供必要的支持和帮助，帮助他们实现个人价值和职业发展目标。

（二）优化课程设置与教学资源

优化高中语文课程设置，高中语文课程应打破学科壁垒，将语文、历史、文学等相关学科的知识进行有机融合。通过设计综合性学习任务和项目，鼓励学生从多个角度、多个学科领域来理解和分析问题。这样的课程设置不仅可以拓宽学生的知识视野，还能培养他们的跨学科思考能力和综合素养。在设计综合性学习任务和项目时，我们需要确保它们具有挑战性、实践性和创新性。这些任务和项目应该能够激发学生的学习兴趣和潜能，让他们在实践中学习和成长。例如，可以组织学生开展跨学科的研究项目，让他们自主选题、设计研究方案、收集和分析数据，并最终撰写研究报告。这样的项目能够让学生深入了解不同学科之间的联系和交叉点，培养他们的批判性思维和创新精神。

数字化教学资源已成为教育领域不可或缺的一部分，为了给学生提供更加便捷、高效的学习体验，我们需要开发高质量的数字化教学资源和学习平台。电子课本和在线课程是数字化教学资源的重要组成部分。电子课本可以方便学生随时随地进行阅读和学习，而在线课程则可以提供更加丰富多样的学习内容和互动方式。这些资源应该涵盖语文、历史、文学等相关学科的知识，并注重跨学科的综合性和创新性。虚拟实验室也是一种重要的数字化教学资源。通过虚拟实验室，学生可以模拟真实的实验环境和操作过程，进行自主探究和实验设计。这种学习方式不仅可以提高学生的实践能力和动手能力，还能培养他们的科学探究精神和创新能力。我们还需要建立一个高效的学习平台，为学生提供一站式的学习服务。这个平台应该具备资源丰富、互动性强、个性化推荐等特点，能够根据学生的学习需求和兴趣推荐相关的学习资源和课程。平台还应该提供学习进度跟踪、作业管理、在线答疑等功能，方便学生进行自主学习和互动交流。

（三）加强实践教学环节

1. 设计具有挑战性和实践性的学习任务和项目

我们需要设计一系列具有挑战性和实践性的学习任务和项目。这些任务和项目应紧密结合现实生活，让学生能够在解决实际问题的过程中，深化对理论知识的理解。例如，在语文课程中，可以设计以社区调查为基础的写作项目，让学生亲自深入社区，了解社会问题，并运用所学知识进行分析和表达。这样的项目不仅能够提升学生的写作能力，还能培养他们的社会责任感和公民意识。

2. 加强学校与社会的联系

为了给学生提供更多的实践机会和资源，我们需要加强学校与社会的联系。通过与社区、企业、文化机构等的合作，我们可以为学生搭建起一个广阔的实践平台。例如，学校可以与当地的文化机构合作，组织学生参与文化研究和文学创作活动；与社区合作，开展志愿服务和公益活动；与企业合作，为学生提供实习和就业机会。这些合作不仅能够为学生提供更多的实践机会，还能帮助他们建立起广泛的社会联系，为未来的职业发展奠定基础。

3. 鼓励学生参与实践活动

除了设计具有挑战性的学习任务和加强与社会的联系外，我们还需要鼓励学生积极参与实践活动。通过参与实践活动，学生可以将所学知识应用于实际问题中，提升自己的实践能力和问题解决能力。实践活动也能培养学生的团队合作意识和创新精神，让他们在实践中学习和成长。为了实现这一目标，学校可以设立实践活动奖励机制，表彰在实践活动中表现优秀的学生；教师也应该积极引导学生参与实践活动，为他们提供必要的指导和支持。

（四）推进国际化交流与合作

在全球化的浪潮中，培养学生的国际化视野和跨文化交流能力已成为教育的必然趋势。为了使学生能够更好地适应未来国际社会的挑战，我们需要积极推进国际化交流与合作，拓宽学生的国际视野，增强他们的跨文化交流能力。与国际学校的交流与合作，是我们提升教育质量和水平的重要途径。通过与国际学校的合作，我们可以引进国外先进的教育理念和教学方法，将其融入我们的教学实践中，使我们的教育更加符合国际标准。与国际学校的合作还能促进教师之间的交流与互访，让我们的教师能够了解国外的教学动态，学习他们的成功经验，不断提高自身的教学水平。为了让学生亲身体验不同文化的魅力，提高他们的跨文化交流能力，我们应该积极建立国际交流项目。这些项目可以包括游学、国际比赛、文化交流等，让学生有机会走出国门，了解不同国家的历史、文化、教育等方面的情况。在游学项目中，学生可以亲身感受不同国家的教育环境和文化氛围，与当地的师生进行深入交流；在国际比赛中，学生可以锻炼自己的综合素质和竞争力，提高自己的国际视野；在文化交流项目中，学生可以了解不同国家的文化特色和风土人情，增强自己的跨文化交流能力。

为了帮助学生更好地适应国际化趋势，我们还应该提供国际化课程和资源。这些课程和资源可以涵盖国际政治、经济、文化等方面的内容，让学生了解全球的发展动态和趋势。我们还可以引进国外优质的教材和教学资源，为学生提供更加多元化和国际化的学习选择。除了提供国际化课程和资源外，我们还需要注重培养学生的国际化素养。这包括培养学生的外语能力、跨文化交流能力、国际视野等方面。我们可以通过开展外语角、国际文化节等活动，让学生有机会展示自己的外语能力和跨文化交流能力；我们还可以通过开设国际视野课程，让学生了解不同国家的政治、经济、文化等方面的知识，培养他们的全球意识和国际竞争力。我们应该加强与国际学校的交流与合作、建立国际交流项目、提供国际化课程和资源以及培养学生的国际化素养等措施，为学生打造一个更加国际化、多元化和开放化的学习环境。

参考文献

［1］陈章镇.中学语文教学中的创新教育［J］.考试周刊,2014,(64):23-24.

［2］徐志勇.对新课改下初中语文教学模式的反思［J］.现代语文(教学研究版),2016,(12):103-104.

［3］沈明煊.基于教学反思角度的初中语文教育教学与改革策略研究［J］.教育教学论坛，2016，（24）.

［4］刘心强.构建"乐学模式"，提高初中语文教学趣味性［J］.快乐阅读，2015,（20）.

［5］贾红梅.高中语文教学存在的问题及对策［J］.语文教学与研究，2020（6）:54.

［6］秦瑞琳.初中语文教学中多元化教学方法的应用研究［J］.中学课程辅导,2022,(23):90-92.

［7］刘国丽.新课改下初中语文教学实施情感教育简析［J］.现代农村科技,2022（4）:89.

［8］何会娟.初中语文教学中差异教学法的运用探讨［J］.课外语文,2022（7）:65-67.

［9］马岩云.初中语文教学中多元化教学方法运用研究［J］.课外语文,2022（7）:113-115.

［10］赵延影.提高初中语文教学有效性的策略［J］.新课程教学(电子版),2022,(09):62-64.

［11］罗立中.新优质初中语文阅读差异化教学的实践与思考——以《钢铁是怎样炼成的》名著阅读课为例［J］.新智慧,2019,(20):124.

［12］陈姚.初中名著阅读教学的策略［J］.新课程导学，2018(05).

［13］叶志堂."部编本"初中语文名著阅读教学的探索与实践［J］.百度文库,2018(05).

［14］韩兴猛.《台阶》教学案例分析［J］.当代家庭教育,2018,(11):98.

［15］吕春艳.语文课堂上的人文关怀——《台阶》教学案例［J］.中国校外教育，2016（16）：72＋98.

［16］闫雪.殊途同归：《台阶》同课异构教学案例［J］.文教资料，2015（27）：49－51.

［17］凌芸.部编版初中语文教材的运用技巧［J］.新课程(中),2018(06):62.

［18］刘珊，张禹芳.部编本初中语文教科书使用刍议［J］.江西教育，2016（35）：46-47.

［19］田晓蕾，丰建霞.部编版与人教版初中语文教材提示语比较［J］.语文教学与研究（大众版），2018（2）：5-7.

［20］卓巧文.发展语文能力提升语文素养：部编本初中语文教材使用建议［J］.福建基础教育研究，2017（7）：7-8.

［21］安娜.高效课堂背景下如何发挥教师的作用［J］.中学语文,2018(18):123-124.

［22］尤炜.统编初中语文教材传承传统文化的几点创新设计［J］.语文学习,2017,(11):8-12.

［23］王本华:从八大关键词看"部编本"语文教材的编写理念［J］.课程教学研究，2017（5）.

［24］柴国栋.打造初中语文高效课堂的价值意义研究［J］.新课程(中),2018,(01):8.

［25］郑海生.浅谈打造初中语文高效课堂的创新策略［J］.新课程学习，2012（9）.

［26］马兰.中学语文教学中文学教育的意义及应用价值探究［J］.当代教育实践与教学研究,2015,(04):158.DOI:10.

［27］范潇琳.分析中学语文教学中文学教育的意义及价值［J］.课程教育研究，2014.

［28］王霞.浅析中学语文教师应具备的核心素养［J］.中学教学参考,2018,(04):15-16.

［29］移红伟.中学语文教育改革与发展的思考［J］.陕西教育(教学版),2017(12):73.

［30］任翔.中小学语文教育改革之意义［J］.语文建设,2013(13):20-23.

［31］高传龙.语文课程改革出现的问题与反思［J］.语文教学之友,2011(05):3-4.

［32］程继瑶，侯海荣.高中语文教学内容的选择与组织［J］.汉字文化,2023,(23):114-116.

［33］陈富志，吕光.论中学语文教师专业素养的提升［J］.文学教育(下),2017,(06):50-52.

［34］朱媛媛，黄海涛.高校教师专业发展的校本培训体系构建与实践［J］.继续教育研究,2023,(09):41-45.

［35］王静涛.高校教师专业发展的校本培训研究—以G大学为例［J］.太原城市职业技术学院学报,2021(12):86-88.

［36］张焕荣.科教产教融合背景下地方高校双师型教师专业发展研究［J］.文教资料,2020(28):100-102.

［37］孙晓玲.基于学校需求和教师专业发展的高校新入职教师校本培训的研究［J］.西部素质教育,2018(9):82-83.

［38］王春燕.高中语文项目化阅读教学的实验研究［J］.语文教学与研究,2021,(08):12-13.

［39］张瑾.初中语文教学中培养学生的文化意识的策略分析［J］.考试周刊,2021,(29):47-48.

［40］王磊.项目化教学在高中语文文言文阅读中的运用——以提升学生思辨能力为导向［J］.新智慧,2020,(019):118-119.

［41］卢笑妹.实现高中语文课堂阅读教学程序科学化的路径［J］.语文月刊,2019,(005):P.49-51.

［42］张虹.关于高中语文阅读教学有效性的思考［J］.科研,2016,00314.

［43］孙晓莲.立德树人背景下高中语文育人功能试论［J］.山东教育,2023,(Z5):103-104.

［44］中华人民共和国教育部2022《义务教育语文课程标准》(2022版），人民教育出版社。

［45］王从华2021《分析双重任务情境生成写作教学内容》，《中学语文教学》第4期。

［46］徐楠.浅谈高中语文作业的有效评价［J］.青少年日记(教育教学研究),2017(09):173.

［47］梁上林.浅谈统编版高中语文教材编写理念及教学策略［J］.中学课程辅导(教师教育),2021,(13):22.

［48］李聪聪. 统编版高中语文教材编写理念及教学策略［J］。语文教学之友，2021,40（2）：9-11

［49］张晓毓. 强化立德树人教育重视核心素养养成———统编版高中语文教材使用与教学策略建议［J］. 基础教育论坛，2019（39）：6-7.

［50］杨九俊. 立德树人合时而著——统编高中语文教材特点解读［J］.人民教育,2019,(20):58-59.

［51］陈余.基于语文核心素养的经典文本多元解读策略［J］.豫章师范学院学报,2021,36(02):101-104.

［52］付启胜.高中语文深度阅读教学探究［J］.大连教育学院学报,2023,39(03):26-28.

［53］孟秀红.高中语文深度阅读的现状及实施措施［J］.语文教学与研究，2021（8）：19.

［54］蔡润圃，张建梅.高中语文深度阅读的探索与实践［J］.当代教育科学，2015（4）：4.

［55］斋藤孝.深度阅读［M］.天津：天津人民出版社，2020：11.

［56］杨振华.高中语文作文教学中存在的问题及对策［J］.科学周刊,2021,(20):131-132.

［57］黄琳琳.读写合璧，让写作更轻松［J］.作文成功之路,2023,(15):62-64.

［58］马晶.关于高中语文教育中传统文化的渗透研究［J］.智力,2022,(09):85-87.

［59］刘舒.高中语文教学中传统文化教育渗透的思考［J］.新作文：教研,2020(06).

［60］张文兰.浅析高中语文教学中传统文化教育的渗透［J］.当代教研论丛,2020(09).

［61］罗俊.高中语文教学中渗透传统文化教育的实践分析［J］.语文课内外,2020(17).

［62］于美枝.关于高中语文教育中传统文化的渗透研究［J］.中学课程辅导,2020(18).

［63］王云芳.高中语文教学中渗透传统文化的意义与实施策略探讨［J］.中学课程辅导,2020(20).